Eva Eckstein

Radtouren in Oberschwaben und im württembergischen Allgäu

Unterwegs zwischen Ulm und Lindau, Sigmaringen und Isny im Allgäu

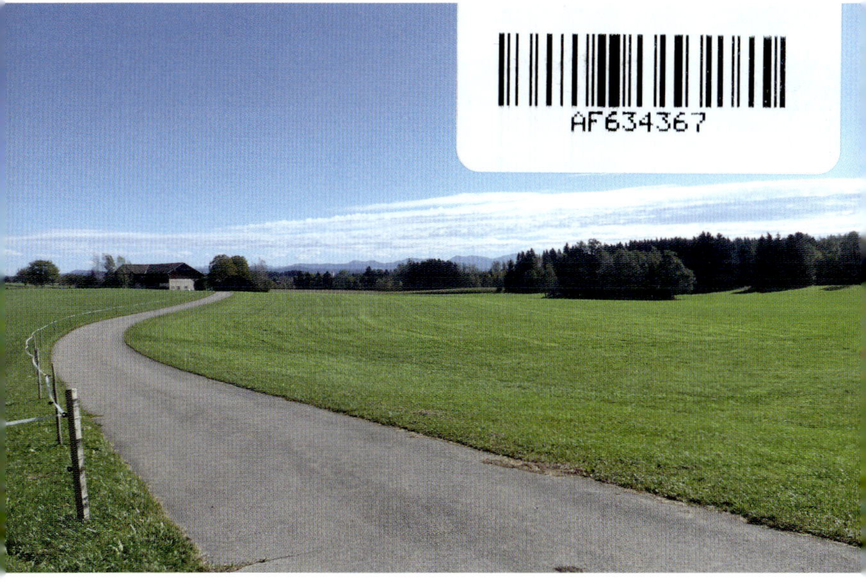

Oertel+Spörer

Bildnachweis
Titelbild: Simon Zwick
Sämtliche Fotos im Innenteil von Eva Eckstein, bis auf:
S. 113: Michael Hiemeyer
S. 35, 37, 39, 227, 234, 235, 238, 239: Andres Lächele

Kartografie: Anneli Nau, München

3., aktualisierte Auflage 2022
Postfach 16 42, 72706 Reutlingen

Idee: PMP Agentur für Kommunikation

Lektorat: Dr. Gabriele Kalmbach
Korrektorat: Sabine Tochtermann
Layout und Satz: Uhl + Massopust, Aalen
Druck und Einband: FINIDR, s.r.o., Tschechische Republik
ISBN 978-3-96555-003-2

Eva Eckstein

Radtouren in Oberschwaben und im württembergischen Allgäu

Oertel+Spörer

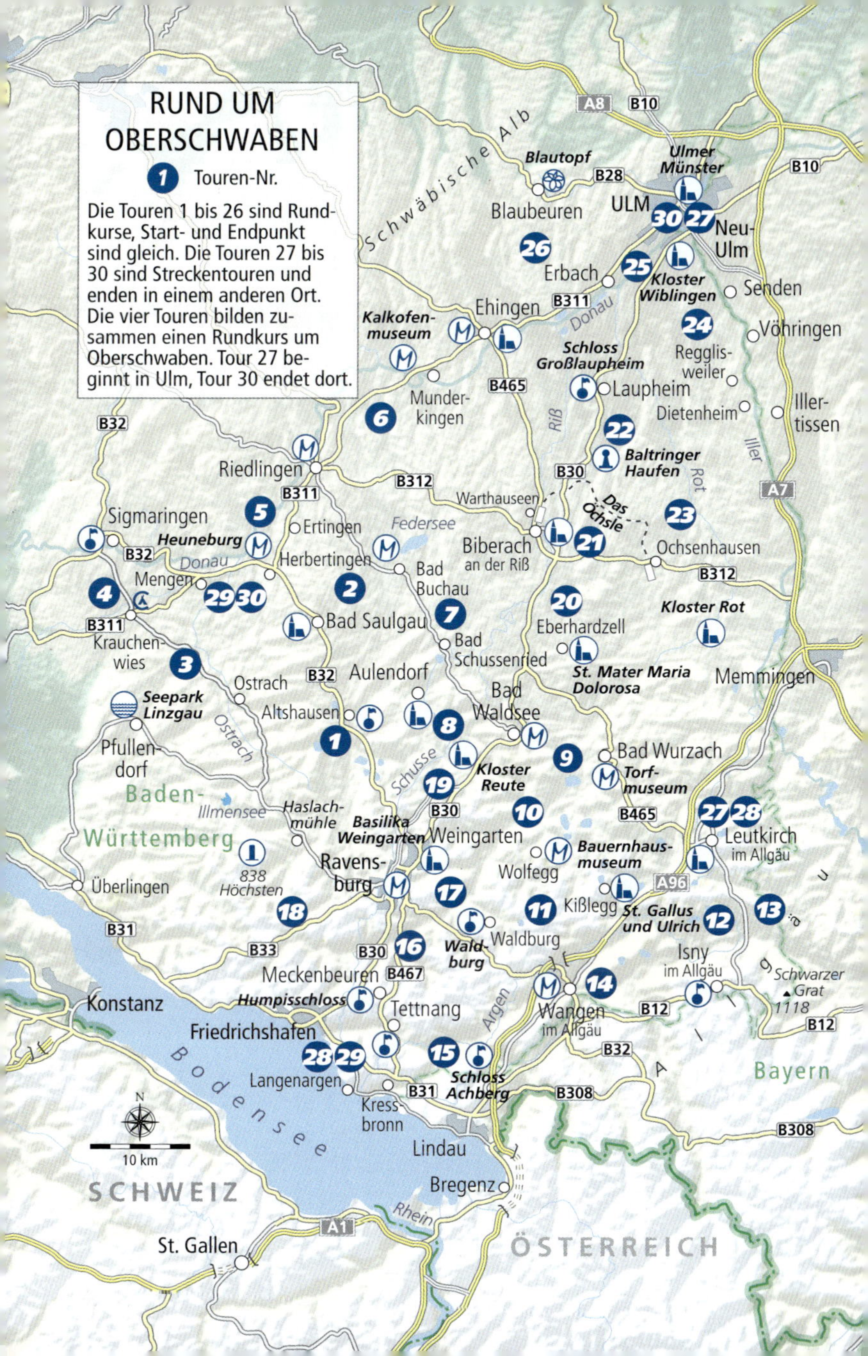
RUND UM OBERSCHWABEN
1 Touren-Nr.
Die Touren 1 bis 26 sind Rundkurse, Start- und Endpunkt sind gleich. Die Touren 27 bis 30 sind Streckentouren und enden in einem anderen Ort. Die vier Touren bilden zusammen einen Rundkurs um Oberschwaben. Tour 27 beginnt in Ulm, Tour 30 endet dort.
Schwäbische Alb
Blautopf
Blaubeuren
Ulmer Münster
ULM
Neu-Ulm
Erbach
Kloster Wiblingen
Senden
Vöhringen
Ehingen
Donau
Kalkofenmuseum
Munderkingen
Schloss Großlaupheim
Laupheim
Regglisweiler
Dietenheim
Illertissen
Iller
Riß
Riedlingen
Baltringer Haufen
Rot
Warthausen
Das Öchsle
Sigmaringen
Heuneburg
Ertingen
Federsee
Biberach an der Riß
Ochsenhausen
Mengen
Herbertingen
Bad Buchau
Bad Saulgau
Eberhardzell
Kloster Rot
Krauchenwies
Ostrach
Aulendorf
Bad Schussenried
St. Mater Maria Dolorosa
Memmingen
Seepark Linzgau
Altshausen
Bad Waldsee
Pfullendorf
Schussen
Bad Wurzach
Torfmuseum
Kloster Reute
Baden-Württemberg
Illmensee
Haslachmühle
Basilika Weingarten
Weingarten
Bauernhausmuseum
Wolfegg
Leutkirch im Allgäu
Überlingen
838 Höchsten
Ravensburg
Kißlegg
St. Gallus und Ulrich
Waldburg
Isny im Allgäu
Schwarzer Grat 1118
Allgäu
Meckenbeuren
Humpisschloss
Konstanz
Tettnang
Argen
Wangen im Allgäu
Friedrichshafen
Bodensee
Langenargen
Kressbronn
Schloss Achberg
Bayern
Lindau
Bregenz
Rhein
SCHWEIZ
ÖSTERREICH
St. Gallen
N
10 km
A8
B10
B28
B311
B465
B32
B312
B30
A7
B467
A96
B12
B31
B33
B308
A1

Ravensburg

Biberach

Ulm

Inhalt

Oberschwaben Rundum – Streckentouren

alle Teilstrecken ■, die vorgeschlagenen Etappen wegen ihrer Länge ■ und ■.

Erklärung der Symbole

- Einkehr
- Rastplatz
- Schutzhütte
- Spielplatz
- Quelle
- Hallenbad/ Freibad, Bademöglichkeit
- Höhle
- Mühle
- Burg, Schloss/ Ruine
- Turm
- Kirche, Kloster
- Museum
- Denkmal
- Sehenswertes an der Route
- NSG, landschaftlicher Höhepunkt
- familienfreundliche Strecken
- E-Bike/ Ladestation für E-Bike
- durchgehend asphaltiert und auch mit dem Rennrad befahrbar
- Parkplatz
- Wohnmobilstellplatz
- Bahnhof
- Fahrtrichtung
- Positions-Nr.
- Touranfang/ -ende
- Touren-Nr.

Vorwort

Gerade mal drei Jahre sind vergangen und schon geht es an die dritte Auflage! Ich freue mich, dass mein Buch sich so großer Beliebtheit erfreut. Oberschwaben ist ja auch wirklich schön und jede Radtour dort ist ein Vergnügen. In dieser Neuauflage sind neben Ladestationen für E-Bikes auch Parkplätze für Anreisende mit dem Auto vermerkt. Außerdem wird für Urlauber auf Wohnmobilstellplätze und Campingplätze hingewiesen.

Oberschwaben: Ausgedehnte Riedlandschaften, stille Weiher, prächtige Kirchen, sanfte Hügel, ruhige Sträßchen, quirlige Städte, verträumte Weiler, Blumenwiesen, mäandernde Flüsse und Wegkreuze, die über Fluren, Wiesen und Weiden wachen und ihren Segen über sie verbreiten. Eine Region, deren landschaftliche Schönheit ihresgleichen sucht. Die kleinen Sträßchen, die von Bauernhof zu Bauernhof, von Weiler zu Weiler führen, laden zum Radeln geradezu ein. Hinter jeder Kurve wartet ein neuer Blick, eine neue Aussicht. An den Flüssen und Bächen entlang radelt es sich praktisch mühelos und fast von allein durchs Land. Und im Sommer findet man hübsche Badeplätze zuhauf.

Oberschwaben: Das Land zwischen Donau, Iller und Bodensee ist tief geprägt vom Katholizismus. Einem Katholizismus, der lebensfroh und fröhlich aufs Dasein schaut. Dennoch: Die Kirche war die allein seligmachende über viele Jahrhunderte und hatte ihre Schäflein fest im Griff. Die prächtigen Klöster und Kirchen bezeugen ihre große Macht und ihren Reichtum. So bestaunen wir noch heute die schiere Größe der Basilika von Weingarten oder das riesige Kloster in Ochsenhausen. Wirtschaftlich stark sind die Regionen um Ulm, Biberach, Ravensburg und Friedrichshafen. Sonst sind Oberschwaben und das württembergische Allgäu eher ländlich geprägt. Was beim Radeln natürlich Freude bereitet. Denn wer radelt schon gern durch rauchende Industrielandschaften?

Oberschwaben: Im Norden begrenzt von der Donau, die mit den zahlreichen, schroffen Kalksteinklippen an ihrem Ufer noch ganz klar den Einfluss der Schwäbischen Alb zeigt. Mit Tour 26 habe ich die Urdonau bei Blaubeuren und Schelklingen dazugenommen, also den ehemaligen Verlauf des großen Flusses. Im Osten ist Oberschwaben begrenzt von der Iller und später der bayrischen Landesgrenze. Den oberschwäbischen Anteil der Iller kann man komplett in einer Streckentour (Tour 27) erradeln. Das württembergische Allgäu wird gleich in mehreren Touren samt Gipfelsturm auf den Schwarzen Grat in Tour 13 besucht. Die Südgrenze ist der Bodensee. Hier habe ich mich mit Tourvorschlägen zurückgehalten, da der Bodensee eher eine Region für sich ist. Gerne empfehle ich an dieser Stelle mein Buch „Radtouren Bodensee mit Hinterland" mit 24 Radtouren rund um den See und im Hinterland. Die Westgrenze: Ein Geschachere zwischen Baden, Sigmaringen-Hohenzollern und somit Preußen, und dem Königreich Württemberg. Am eindrucksvollsten wird dies im Grenzsteinmuseum bei Burgweiler gezeigt (Tour 3). Man kann sich der Vorstellung nicht erwehren, dass die Bewohner vielleicht manchmal selbst nicht mehr wussten, zu wem sie eigentlich gerade gehörten. Sollte ein Ort fehlen, der eigentlich zu Oberschwaben gehört oder umgekehrt, bitte ich um Verzeihung. Meßkirch und Pfullendorf haben sich dem Oberschwäbischen Tourismusverband angeschlossen, daher habe ich sie mit Tour 3 und 4 berücksichtigt.

Auf 26 Rundtouren mit zahlreichen Varianten kann die Region Oberschwaben und das württembergische Allgäu auf besonders schönen Routen entdeckt werden. Sportliche Touren für Gipfelstürmer und Langstreckenradler sind ebenso dabei wie gemütliche Touren für Familien mit Kindern, Senioren, Fluss-abwärts-Radler und Badeplatz-Hopper. In der „Oberschwaben Rundum“ wird Oberschwaben in vier Etappen umrundet. Die Etappen kann man natürlich auch ganz anders aufteilen. Idyllische Flusslandschaften und weite Riedgebiete, älteste Siedlungsgeschichte wie beispielsweise am Federsee, schönste Ausblicke von Hügeln und Höhen, prächtiger oberschwäbischer Barock und erlebnisreiche Museen können entdeckt und bestaunt werden. Viele Brauereien und Bräuhäuser lassen Bierliebhabern das Herz höher schlagen. Gastlichkeit, gute Küche und Übernachtungsmöglichkeiten finden sich praktisch überall, schöne Pausenplätze fürs Vesper in Wald und Feld ebenso.

Ich hoffe, meine Begeisterung für die Region springt über!
Ich wünsche schöne Ausflüge und gute Wege allezeit!

Eva Eckstein

Einführung

Die Radtouren in diesem Buch sind von unterschiedlicher Länge. Manche haben ordentlich Steigung, manche führen gemütlich durchs Tal. Viele der Radtouren können variiert oder abgekürzt werden. Für das leichte Zurechtfinden sind sie in verschiedene Schwierigkeitsgrade eingeteilt:

■ sind Touren, die bis zu 40 km lang sind und nicht mehr als 350 Höhenmeter aufweisen.

■ sind Touren, die bis zu 80 km lang sind und/oder eine Höhendifferenz von 350 bis 600 Höhenmeter haben.

■ sind Touren ab 80 km Länge und/oder einer Höhendifferenz von 600 und mehr Höhenmetern.

Familienfreundlich sind Touren,

- die auch gut mit einem Anhänger befahren werden können
- bei denen die Tourenlänge variiert werden kann
- die Spielplätze, Rastplätze, Badeplätze und anderes Entdeckenswertes am Wegesrand aufweisen.

Alle Touren können auch mit einem E-Bike gefahren werden. Bei der Auswahl der Touren empfehle ich dennoch, was die Tourenlänge angeht, sich nicht zu überschätzen. 50 km sind lang, wenn man es nicht gewohnt ist, solche Strecken öfter zu fahren. Wer lange nicht Fahrrad gefahren ist und nun neu mit dem E-Bike (wieder) anfängt, sollte zunächst mit den kürzeren blauen Touren beginnen. Ladestationen für E-Bikes gibt es häufig an Marktplätzen und Bahnhöfen. Zu Beginn der Tour weise ich auf Ladestationen für das E-Bike hin. Auch in der Gastwirtschaft darf man oft seinen Akku wieder aufladen. Allerdings – wir sind im ländlichen Raum unterwegs, und in der freien Natur gibt es natürlich keine Möglichkeit zum Aufladen. Viele der Touren sind jedoch gut mit einer Akkuladung zu fahren. Wer auf Nummer sicher gehen möchte, sollte einen zweiten Akku mit sich führen.

Diese Touren können auch gut mit dem Rennrad befahren werden, da sie durchgehend asphaltiert sind.

Sämtliche Radtouren beginnen und enden an Bahnhöfen. Die

Anreise kann also mit öffentlichen Verkehrsmitteln erfolgen. Häufig kann dadurch auch die Länge der Tour variiert werden. Allerdings: Nicht alle Züge sind am Einstieg so breit, dass problemlos ein Anhänger eingeladen werden kann. Oft sind die Stufen auch sehr hoch – für die schweren E-Bikes nicht einfach. Bei den Regionalzügen ist das jedoch nie ein Problem. Da ist der Zugang praktisch ebenerdig und breit. Infos und Fahrplanauskunft gibt es unter www.bahn.de und bei den jeweiligen Verkehrsverbünden. Die Fahrplanauskunft der Bahn gibt es auch als App.

Für Anreisende mit dem Auto sind Parkplätze vermerkt. Für Urlauber wird auf Camping- und Stellplätze für das Wohnmobil hingewiesen.

Im Buch sind Karten und Höhenprofile zu den jeweiligen Touren gezeichnet. Wegverlauf und Varianten sind vermerkt. Die Touren können gut nur mit der Kartengrundlage und Wegbeschreibung im Buch gefahren werden. Eine eigene Karte dabei zu haben, ist jedoch immer empfehlenswert. Die Touren sind auch als gpx-Tracks auf meiner Internetseite zu finden: www.eckstein-radtouren.de. GPX-Dateien können im Allgemeinen problemlos auf jedwedes Navigationsgerät geladen werden. Meine Tracks basieren auf Open Street Map und wurden mit dem Programm von Sigma erstellt. Alle Touren bin ich persönlich geradelt. Und weil das so viele wissen wollen: ich fahre ein normales Tourenfahrrad ohne Motor. Zum Zeitpunkt der Erstellung haben die Touren also so funktioniert. Allerdings: Änderungen in der Wegeführung gibt es immer wieder und auch temporäre Baustellen können in einem Buch natürlich nicht berücksichtigt werden. Meist sind die Wege gut ausgeschildert. Umleitungen oft nicht so gut oder auch gar nicht. Augen auf also!

Die angegebenen Zeiten sind so berechnet, dass kleinere Trink- und Aussichtspausen mit drin sind. Da aber jeder mit anderer Geschwindigkeit unterwegs ist, probieren Sie es bitte an einer Tour aus. Viele Wege sind asphaltiert. Viele sind jedoch nur befestigt – und das mal mehr, mal weniger gut. Mit einem normalen Fahrrad, einem Mountainbike, Tourenrad oder E-Bike sind sie gut zu fahren. Mit dem Rennrad ist es bei vielen Touren schwierig. Oft kann man da aber auch für ein kurzes Stück auf die Straße ausweichen. Für die Touren mit Steigung ist ein gutes Rad mit mehreren Gängen unerlässlich.

Zum Radeln empfehle ich Sportbekleidung. Sie trocknet schneller und hält den Körper dadurch warm. Einen Helm halte ich für unverzichtbar. Regenzeug empfiehlt sich ebenfalls. Auch wenn es allenthalben Gaststätten gibt, ist es immer gut, Wasser und etwas zu Essen dabei zu haben. Und im Sommer gern auch Badezeug! Wo es Einkehrmöglichkeiten, Ladestationen, Rast-, Spiel- und Badeplätze gibt, ist jeweils zu Beginn der einzelnen Touren-Beschreibung nachzulesen.

Die Beschreibung der Radtouren gliedert sich in Wegbeschreibung und Sehens- und Bemerkenswertes. Wer also nur wissen will, wo es langgeht, kann diese Passagen überspringen.
Wer eher Tipps für Ausflugsziele möchte, vielleicht auch etwas über Geschichte und kulturelle Hintergründe erfahren möchte, erhält hier viele interessante Hinweise und Details.

Infos zu Büchern und Touren finden Sie auch auf www.eckstein-radtouren.de. Falls Sie eine Rückmeldung geben möchten: Über konstruktive Kritik, Änderungsvorschläge, Erfahrungsberichte oder auch ein freundliches Feedback freue ich mich immer! Schreiben Sie doch einfach eine Email an info@eckstein-radtouren.de.

Wenn Sie an diesem Buch und den Touren darin Freude haben, finden Sie auch in meinen anderen Büchern jede Menge Ausflugsideen. Es gibt Touren auf der Schwäbischen Alb, im Schönbuch und im Neckartal, im Natur- und Nationalpark Schwarzwald, am Bodensee und zu Aussichtstürmen in Baden-Württemberg.

Viel Freude mit dem Buch!
Viel Freude auf dem Rad!

Ihre Eva Eckstein

Mit Eva Eckstein unterwegs ...

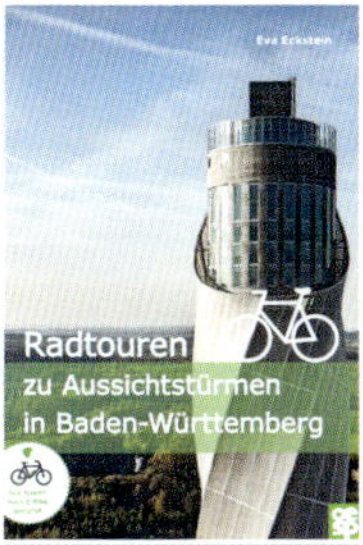

ISBN
978-3-96555-095-7

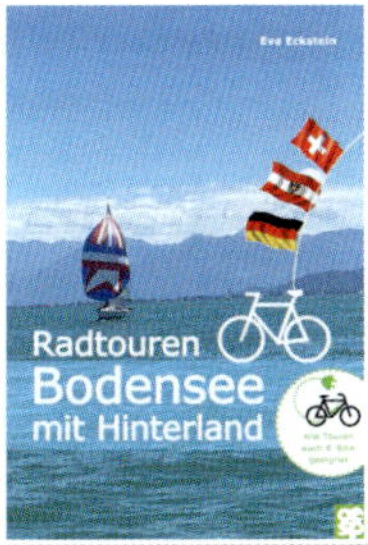

ISBN
978-3-88627-346-1

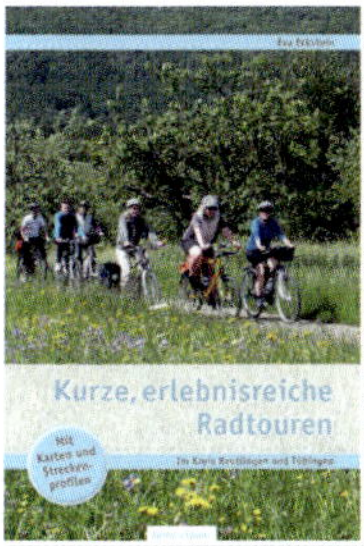

ISBN
978-3-88627-645-5

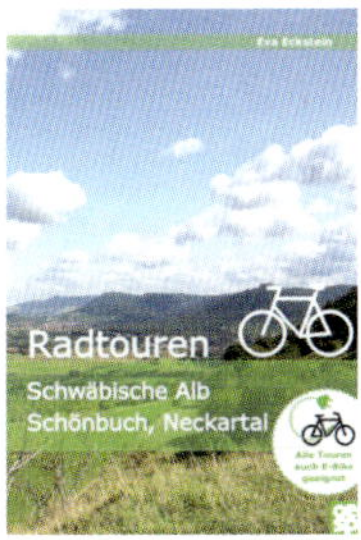

ISBN
978-3-88627-986-9

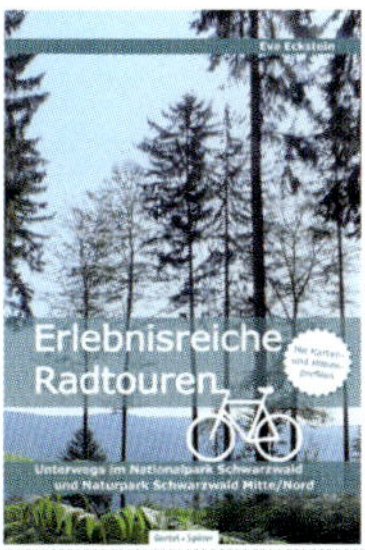

ISBN
978-3-88627-776-6

www.oertel-spoerer.de

Tour 1: Blitzenreuter Seenplatte und Schloss Altshausen

Eine entspannte Tour durch die oberschwäbische Landschaft mit viel Natur: Alpenblick, Ried, erlebnisreicher Naturlehrpfad und Badeseen an jeder Ecke. Im Schlosspark des prächtigen Schlosses in Altshausen gibt es Kunst zu bestaunen. Im Schloss selbst residiert die adelige Familie des Hauses Württemberg.

Start- und Endpunkt: Altshausen

Streckenverlauf:
Altshausen – Stuben – Vorsee – Blitzenreuter Seenplatte – Bibersee – Ebenweiler – Altshausen

Anreise Zug: Altshausen liegt an der Bahnstrecke Aulendorf – Sigmaringen. Auskunft www.bahn.de

: Altshausen Bahnhof und am Alten Weiher

: Ebenweiler Camping am Weiher

Gesamtstrecke: 26 km

Schwierigkeitsgrad: ; Höhendifferenz: 158 Hm

Dauer: 2 Stunden

Einkehrmöglichkeiten:
- in Altshausen
- in Ebenweiler

Rastplätze:
- am Vorsee
- am Häcklesweiher – Blitzenreuter Seenplatte

Badeplätze:
- Häcklesweiher – Blitzenreuter Seenplatte
- Bibersee
- Ebenweiler See
- Alter Weiher Altshausen

Altshausen am Freibad und am Alten Weiher

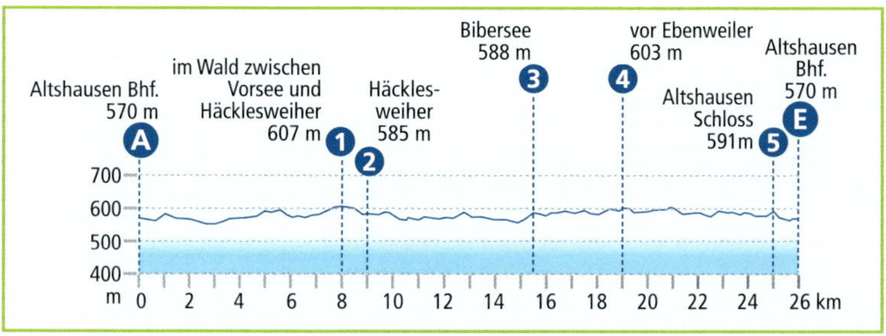

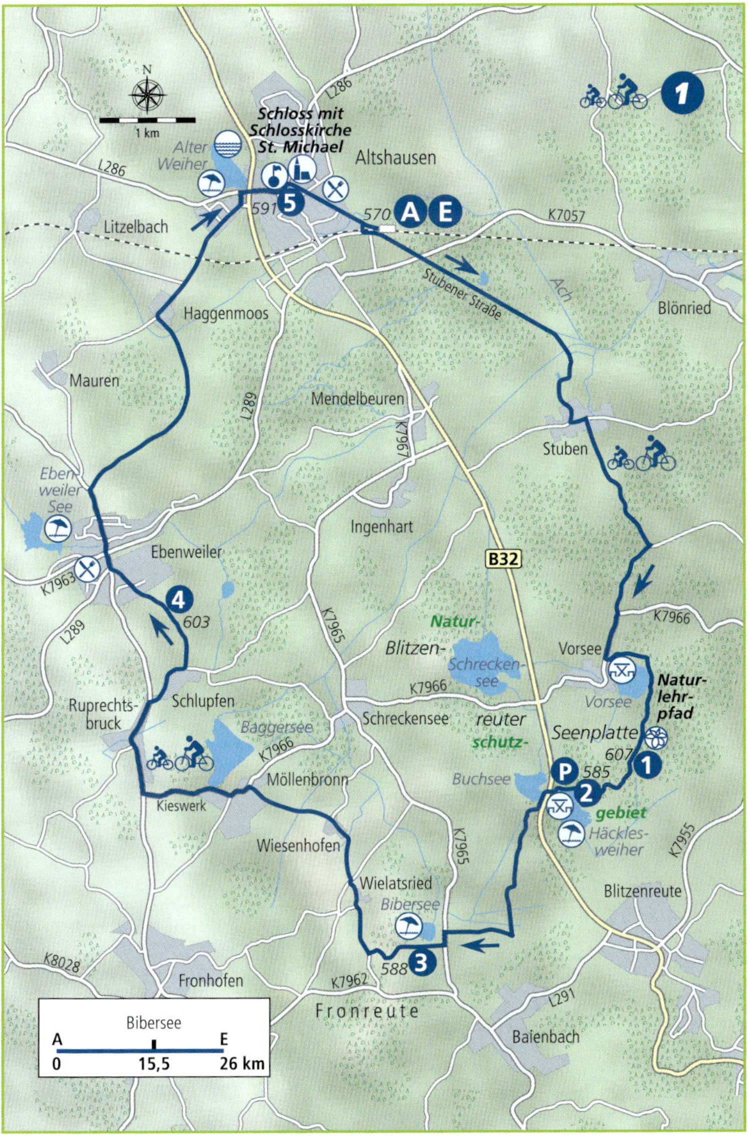
N
1 km
Schloss mit Schlosskirche St. Michael
Altshausen
Alter Weiher
L286
591
5
570
A E
K7057
Litzelbach
Stubener Straße
Ach
Blönried
Haggenmoos
Mauren
L289
Mendelbeuren
K7967
Stuben
Eben-weiler See
Ingenhart
Ebenweiler
K7963
B32
4
603
L289
K7965
Natur-
Blitzen-
Schrecken-see
K7966
Vorsee
Vorsee
Natur-lehr-pfad
Ruprechts-bruck
Schlupfen
Baggersee
K7966
Schreckensee
reuter
schutz-
Seenplatte
607
1
P
585
2
Buchsee
gebiet
Häckles-weiher
Möllenbronn
Kieswerk
Wiesenhofen
K7965
K7955
Wielatsried
Bibersee
Blitzenreute
3
588
K8028
Fronhofen
K7962
Fronreute
L291
Baienbach
Bibersee
A
E
0
15,5
26 km

Los geht's:

Vom Bahnhof in Altshausen über den Parkplatz Richtung Ortsmitte fahren und gleich an der Straße links abbiegen – Wanderwegweiser „Stuben". Auf der „Stubener Straße" zunächst durch den Wald nach Stuben radeln. In der Ortsmitte links, an der Kirche vorbei, dann rechts – Wanderwegweiser „Vorsee" und „Bruggen". Am nächsten Abzweig geradeaus (kein Schild) und kurz darauf an der Gabelung des Weges rechts halten – Wanderwegweiser „Vorsee". Mit Glück kann hier ein Blick auf die Alpen erhascht werden. In Vorsee, gleich nach dem Ortseingang, nach links auf den Wanderweg mit dem roten Punkt abbiegen – „Naturlehrpfad Blitzenreuter Seenplatte". Der Vorsee ist hier schon zu sehen. Ein kurzes Stück durch den Wald radeln, dann nach rechts auf einen mit Rindenschrot belegten Waldweg abbiegen. Er führt direkt am Ufer des Vorsees entlang.

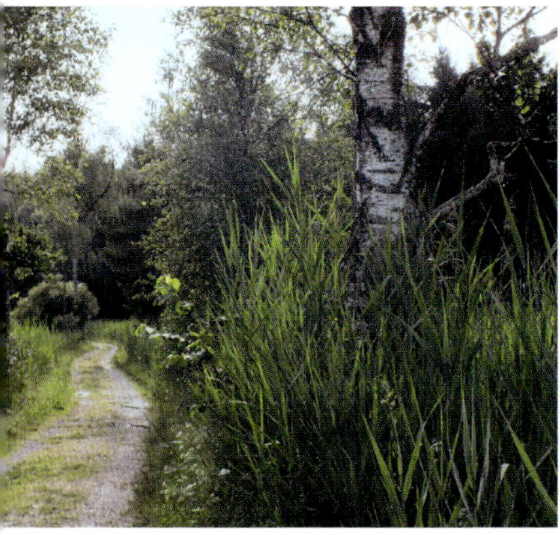

Auf dem Naturpfad Blitzenreuter Seenplatte

Naturlehrpfad Blitzenreuter Seenplatte:
Der Naturlehrpfad führt rund um die Blitzenreuter Seenlandschaft und bietet allerlei Wissenswertes rund um diese wertvolle Naturlandschaft. Er lädt zum Forschen, Entdecken und Staunen ein. Es werden Rätselaufgaben gestellt, die die eigene Beobachtungsgabe anregen. Kindern erklärt der „SinneMax" ökologische Zusammenhänge. So werden beispielsweise am Vorsee eine Geheimwohnung im Baumstamm und ihre Bewohner vorgestellt. Dann fragt der „SinneMax", ob wir hier irgendwo selbst eine Geheimwohnung entdecken? Wer sich genau umschaut, wird sie finden! Augen auf also! Die Natur stellt jede Menge Rätselaufgaben, und es macht großen Spaß sie zu lösen! Ein lustiges Orchester mit Musikern aus Holz findet sich ebenso mitten im Wald.

Zum Häcklesweiher:
Der mit Rindenschrot belegte Waldweg mündet nach rund 500 Metern in einen befestigten Waldweg. Auf dem Weg immer

weiter Richtung „Blitzenreuter Seenplatte" fahren, nach 1 km an der Weggabelung rechts halten und zum Häcklesweiher fahren.

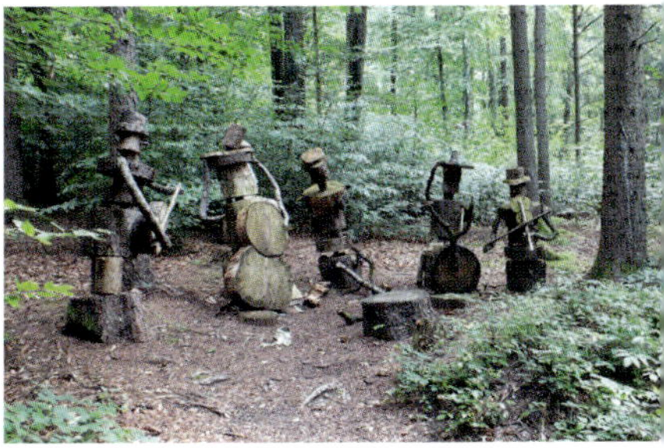

Lustige Musiker aus Holz mitten im Wald

Blitzenreuter Seenplatte:
Die Blitzenreuter Seenplatte entstand in der Eiszeit. Eine vom Gletscher geschaffene Senke füllte sich mit Schmelzwasser. Feiner Gesteinsstaub, den der Gletscher beim Rückzug hinterließ, dichtete den Boden des Sees nach unten ab. Regen und Zuflüsse schwemmten im Lauf der Zeit immer mehr Nährstoffe und Algen an. So entstand ein Moor. Irgendwann wuchsen auf diesen Algen nur noch Torfmoose. Diese türmten sich immer mehr auf und wurden zum Hochmoor. An der Blitzenreuter Seenplatte ist der zentrale Hochmoorkern seit 1924 als Bannwald geschützt, in anderen Bereichen jedoch wurde bis 1960 Torf abgebaut. Heute führt der Naturlehrpfad durch den Bannwald und an den Seen entlang. Am Häcklesweiher führen Stege auf's Wasser, und

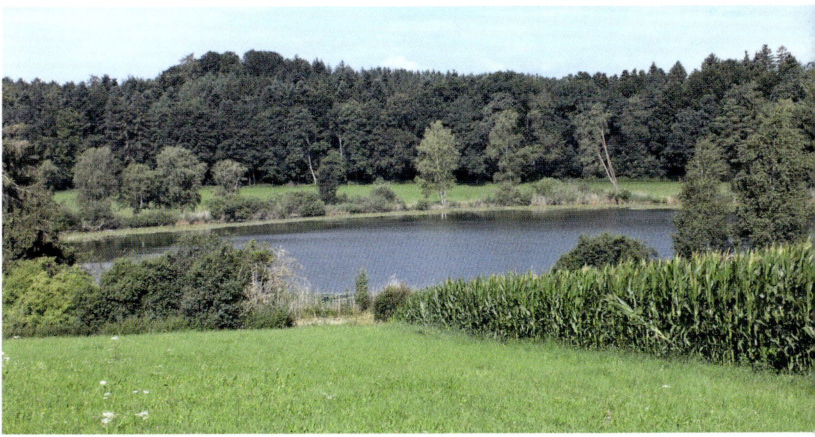

Hübscher Badeplatz am Bibersee

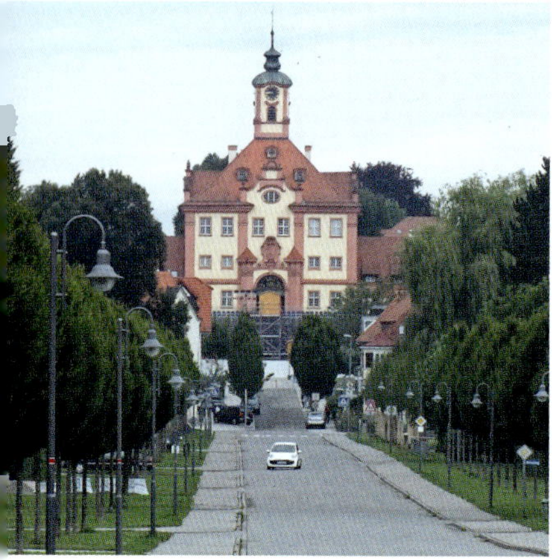

Wahrzeichen des Orts: Das Torgebäude des Schlosses in Altshausen

im Frühsommer sind Seerosen zu bewundern. Es darf auch gebadet werden. Ein Rastplatz befindet sich ganz in der Nähe des Parkplatzes an der Bundesstraße.

Zum Bibersee:
Am Häcklesweiher dem Weg nach rechts folgen und vor zum Parkplatz an der Bundesstraße fahren. Die Bundesstraße unterqueren und dem Wanderwegweiser mit dem roten Punkt über die nächsten 2,5 km bis zur Straße am Bibersee folgen. Hier links und gleich wieder rechts auf den Wanderweg, der am Bibersee vorbeiführt, einbiegen. Auch am Bibersee darf gebadet werden und es ist deutlich ruhiger als am Häcklesweiher.

Zurück nach Altshausen:
Der Wanderweg führt weiter zum Waldrand und endet an einem geteerten Sträßchen. Hier nach rechts abbiegen und über die Weiler Wielatsried und Wiesenhofen nach Möllenbronn fahren. In Möllenbronn geht es zunächst links auf die Straße nach Fronhofen und in der Ortsmitte nach rechts zum Kieswerk. An diesem vorbei nach Ruprechtsbruck radeln und weiter über Schlupfen nach Ebenweiler. Geradeaus durch den Ort und dann nach rechts Richtung Haggenmoos abbiegen. Der Weg führt durch eine weite, offene, mit Obstbäumen gesäumte Landschaft. Ab und an lohnt es, sich umzudrehen und nach den Bergen, die schneebedeckt in der Ferne glitzern, Ausschau zu halten. Von hier nach Altshausen zurückradeln. Das Sträßchen kommt am Badesee von Altshausen heraus. Links geht's zum See mit Freibad, einem wunderbaren Abschluss der Tour an heißen Sommertagen. Rechts geht's unter der Bundesstraße hindurch und Richtung Schloss.

Altshausen:
Schon vor tausend Jahren stand hier die erste Burg der Grafen von Altshausen. Im 13. Jahrhundert wurde sie von den Rittern des Deutschen Ordens bewohnt, später von den Landkomturen. Im

18. Jahrhundert wurde die Ordensburg in eine prächtige Residenz umgebaut. Das Torgebäude gilt als Wahrzeichen von Altshausen. Heute dient das imposante Schloss der herzoglichen Familie von Württemberg als Wohnsitz. Es kann also gut sein, dass Schlossherrin oder Schlossherr zu Hause sind, wenn man den Park besucht. Diane Herzogin von Württemberg hat den Schlosspark zur Kunststation auserkoren. Ihre Skulpturen aus Metall sind echte Hingucker! Diane Herzogin von Württemberg ist unter Kennern der Kunstszene ein klangvoller Name, ihre Werke finden auch international große Beachtung.
In der Heilig-Grab-Kapelle kann das Heilige Grab aus dem Jahr 1783 bewundert werden. Es besteht aus zwei großen bemalten Leinwänden, 23 Bildtafeln sowie sieben Bögen und weist einen großen Reichtum an Figuren auf. Dargestellt ist die Leidensgeschichte Jesu. Das Heilige Grab zu Altshausen ist in seiner Art und Größe einmalig und gilt als eines der letzten Heiligen Gräber in Süddeutschland.
In der Schlosskirche Sankt Michael wird eines großen Gelehrten aus Altshausen gedacht: Hermann der Lahme. 1013 als Sohn des Grafen geboren, wurde er aufgrund einer Behinderung dem Kloster Reichenau am Bodensee übergeben. Der Behinderung zum Trotz oder vielleicht gerade deswegen entwickelte sich Hermann zu einem genialen Forscher und Lehrer. Er war berühmt landauf, landab, und viele Gelehrte suchten seinen Rat.
Neben Astronomie, Mathematik und fast allen Feldern der Wissenschaft widmete sich Hermann auch der Lehre von der Musica, entwarf eine Intervall-Notenschrift und komponierte selbst. „Salve Regina", deutsch: „Sei gegrüßt o Königin", ist heute noch Allgemeingut. www.altshausen.de

Zurück zum Bahnhof:
Vor dem Schloss rechts und geradeaus hinunter zum Bahnhof fahren.

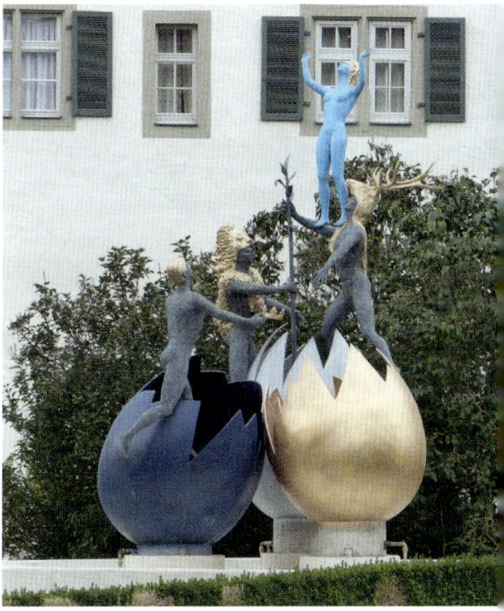

Kunst im Schlossgarten

Tour 2: Federsee, Bachritterburg Kanzach und Schwarzachtalseen

Zum UNESCO-Welterbe am Federsee, durch einen naturbelassenen Riedwald, zu einer mittelalterlichen Ritterburg, einem malerischen Hochmoor und einem höchst beliebten Badesee samt Gartenwirtschaft führt diese Radtour. Sie ist auch in Teilen befahrbar und dann für jeden, auch für Familien, gut zu bewältigen.

Start- und Endpunkt: Bad Saulgau

Streckenverlauf:
Bad Saulgau – Kleintissen – Dürnau – Kanzach – Bad Buchau – Federsee – Moosburg – Kanzach – Blinder See – Ertingen – Schwarzachtalseen – Bad Saulgau

Anreise Zug: Bad Saulgau liegt an der Bahnstrecke Aulendorf – Sigmaringen. Auskunft: www.bahn.de

: Bad Saulgau am Hallenbad und an der Stadthalle

: Bad Saulgau Sonnenhof-Therme

: Bad Buchau Federseemuseum; Herbertingen-Ertingen Schwarzachtalseen

Gesamtstrecke: 45 km

Schwierigkeitsgrad: ; Höhendifferenz: 266 Hm

Dauer: 3,5 Stunden

Varianten:
Bad Saulgau – Federsee und zurück 30 km

Bad Saulgau – Bachritterburg Kanzach und zurück 20 km

Bahnhof Herbertingen als Start- und Endpunkt 50 km

Einkehrmöglichkeiten:
- in Bad Saulgau
- in Bad Buchau
- Bachritterburg Kanzach
- „Paradies am See" an den Schwarzachtalseen

Spielplätze:
- an der Bachritterburg Kanzach
- an den Schwarzachtalseen

Rastplätze:
- im Federseemuseum
- an den Schwarzachtalseen

Badeplätze:
- Schwarzachtalseen

Bad Saulgau am Parkhaus Lindenstraße; **Bad Buchau** am Marktplatz; **Ertingen** an den Schwarzachtalseen

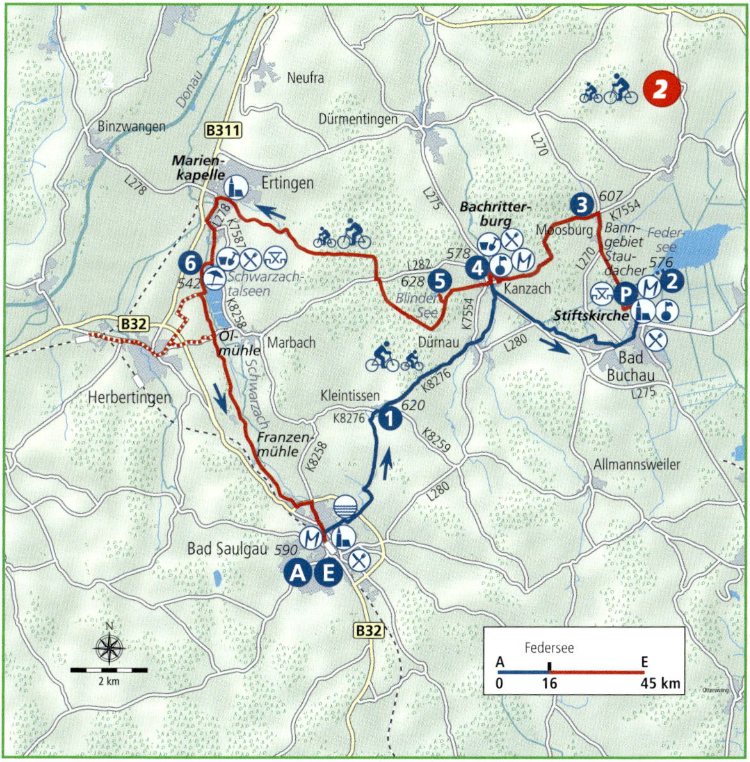
Neufra
Dürmentingen
Binzwangen
Donau
B311
Marien-
kapelle
Ertingen
L278
L275
L270
Bachritter-
burg
607
Moosburg
K7554
Bann-
gebiet
Stau-
dacher
Feder-
see
576
578
L282
628
Blinder
See
Kanzach
Schwarzach-
talseen
542
K7587
K8258
B32
Öl-
mühle
Marbach
Dürnau
K7554
Stiftskirche
L280
Bad
Buchau
L275
Herbertingen
Schwarzach
Kleintissen
K8276
620
K8259
Franzen-
mühle
K8258
Allmannsweiler
L280
Bad Saulgau 590
B32
2 km
Federsee
A
E
0
16
45 km

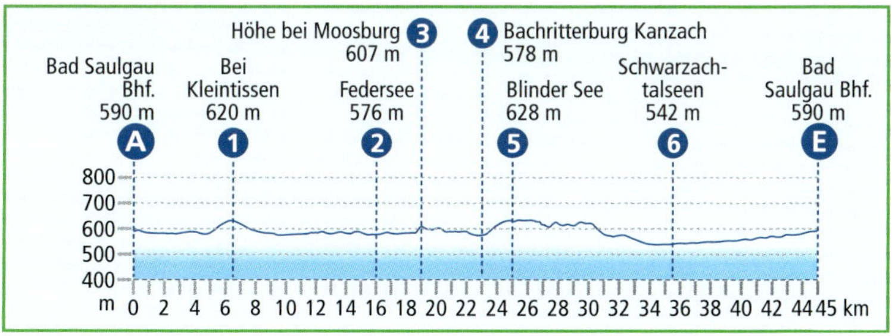
Höhe bei Moosburg 3
607 m
4 Bachritterburg Kanzach
578 m
Bad Saulgau
Bhf.
590 m
A
Bei
Kleintissen
620 m
1
Federsee
576 m
2
Blinder See
628 m
5
Schwarzach-
talseen
542 m
6
Bad
Saulgau Bhf.
590 m
E
800
700
600
500
400
m
0 2 4 6 8 10 12 14 16 18 20 22 24 26 28 30 32 34 36 38 40 42 44 45 km

Los geht's:

Vom Bahnhof in Bad Saulgau nach links weg fahren und geradeaus ins Zentrum radeln. Am Marktplatz rechts abbiegen – Wegweiser „Bad Buchau" – und an der Kirche vorbei wieder aus dem Zentrum hinaus fahren. Der Radweg führt zunächst zum Schulzentrum. Nach den Schulen rechts abbiegen, am Hallenbad und der Stadthalle vorbei radeln, danach links und dann rechts über eine Brücke für Radler und Fußgänger über die B 32 fahren. Danach führt der Weg durch eine Birkenallee und über einen Bach zunächst geradeaus und an der nächsten Gelegenheit links. Am Wegkreuz geradeaus weiter über die Felder nach Kleintissen radeln. In Kleintissen rechts auf die Kreisstraße nach Dürnau einbiegen und von dort weiter nach Kanzach radeln. Am Ortseingang von Kanzach ist schon die erste Entscheidung zu treffen: Wer den Federsee weglassen und direkt zur Bachritterburg radeln will, biegt hier links ab, radelt durch den Ort und findet am Ortsende auf der rechten Seite besagte Burg samt Museum, Wirtschaft und Spielplatz.

Nach Bad Buchau:
Am Ortseingang von Kanzach die Straße überqueren und auf den Radweg zum Federsee nach rechts abbiegen. Dieser führt zunächst parallel zur Landesstraße und später ein Stück weg von ihr durch lichten Wald bis zum Industriegebiet von Bad Buchau. Den Wegweisern folgen und direkt ins Zentrum von Bad Buchau hinein fahren.

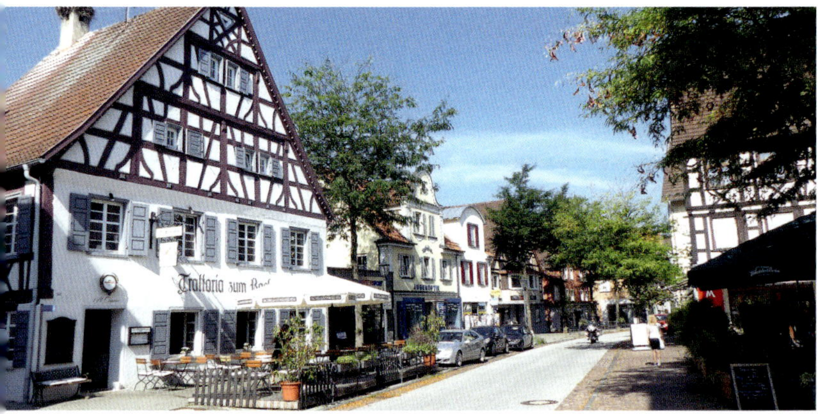

Fachwerkstadt Bad Saulgau

Bad Buchau:
Am Marktplatz befinden sich Geschäfte und Cafés. Geprägt wird das Ortsbild von Bad Buchau durch die weithin sichtbare Stiftskirche und das Schloss der Herren Thurn und Taxis, in dem sich heute eine Klinik befindet. Das Stift hat über tausend Jahre lang die Geschicke des Ortes bestimmt. Die Stiftskirche, wie sie heute zu sehen ist, wurde gegen Ende dieser Phase um 1775 aus einer gotischen Kirche im Stil des französischen Klassizismus für die adeligen Stiftsdamen umgebaut. Die prächtigen Bilder in der Kirche stammen von Josef Christian aus Riedlingen, die Deckengemälde im Chor und Mittelschiff malte Andreas Brugger, ein Schüler von Franz Maulbertsch aus Langenargen. Adelindis, die das Stift gründete und in der Kirche beigesetzt ist, wird heute noch als Heilige verehrt. www.bad-buchau.de

Zum Federsee:
Geradeaus über den Marktplatz mit seinen Cafés und Geschäften Richtung Kirche radeln. Vor der Kirche nach links in die Kirchstraße einbiegen und bergab bis zum Parkplatz am Federseemuseum fahren.

Federseesteg und Federseemuseum:
Geradeaus geht es zum Federseesteg, der ca. 1,5 km weit über das

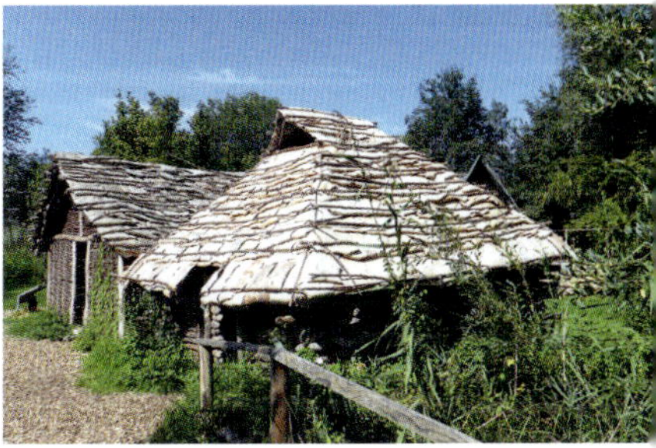

Früher Siedlungsbau im Federseemuseum

Ried des Sees bis zur offenen Wasserfläche reicht. Der Federsee selbst ist vom Ufer aus nämlich gar nicht zu sehen. An seinem Ufer siedelten sich bereits vor vielen tausend Jahren Menschen an. Forscher fanden am Federsee sehr gut erhaltene Jagdlager, Moorsiedlungen und Pfahlbauten aus vorgeschichtlicher Zeit. Das feuchte Moor ist ein wunderbares Konservierungsmittel. Ein Fenster in längst vergangene Zeiten, durch das wir Menschen von heute 15 000 Jahre zurück schauen können. Der Federsee gilt als fundreichstes Moor in ganz Europa. 2011 wurden die „Prähistorischen Pfahlbauten rund um die Alpen" durch die UNESCO als grenzüberschreitendes Weltkulturerbe anerkannt. Das Federseemuseum, rechts vom Parkplatz gelegen, trägt dem mit zahlreichen Ausstellungen Rechnung. Liebevoll und mit viel Detailreichtum wird die Frühzeit der menschlichen Geschichte erlebbar gemacht. Es sind Hütten aufgebaut, die der Besucher betreten darf. Im Inneren befinden sich Gerätschaften oder Bilder, die den Alltag aufzeigen. Das Museum bietet interaktive Workshops wie „Brotbacken wie in der Bronzezeit“ oder die Bearbeitung von Feuersteinen zu Waffen oder Werkzeugen an. Lernen und begreifen wie unsere Vorfahren gelebt haben – das hat sich das Museum als Aufgabe vorgenommen und meistert diese mit Bravour. Öffnungszeiten: 1. April bis 1. November täglich 10 bis 18 Uhr, 2. November bis 31. März täglich 10 bis 16 Uhr, www.bad-buchau.de.

Nach Kanzach:
Am Parkplatz des Federseemuseums nach links auf den Federsee-Rundweg fahren. Dieser führt nach kurzer Zeit mitten hinein ins Bannngebiet Staudacher. Seit 1911 ist dieser Moorwald naturbelassen. Er war sozusagen das erste Naturschutzgebiet am Federsee. Auf einem Bohlenweg wird das Moor durchquert. Rechts und links wachsen Birken, krüppelige Kiefern und Fichten, dazwischen Schilf und Riedgras. Immer mal wieder blinkt auch eine Wasserfläche hervor. Am Ende des Bohlenweges geht es ein Stück bergauf nach Moosburg. Hier nach rechts auf die Straße einbiegen und auf dieser den Ort durchqueren. Am Ortsende links auf ein Sträßchen mit dem Verkehrsschild „7,5 Tonnen – Durchfahrt verboten“ abbiegen. Zunächst ein Stück bergauf, dann mit weitem Blick durch Wald und Feld auf der Höhe und zum Schluss bergab nach Kanzach radeln. Hier dem Wegweiser nach Riedlingen und zum Rathaus nach rechts folgen, am Rathaus links und auf einem schmalen Brückle über die Kanzach und zur Burg fahren. Wer nicht zur Burg sondern direkt weiter radeln möchte, fährt einfach auf dem Sträßchen geradeaus weiter und über die Landesstraße Richtung Dürnau und dann nach rechts in den Kirchsteig.

Bachritterburg Kanzach:
Forscher und Wissenschaftler hatten herausgefunden, dass hier eine Burg stand, die vor 600 Jahren abgebrannt war. Die Bachritterburg Kanzach,eine sogenannte Turmhügelburg aus Holz, wurde Anfang des 21. Jahrhunderts neu gebaut und war von Anfang an als Museum konzipiert. Mit den Methoden, die der Wissenschaft heute zur Verfügung stehen, konnte man recht detailliert herausfinden, wie so eine Burg ausgesehen hat. Heute vermittelt die Burg den Eindruck, der Bachritter samt Familie könne jederzeit zur Tür herein-

spazieren und sich sofort wie zu Hause fühlen. Es gibt jede Menge Mitmachideen für Kinder. Das Leben im Mittelalter wird anschaulich vermittelt. Besonders an den Familiensonntagen finden Workshops aller Art statt. Kinder und Familien können bis zu den Ellenbogen selbst ins Mittelalter eintauchen. Wer im mittelalterlichen Burghofambiente Kaffee trinken oder eine herzhafte Brotzeit zu sich nehmen will, wird von der Burgschänke bestens versorgt. Öffnungszeiten: 1. April bis 30. September täglich 10 bis 18 Uhr; 1. Oktober bis zum Ende der Herbstferien um den 5. November Dienstag bis Freitag 13 bis 17 Uhr, Samstag und Sonntag 10 bis 18 Uhr, www.bachritterburg.de.

Zum Blinden See und nach Ertingen:
Von der Bachritterburg zurück in die Ortsmitte fahren. Hier rechts nach Dürnau abbiegen und gleich wieder rechts in den Kirchsteig. Bergauf aus Kanzach hinaus und den Schildern des Wanderweges 11 folgend zunächst geradeaus und am Waldrand links fahren. Nach 500 Metern geht es rechts in den Wald hinein.

Abstecher zum Naturschutzgebiet „Blindsee“:
Wer den Abstecher zum Blinden See machen möchte, fährt gleich noch einmal rechts und folgt dem Wanderweg bis zur Hütte am Blinden See. Ein ruhig gelegenes Naturschutzgebiet mit Kiefern,

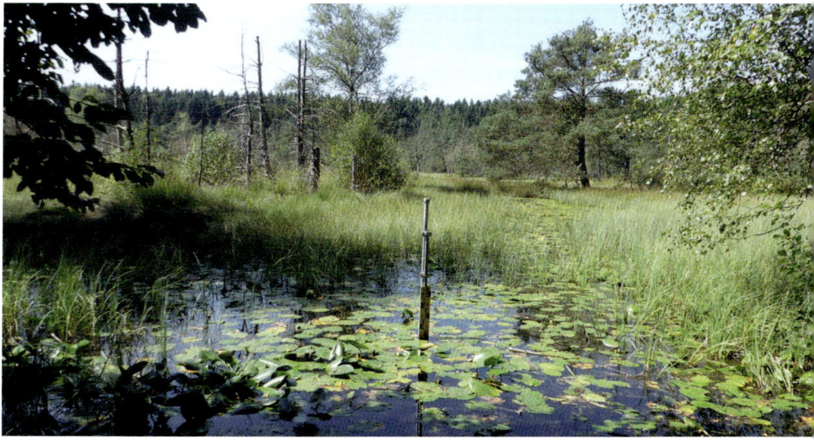

Ein verwunschener Ort: der Blindsee

Tour 3: Andelsbach und Pfrunger-Burgweiler Ried

Zunächst zur „Südsee", dann durchs grüne und ruhige Andelsbachtal und zu einem der größten und schönsten Naturschutzgebiete im Süden Deutschlands führt diese Tour. Ried und Schilf, Wasservögel und Libellen, Störche, Schwertlilien und weite Wasserflächen sind hier zu finden. Das Grenzsteinmuseum bei Burgweiler und der Ostracher Bannwaldturm mit herrlichem Blick übers Ried liegen auf dem Weg.

Start- und Endpunkt: Mengen

Streckenverlauf:
Mengen – Krauchenwies – Andelsbachtal – Burgweiler – Ostracher Bannwaldturm – Ostrach – Mengen

Anreise Zug: Mengen liegt an den Bahnstrecken Aulendorf – Sigmaringen und Ulm – Sigmaringen. Auskunft: www.bahn.de

: Mengen Bahnhof

: Zielfinger Seen „Südsee"; Krauchenwies Seencamping; Pfullendorf Seepark Linzgau; Ostrach-Burgweiler an der Riedhalle

Gesamtstrecke: 61 km

Schwierigkeitsgrad: ; Höhendifferenz: 208 Hm

Dauer: 4 Stunden

Varianten:
mit einem Abstecher nach Pfullendorf 67 km

mit einem Abstecher zum Naturschutzzentrum in Wilhelmsdorf 69 km

Einkehrmöglichkeiten:
- „Schwarzer Adler" in Mengen
- „Südsee"
- „Riedwirtschaft" im Pfrunger-Burgweiler Ried
- in Ostrach

Spielplätze:
- Seepark Linzgau in Pfullendorf
- Burgweiler am Parkplatz Rotenbühl

Rastplätze:
- am Ostracher Bannwaldturm im Pfrunger-Burgweiler Ried
- Badeplätze:
- „Südsee" an den Zielfinger Seen bei Krauchenwies
- Seepark Linzgau in Pfullendorf
- Baggersee Jettkofen

Mengen Hauptstr. 57; **Pfullendorf** Seepark Linzgau und Waldfreibad; **Ostrach** beim Stangen-Schmid gegenüber vom Bahnhof; **Wilhelmsdorf** Naturschutzzentrum

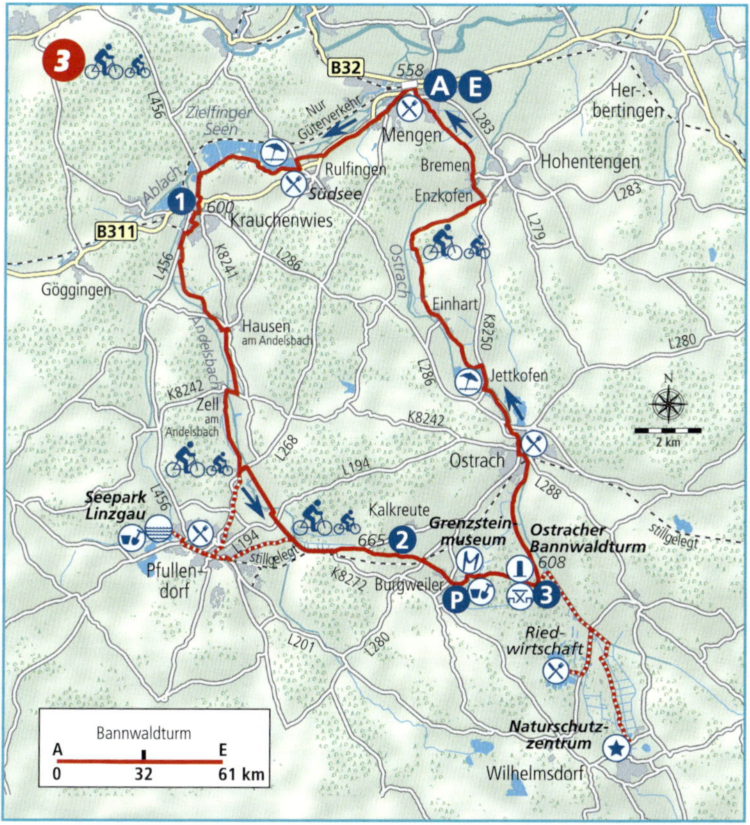
3
B32
558
A
E
Nur Güterverkehr
Zielfinger Seen
Mengen
Her-bertingen
Hohentengen
Rulfingen
Bremen
Südsee
Enzkofen
Ablach
1
600
Krauchenwies
B311
L456
K8241
L286
L283
L279
Göggingen
Ostrach
Einhart
K8250
Hausen
am Andelsbach
Andelsbach
L280
L286
Jettkofen
K8242
Zell
am
Andelsbach
K8242
2 km
L268
L194
Ostrach
Seepark Linzgau
Kalkreute
L288
665
2
Grenzstein-museum
Ostracher Bannwaldturm
608
stillgelegt
L194
stillgelegt
Pfullen-dorf
K8272
Burgweiler
P
3
Ried-wirtschaft
L201
L280
Bannwaldturm
A
E
0
32
61 km
Naturschutz-zentrum
Wilhelmsdorf

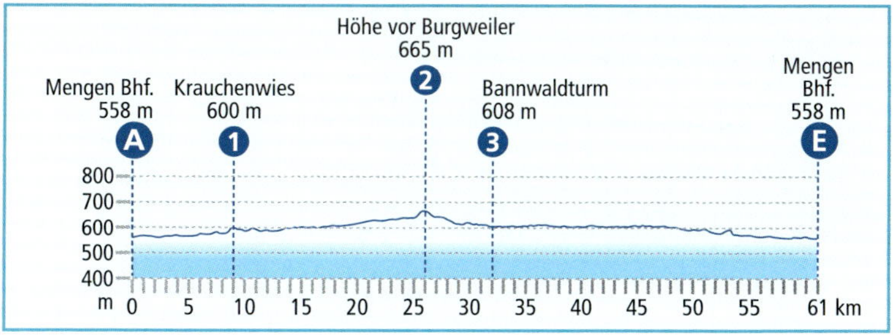
Höhe vor Burgweiler
665 m
2
Mengen Bhf.
558 m
A
Krauchenwies
600 m
1
Bannwaldturm
608 m
3
Mengen
Bhf.
558 m
E
800
700
600
500
400
m
0
5
10
15
20
25
30
35
40
45
50
55
61 km

Los geht's:

Vom Bahnhof in Mengen nach rechts fahren und am Kreisel geradeaus ins Zentrum radeln. Durch das hübsche Städtchen mit seinen Fachwerkhäusern, Läden und Gasthäusern immer geradeaus auf der Hauptstraße bleiben. Am Ortsende auf den Radweg wechseln, der an der B 311 entlangführt. Kurz vor Rulfingen, noch vor dem Kreisel, die Straße überqueren und auf den Radweg auf der anderen Straßenseite wechseln. Auf diesem am Kreisverkehr rechts vorbeifahren und dann nach links Richtung Zielfinger Seen fahren – Wegweiser „Südsee“.

Südsee und Zielfinger Seen:
Im Naherholungsgebiet Zielfinger Seen befinden sich Bademöglichkeiten, Strand, Gaststätten, Wohnmobilstellpätze (die im Übrigen als besonders schön ausgezeichnet wurden), Boccia-Bahnen, Beachvolleyballfeld und Angelmöglichkeiten.

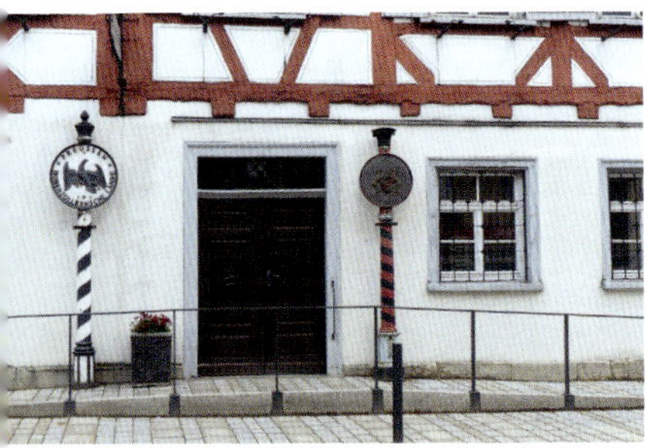

Grenzpfosten an der alten Posthalterei in Mengen

Im Andelsbachtal:
An den Zielfinger Seen entlang weiter nach Krauchenwies radeln. In Krauchenwies in die Ortsmitte fahren, hier rechts und kurz darauf nach links in die Austraße (Radwegweiser Pfullendorf) einbiegen. Am Ende der Straße links, kurz darauf rechts und um ein Firmengelände herum und wieder rechts hinunter an die Landesstraße radeln. Hier links, und kurz darauf links auf den Radweg nach Hausen am Andelsbach wechseln. Gemütlich durchs Tal radelt es sich angenehm durch die Aulandschaft. Weiter auf dem Radweg am Andelsbach Richtung Pfullendorf bleiben und mal mehr mal weniger nah am Bach entlang radeln. Kurz vor Zell am Andelsbach nach rechts auf die Kreisstraße einbiegen, sie am Ortseingang von Zell aber gleich wieder nach links verlassen und weiter durchs Tal fahren. Nach rund 2,5 km mündet der Radweg wieder auf eine Straße.

Abstecher nach Pfullendorf:
Für den Abstecher hier rechts abbiegen und der Radwegbeschilderung ordentlich bergauf nach Pfullendorf folgen. Über das Obertor geht es in die Altstadt von

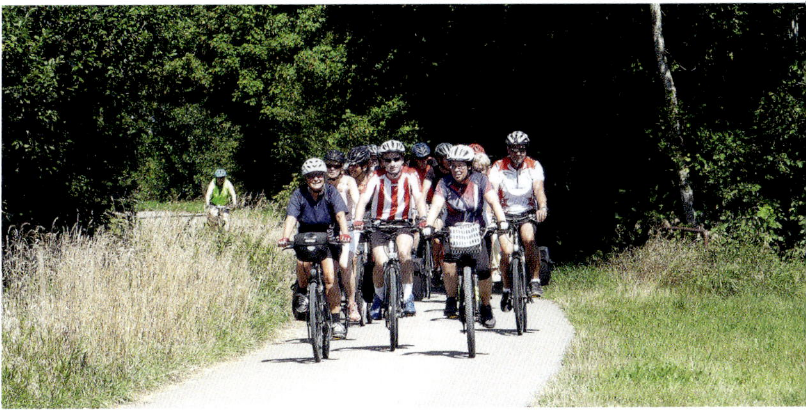

In der Gruppe ist Radeln ein besonders fröhliches Erlebnis!

Pfullendorf hinein, wo man in der einen oder anderen Wirtschaft ganz wunderbar Pause machen kann. Zum Seepark Linzgau – mit schönem Strandbad, großen Spielplätzen, Erlebnistierpark Jägerhof, Aufladestationen für Pedelecs, schönen Spazier- und Radwegen rund um den See – geht es nach dem Durchqueren der Altstadt am Kreisel rechts und dann noch ein Stück geradeaus; das ist alles sehr gut ausgeschildert. Zurück zur Tour: Zurück zum Kreisel fahren, hier geradeaus auf der Straße nach Heiligenberg bleiben. Nach einer Rechtskurve der Straße, kurz vor dem Überqueren der Bahnlinie, nach links ins Mühlsteigle abbiegen und den Eichberg hinauffahren. Immer geradeaus halten bis zur Einmündung des Weges auf die Kreisstraße, die nach Pfrungen führt. Hier rechts und auf der Kreisstraße rund 1 km fahren, diese dann in einer Rechtskurve – ebenfalls wieder kurz vor dem Überqueren der Bahnlinie – verlassen und geradeaus auf einem kleinen Sträßchen an einem Wasserlauf entlangradeln – Wegweiser „Kalkreute".

Nach Burgweiler:
An der Straße geht es links – Wegweiser „Wilhelmsdorf"–, gleich darauf rechts – Wegweiser „Illmensee" – und weiter auf einer schönen Birkenallee durch das Tal des Andelsbaches bis zur Landesstraße nach Ostrach. Diese überqueren und auf der Kreisstraße nach Pfrungen und Wilhelmsdorf knappe 2 km bleiben. Kurz vor dem Überqueren der Bahnlinie die

Straße verlassen und dem Wegweiser nach Kalkreute auf ein kleines Sträßchen folgen. Zunächst führt dieses an einem Wasserlauf entlang, dann – kurz vor dem Waldrand – gabelt sich der Weg. Links geht es nach Kalkreute, halb rechts nach Burgweiler. Wir fahren halb rechts, bergauf durch den Wald und wieder bergab. Nach rund 2 km Bahnlinie und Landesstraße queren und nach Burgweiler radeln. An der Kirche geradeaus über die Straße und weiter zum Park- und Wohnmobilstellplatz „Weites Ried". Hier befindet sich ein Spielplatz und der Start eines Riedlehrpfades, den man aber besser zu Fuß begeht. Vor dem Parkplatz links und weiter zum Grenzstein radeln.

Grenzsteinmuseum Burgweiler: Das einzigartige Grenzsteinmuseum in Burgweiler symbolisiert maßstabsgetreu die Grenzverläufe der ehemaligen Länder Königreich Württemberg, Großherzogtum Baden und Fürstentum Hohenzollern-Sigmaringen auf dem Gemeindegebiet Ostrach. Da es eine Freilichtanlage ist, unterliegt es keinen Öffnungszeiten und kann jederzeit betreten und besichtigt werden. Sehr nett angelegt, kann man in einem Rundgang erfahren, wie die Dörfer hier im Grenzgebiet hin und her verschachert wurden. Mal war man preußisch, mal badisch, mal württembergisch. Ein verwirrender Flickenteppich an Herrschaftsgebieten, wie eine Karte zeigt. So wundert es auch

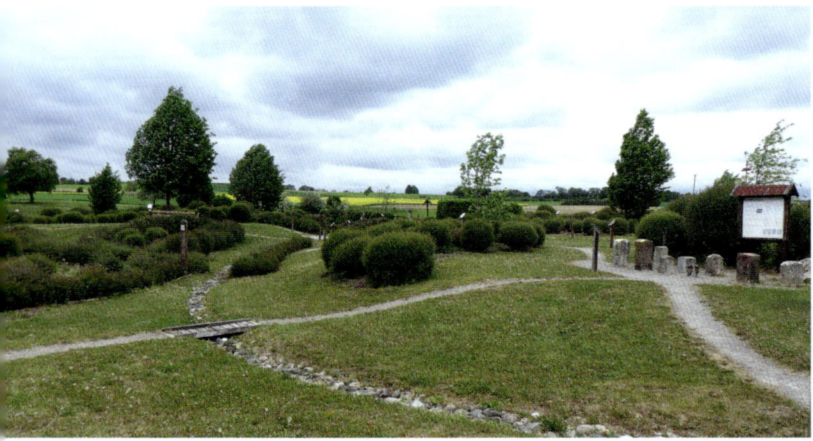

Grenzsteinmuseum Burgweiler

nicht, dass die Westgrenze Oberschwabens keineswegs eindeutig ist. Im Heimatmuseum in Ostrach kann, wer mag, sich zusätzlich noch informieren.
www.noerdlicher-bodensee.de

Zum Ostracher Bannwaldturm und hinein ins Ried:
Vor dem Grenzsteinmuseum geht es rechts, dann aber nicht geradeaus in den Wald hinein, sondern auf dem breiten Wanderweg durch das weite Ried bis zum Turm.

Ostracher Bannwaldturm:
Der 2016 aus Holz erbaute Turm zieht zahlreiche Ausflügler an. Der Ostracher Bannwaldturm befindet sich mitten im Naturschutzgebiet und kann nur zu Fuß oder mit dem Rad erreicht werden. Fast 40 Meter hoch, bietet er von der Aussichtsplattform eine wunderbare Sicht über das Pfrunger-Burgweiler Ried. Es lohnt sich also, die 219 Stufen hinaufzusteigen! Auch unterwegs gibt es schon den einen oder anderen schönen Ausblick. Das Pfrunger-Burgweiler Ried ist nach dem Federsee das zweitgrößte zusammenhängende Moorgebiet Südwestdeutschlands. Es ist eine einzigartige Moorlandschaft, die von zum Teil sehr seltenen Pflanzen und Tieren bewohnt ist. Schilf, Birken und feuchte Moorwälder kennzeichnen das Naturschutzgebiet. Ständig werden neue Wanderwege durch das Ried angelegt sowie Beobachtungsplattformen eingerichtet, die einen ungestörten Blick über das Ried und die Vögel, die dort zu finden sind, bieten. Am Fuße des Turmes befindet sich ein Rastplatz, wo man begleitet vom Froschkonzert sein Vesper genießen kann.

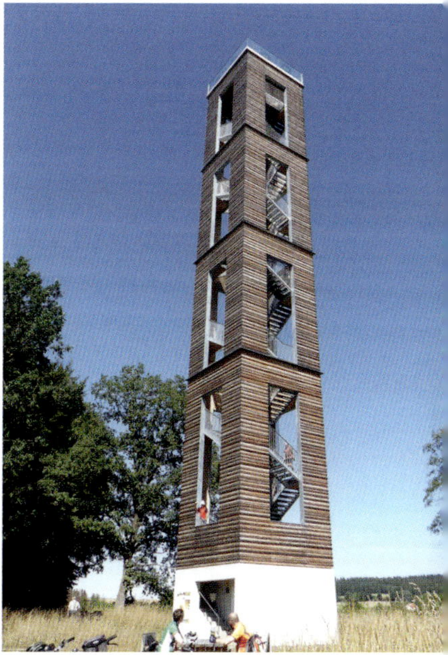

Ostracher Bannwaldturm

Abstecher zur Riedwirtschaft
(rund 8 km hin und zurück):
Mitten im Ried liegt eine Gastwirtschaft, umgeben von Schilf und

Wasser. Nette Atmosphäre, gutes, zünftiges Essen wie beispielsweise selbst gemachte Maultaschen oder Bio-Eis für die Süßmäuler und Bier aus der Walder Brauerei für die Bierliebhaber. Zur Riedwirtschaft geht es vom Bannwaldturm aus über die Brücke und nach rechts Richtung Pfrungen. Auf einem befestigten, etwas holprigen Weg an einem Wasserlauf entlang bis zu einer Brücke mit kleinem Rastplatz fahren. Hier nach rechts auf die Straße wechseln, auf dieser noch ca. 1 km bleiben und dann nach rechts dem Wegweiser zur Riedwirtschaft folgen. Zurück geht es auf demselben Weg bis zum Bannwaldturm.

Abstecher zum Naturschutzzentrum Wilhelmsdorf
(rund 10 km hin und zurück):
Dazu wie oben vom Bannwaldturm nach rechts Richtung Pfrungen fahren und dem Wasserlauf ca. 2 km bis zur Brücke folgen. Hier links und gleich wieder rechts auf den Wanderweg nach Wilhelmsdorf einbiegen. Auf befestigtem Weg ca. 1,5 km bis zu einem Hof fahren, dann auf das geteerte Sträßchen nach links einbiegen und auf diesem durch das Ried noch einmal rund 2 km bis zum Naturschutzzentrum fahren. Gegenüber des Naturschutzzentrums Wilhelmsdorf kann man nach rechts oder nach links einen kleinen Abstecher zu Fuß auf Riedlehrpfade machen, die die Lebenswelt im Ried vorführen. Im Naturschutzzentrum selbst gibt es eine ständige Ausstellung, die den Bogen von der geologischen Entwicklung über die Kulturgeschichte bis hin zur Naturkunde des Pfrunger-Burgweiler Rieds spannt. Dies wird durch eine Sammlung paläontologischer und archäologischer Fundstücke untermauert und veranschaulicht, denn das Ried war schon zur Steinzeit besiedelt. Durch eine Mitmach-Ausstellung werden besonders Kinder zur spielerischen Auseinandersetzung mit der Natur und zu selbstständigen Naturbeobachtungen angeregt. Öffnungszeiten: Dienstag bis Freitag 13.30 bis 17 Uhr, Samstag, Sonntag, Feiertag 11 bis 17 Uhr, www.pfrunger-burgweiler-ried.de. Zurück geht es auf demselben Weg bis zum Bannwaldturm.

Zurück nach Mengen:
Aus Richtung der Brücke, Pfrungen und Wilhelmsdorf kommend hinter dem Bannwaldturm rechts abbiegen, vom Grenzsteinmuseum und Burgweiler kommend geht es vor dem Bannwaldturm links. Auf diesem Weg durch das Tal der Ostrach und dann direkt an ihrem Ufer entlang geradewegs nach Ostrach radeln. Im Zentrum geht es links,

an der Kirche vorbei und gleich wieder rechts auf die Hauptstraße. Auf dieser bis zum Abzweig nach Sigmaringen bleiben, hier links und nach ein paar Metern nach rechts und über eine Brücke in die Jettkofer Straße abbiegen. Kurz darauf auf den Radweg auf der linken Straßenseite wechseln und auf diesem nach Jettkofen fahren. In der Ortsmitte von Jettkofen nach rechts abbiegen und der Straße Richtung Hohentengen bis zum Baggersee folgen. Hier die Straße verlassen und nach links abbiegen. Im Hochsommer kann, wer mag, am Jettkofer Baggersee noch eine Badepause einlegen. Ansonsten auf dem Weg in einem Bogen nach Einhart fahren. In Einhart auf die Straße wechseln, in der Ortsmitte links halten und an einer schön restaurierten Mühle vorbeifahren. Am Ortsende rechts abbiegen – Vorsicht: Das Radwegschild zeigt geradeaus. Der Weg führt an einem Schweinemastbetrieb vorbei durch das Tal zum Waldrand. Hier zunächst geradeaus und dann links, nach rund 200 Metern rechts abbiegen – Wegweiser „Enzkofen“. Auf dem Weg, der weiter im offenen Tal der Ostrach bleibt, bis Enzkofen radeln. Hier nach links auf die Straße nach Bremen einbiegen. In Bremen auf der Straße und über die Ostrach durch den Ort radeln, bis die Straße eine Rechtskurve

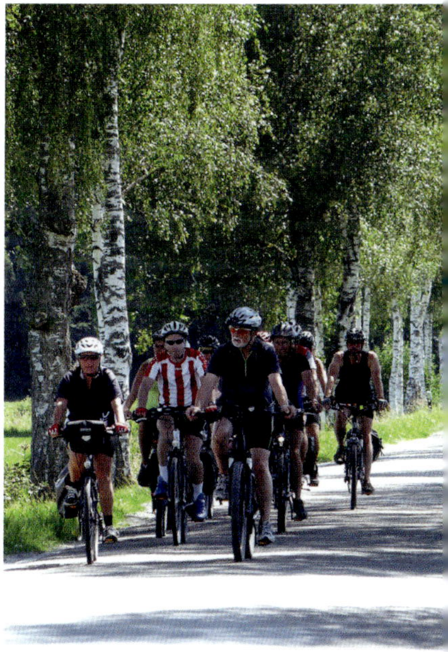

Schöne Birkenallee im Pfrunger-Burgweiler Ried

macht. Hier geradeaus und dann halb rechts fahren. Das Sträßchen führt an einem Pferdehof vorbei nach Mengen. In Mengen auf der Bremer Straße bis zu ihrem Ende bleiben, dann nach links und gleich wieder nach rechts in die Wilhelmstraße abbiegen. Wieder bis zu deren Ende fahren, die B 311 überqueren und nach links noch ein paar Meter bis zum Bahnhof fahren.

Tour 4: Campus Galli – Zeitreise ins Mittelalter

Das Obere Donautal, ein Klostergarten und eine mittelalterliche Baustelle sind Ziele dieser Tour. Nahe Meßkirch entsteht eine Klosterstadt, die nur mit Baumaterialien und Handwerkszeug, wie es sie im Mittelalter gab, erbaut wird: Campus Galli. In Meßkirch selbst können Schlosspark, Altstadt und Martin-Heidegger-Museum angesteuert werden. An Badeseen vorbei geht es zurück nach Mengen.

Start- und Endpunkt: Mengen

Streckenverlauf:
Mengen – Sigmaringen – Inzigkofen – Engelswies – Campus Galli – Meßkirch – Menningen – Göggingen – Ablach – Krauchenwies – Zielfinger Seen – Mengen

Anreise Zug: Mengen liegt an den Bahnstrecken Aulendorf – Sigmaringen und Ulm – Sigmaringen.
Auskunft: www.bahn.de

: Mengen Bahnhof; Campus Galli

: Sigmaringen out&back Georg-Zimmerer-Str. 6; Krauchenwies Seencamping; „Südsee" Zielfinger Seen

Gesamtstrecke: 56 km

Schwierigkeitsgrad:
Höhendifferenz: 321 Hm

Dauer: 4 Stunden

Variante: Kürzere Tour von Sigmaringen zum Campus Galli und zurück – 24 km

Einkehrmöglichkeiten:
- Bootshaus in Sigmaringen
- „Parkstüble" am Kloster Inzigkofen
- auf dem Campus Galli
- in Meßkirch
- an der „Südsee"
- in Mengen

Rastplätze:
- an der Donau
- im Klostergarten Inzigkofen
- auf dem Campus Galli

Badeplätze:
- Badesee zwischen Ablach und Krauchenwies
- „Südsee" an den Zielfinger Seen bei Krauchenwies
- Freibad Mengen

Mengen Hauptstr. 57; **Sigmaringen** beim Bootshaus an der Donau; in **Meßkirch** am Schloss und an der Tourist-Info Hauptstr. 25

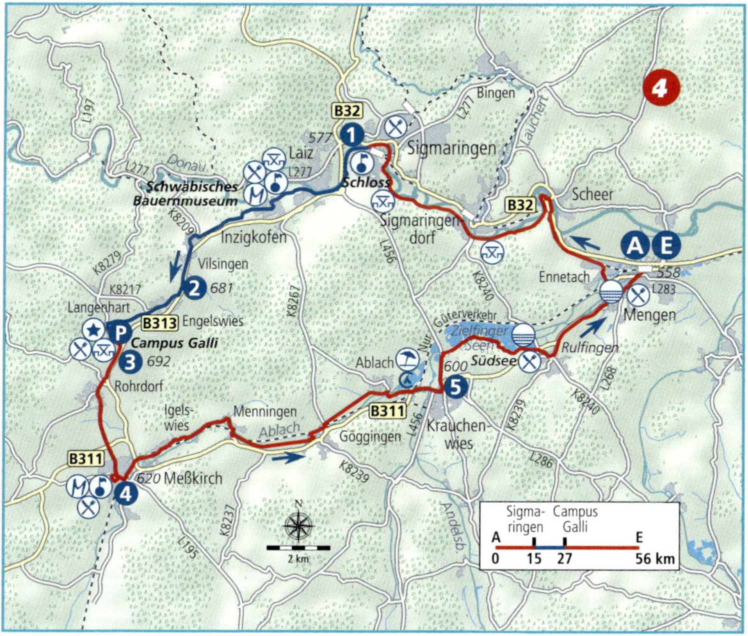
Bingen
B32
577
1
Sigmaringen
Laiz
L277
Donau
Schwäbisches Bauernmuseum
Schloss
Scheer
Sigmaringendorf
B32
Inzigkofen
4
A
E
Vilsingen
2
681
Ennetach
558
L283
Mengen
Langenhart
K8217
B313
Engelswies
P
Campus Galli
3
692
Güterverkehr
Zielfinger Seen
Rulfingen
Südsee
Ablach
600
5
Rohrdorf
Igelswies
Menningen
B311
Ablach
Göggingen
Krauchenwies
B311
620 Meßkirch
4
2 km
Sigmaringen
Campus Galli
A
E
0
15
27
56 km

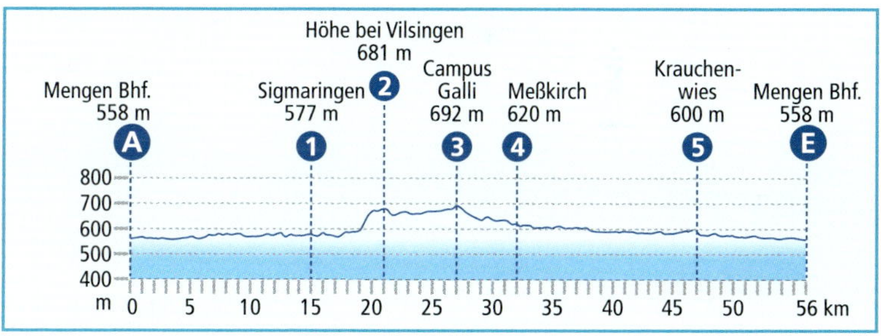
Mengen Bhf.
558 m
A
Sigmaringen
577 m
1
Höhe bei Vilsingen
681 m
2
Campus Galli
692 m
3
Meßkirch
620 m
4
Krauchenwies
600 m
5
Mengen Bhf.
558 m
E
800
700
600
500
400
m
0
5
10
15
20
25
30
35
40
45
50
56 km

Los geht's:

Vom Bahnhof in Mengen nach rechts fahren und am Kreisel geradeaus ins Zentrum radeln. Durch das hübsche Städtchen mit seinen Fachwerkhäusern, Läden und Gasthäusern immer geradeaus auf der Hauptstraße bleiben. Am Ende der Altstadt geht es rechts – Wegweiser „Scheer" und „Sigmaringen". An Sportplätzen vorbei, dann rechts, unter Straße und Bahn hindurch und weiter nach Ennetach geradewegs auf das Firmengelände des Nudelherstellers Gaggli zu radeln. Im Ort links und wieder rechts immer den Donau-Radweg-Schildern folgen. Am Ortsende halb links und parallel zur Bahnlinie weiter nach Scheer fahren. In Scheer die Bundesstraße überqueren, danach links an die Donau und nach rund 500 Metern, an der Donaubrücke, noch einmal die Bundesstraße überqueren. Auf kleinen Sträßchen nahe des Flusses durch den Ort fahren. Etwas später weitet sich das Tal und der Donau-Radweg führt gemütlich durch die Auen und Felder weiter nach Sigmaringendorf. Kurz vor dem Ort kann man noch die Mündung der Lauchert in die Donau bewundern. Am Eingang von Sigmaringendorf geht es rechts auf die Straße und auf ihr bis zur Donaubrücke. Vor dieser geradeaus und weiter durchs Donautal nach Sigmaringen. Wer ins Städtle hinein und zum Schloss möchte, fährt an einem imposanten Gebäude aus der Jugendstilzeit links und dann wieder rechts und geradeaus in die Altstadt hinein.

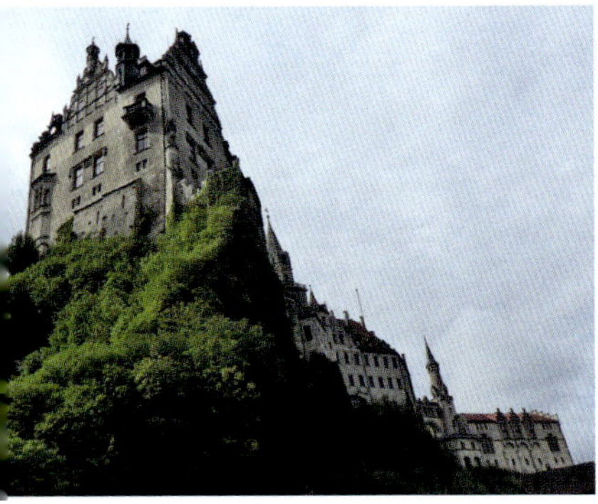

Direkt an der Donau erbaut: Schloss Sigmaringen

Hohenzollernschloss Sigmaringen: Exponiert liegt das Schloss auf einem Felssporn über dem Donautal. Burgtor, Palas und Bergfried stammen aus der Stauferzeit, das Hauptschloss ist deutlich jünger und wurde im Stil der Renaissance erbaut. Ende des 19. Jahrhunderts ist das meiste davon abgebrannt, sodass ein Nachbau erforderlich war. Jahrhundertelang regierte das Fürstenhaus Hohenzollern von hier aus über halb Württemberg. Der Einfluss des Herrscherhauses reichte weit und spielte auch in der Politik des damaligen Europas eine wichtige Rolle. Bei den

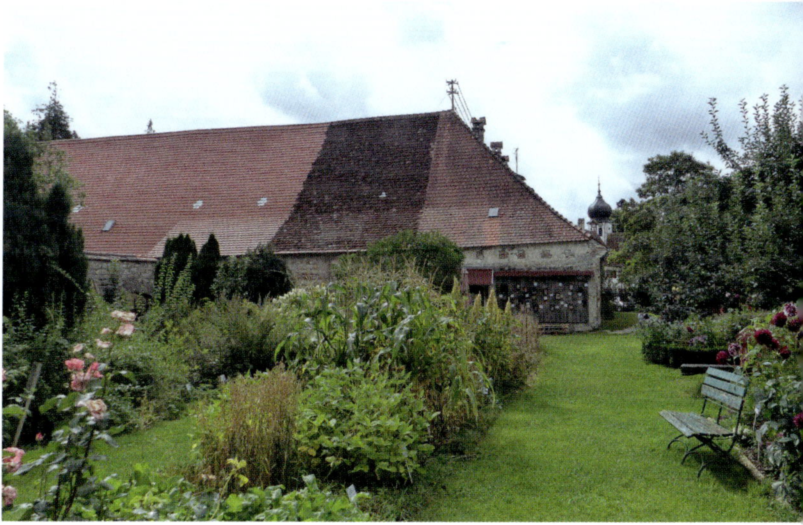

Betörend für Auge und Nase: Klostergarten Inzigkofen

Schlossführungen bekommt man einen ausführlichen Einblick in die Familiengeschichte der Hohenzollern, die Bauentwicklung sowie bedeutende Ereignisse auf dem Hohenzollernschloss. Eine Stunde sollte man für die Führung einplanen. Öffnungszeiten: April bis Oktober täglich 9 bis 18 Uhr, in den Wintermonaten 10 bis 18 Uhr, www.hohenzollern-schloss.de.

Nach Inzigkofen:
Wer ohne Aufenthalt in Sigmaringen weiterfahren möchte, fährt kurz vor diesem Gebäude rechts und bleibt auf dem Donau-Radweg, der am Fluss um Stadt und Schloss herumführt. Am Ortsende, beim Campingplatz, kommen beide Wege wieder zusammen. An der Donau entlang geht es weiter nach Laiz. Hier die Straße überqueren und, weg von der Donau, bergauf nach Inzigkofen radeln. Am „Parkstüble" in Inzigkofen weist ein Schild den Weg nach rechts zum Klostergarten. Für die Tour geht es nach links weiter – Wegweiser „Meßkirch".

Klostergarten Inzigkofen und Schwäbisches Bauernmuseum:
Das Kloster Inzigkofen, erbaut in den Jahren 1659–1663, wurde von Nonnen des Augustiner-Ordens

bewohnt. Heute ist es Volkshochschulheim und Tagungshaus. In der großen Scheuer ist das Bauernmuseum das Schwäbischen Albvereins untergebracht. Es befasst sich mit der Landwirtschaft früher und heute und zeigt alte landwirtschaftliche Maschinen und Geräte. Öffnungszeiten: Mai bis Oktober jeden 1. und 3. Sonntag im Monat von 14 bis 17 Uhr oder für Gruppen nach Vereinbarung unter Telefon 07571 / 52415. Hinter der Scheuer, auf der linken Seite, befindet sich der schön angelegte Klostergarten. Nach alter Tradition sind die Beete mit Kräutern, Blumen und Gemüse bepflanzt. In der Mitte stehen Apfelbäume und Bänke zum Innehalten, Genießen und Schauen. Wer möchte, geht zu Fuß noch ein Stück weiter – zunächst auf dem Radweg, kurz darauf auf dem Wanderweg – durch den Fürstlichen Park Inzigkofen samt Teufelsbrücke und Aussichtskanzel hoch über der Donau.

Zum Campus Galli:
Vom Kloster kommend geradeaus durch Inzigkofen fahren, ein Stück bergauf, dann rechts, an einem Parkplatz vorbei, nach diesem rechts und gleich wieder links und geradeaus weiter bis zum Waldrand – Wegweiser nach Vilsingen und Meßkirch. Auf der Höhe radelt es sich mit schönem Blick über die Landschaft nach Vilsingen und von dort an der B 313 weiter nach Engelswies. Am Ortseingang von Engelswies rechts auf die Kreisstraße nach Langenhart fahren, der wir durch den Ort und aus ihm hinaus bis zu einer Rechtskurve und einem Wegkreuz folgen. Hier geradeaus und rund 1,5 km bis zur Kreisstraße, die Langenhart mit der B 313 verbindet, fahren und dort links abbiegen. Kurz darauf kommt der Parkplatz vom Campus Galli in Sicht. Die Straße überqueren und über den Parkplatz zum Eingang bzw. bis zu den Radständern fahren. Wer nicht zum Campus Galli sondern gleich weiter fahren möchte, biegt nach dem Überqueren der Straße auf den Radweg ein und fährt weiter zur Kreuzung an der Bundesstraße und Richtung Meßkirch.

Campus Galli – Karolingische Klosterstadt Meßkirch:
Handwerker und viele, viele Helfer aus allen Regionen arbeiten seit mehreren Jahren daran, ein mittelalterliches Kloster zu bauen, wie es die Mönche im 9. Jahrhundert auf der Insel Reichenau entworfen und beschrieben haben. Ein ideales Kloster sozusagen mit Kirche, Wohnräumen, Werkstätten, Gärten, Feldern und Stallungen. Das große Kloster Sankt Gallen in der Schweiz wurde nach diesem Plan erstellt,

allerdings nur in Teilen. Der Plan ruht heute im prunkvollen Bibliothekssaal des Klosters und ist einer seiner größten Schätze. Nach diesem „Sankt Galler Klosterplan" soll auf freiem Felde bei Meßkirch eine mittelalterliche Klosterstadt entstehen. Mit den Mitteln, die damals zur Verfügung standen. Aber wie war das eigentlich? Wie schmiedete man eine Axt oder Nägel? Wie stellte man Schindeln für ein Dach her? Welches Getreide wuchs damals? Wie wurde Flachs gewonnen, gesponnen und gefärbt? Für die dort tätigen Handwerker genauso spannend wie für die Besucher. Die Baustelle ist Forschungsobjekt und Freilichtmuseum gleichzeitig. Besucher dürfen den Handwerkern über die Schulter schauen, mit ihnen über Bauweisen diskutieren, ihnen Fragen stellen, selbst Hand anlegen oder einfach nur schauen und staunen. Eine mittelalterliche Baustelle mit allen Sinnen erleben, Mittelalter hautnah sozusagen. Zum Glück ohne all die Gefahren und Krankheiten, die es anno dazumal gab. Auf dem Gelände gibt es Rastplätze. Zentral liegt der Marktplatz, auf dem verschiedene Händler ihre Waren feilbieten und auch für das leibliche Wohl gesorgt wird. Öffnungszeiten Dienstag bis Sonntag 10 bis 18 Uhr, www.campus-galli.de.

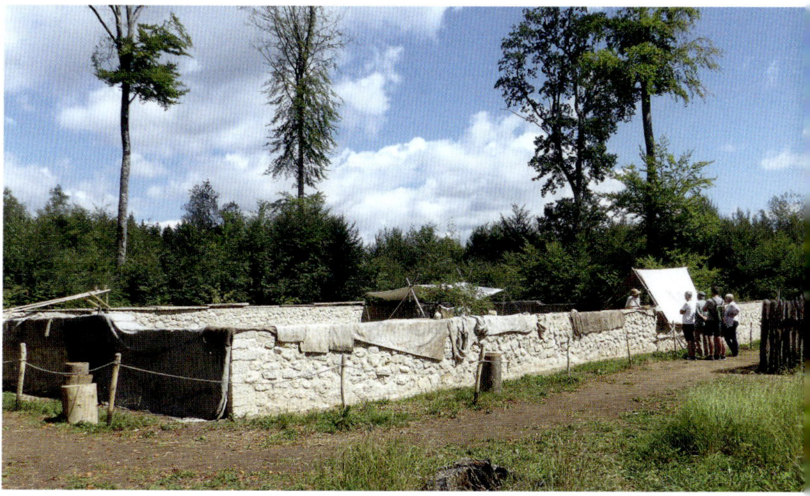

Campus Galli: Bauen mit Materialien und Techniken wie im Mittelalter

Nach Meßkirch:
Vom Campus Galli zurück zum Radweg an der Straße fahren, hier rechts und vor bis zur Kreuzung an der Bundesstraße. Noch einmal rechts nach Rohrdorf und von dort an der Straße weiter nach Meßkirch radeln.

Abstecher zum Schloss:
In Meßkirch am Ende der Straße rechts zum Schloss abbiegen. Das Schloss beherbergt unter anderem ein Museum, das dem Philosophen Martin Heidegger gewidmet ist. Neben einer Lebenschronik werden wichtige Stationen der philosophischen Entwicklung Heideggers vorgestellt. Werke von Otto Dix und Georges Braque sind zu sehen, die mit ihm befreundet waren. Kleinere Abteilungen der Ausstellung befassen sich mit den Themen „Heidegger als Sohn Meßkirchs“ und „Heidegger und die Kunst“. Auch seine Verstrickung mit dem Nationalsozialismus ist Thema. In Meßkirch finden auch in loser Folge immer wieder „Philosophische Gespräche“ mit namhaften Wissenschaftlern statt. Öffnungszeiten Freitag bis Sonntag 13 bis 17 Uhr, www.schloss-messkirch.de. Durch einen Torbogen geht es in den wunderschönen Schlosspark mit herrlichem altem Baumbestand. Neben der Schlosskirche lädt das Restaurant „froben“ zur Pause ein.

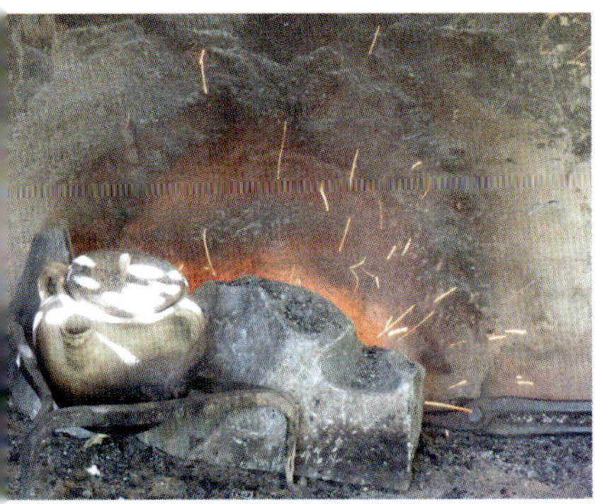

Beim Schmied fliegen die Funken

Ins Ablachtal:
Von Rohrdorf kommend geht es in Meßkirch an der Straße links. Vom Schloss kommend zurück an die Straße fahren, auf sie nach rechts einbiegen und geradeaus bis hinunter an die Kreuzung fahren, an der das Gasthaus „Adler – Alte Post“ steht. Hier rechts und hinein in die Altstadt mit ihren zahlreichen kleinen Läden und Cafés fahren, dabei dem Radwegweiser nach Mengen folgen. Am Ende der Altstadt nach links abbiegen, am Kreisverkehr geradeaus halten und am ehemaligen Bahnhof vorbei radeln. Nach rund 500 Metern geht es rechts, unter der Bundesstraße hindurch, und verkehrsmäßig deutlich ruhiger weiter nach Igelswies und Menningen. In Menningen auf der Straße rechts, über

Ablach und Bahnlinie und anschließend nach links auf das kleine Sträßchen nach Göggingen abbiegen. Durch die Felder nach Göggingen radeln, dieses umrunden, am Ortsende die Bahnlinie überqueren, danach rechts weiter nach Ablach. In Ablach an der Kreisstraße rechts, dieser in einer Linkskurve folgen und weiter bis zur Bundesstraße fahren. Wer möchte, kann vorher nach links zum Campingplatz und Badesee abbiegen. Es ist hier allerdings recht laut: Die verkehrsreiche Bundesstraße ist nicht weit. An der Bundesstraße nach links auf den Radweg einbiegen, am Ortsbeginn auf die Straße wechseln und gemeinsam mit vielen, vielen anderen Fahrzeugen durch Krauchenwies fahren. Am Ortsende von Krauchenwies nach links Richtung Sigmaringen abbiegen und kurz darauf auf den Rad- und Fußweg nach Sigmaringen wechseln. Nach rund 1 km rechts Richtung Zielfinger Seen und Mengen abbiegen. Zunächst am Steinbruch, dann am Naturschutzgebiet, dann am Fischweiher vorbei fahren. Am Ende der Zielfinger Seen befindet sich das Bad samt Wirtschaft „Südsee“.

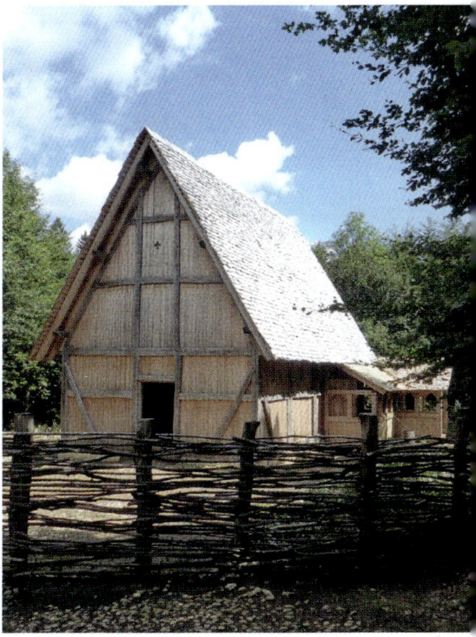

Bereits fertiggestellt:
die schlichte Kirche des Campus Galli

Zurück nach Mengen:
Vom Südsee geradeaus vor zur Straße fahren. Diese überqueren und auf dem Radweg zur Bundesstraße radeln. Auch diese überqueren und auf den Radweg auf der anderen Seite wechseln. Rund 3 km an der B 311 entlang bis Mengen radeln. Dann geht es geradeaus hinein in die Altstadt. Quer durch das Zentrum zurück zum Bahnhof fahren.

Tour 5: Keltenmuseum Heuneburg und Hängende Gärten

Zu einer Klosteranlage aus dem Mittelalter, einer keltischen Stadt hoch über dem Donautal, dem Keltenmuseum in Hundersingen und den Hängenden Gärten von Neufra führt diese geschichtsträchtige Tour. Im historischen Ortskern von Riedlingen kann man inmitten der Fachwerkhäuser die Tour beschließen. Auch für Familien mit Kindern ist zumindest das Freilichtmuseum Heuneburg in höchstem Maße spannend.

Start- und Endpunkt: Riedlingen

Streckenverlauf:
Riedlingen – Altheim – Heiligkreuztal – Heuneburg – Hundersingen – Binzwangen – Neufra – Riedlingen

Anreise Zug: Riedlingen liegt an der Bahnstrecke Ulm – Sigmaringen. Herbertingen liegt an den Bahnstrecken Ulm – Sigmaringen und Aulendorf – Sigmaringen.
Auskunft: www.bahn.de

: Riedlingen Bahnhof

: Riedlingen Stadthalle; Schwarzachtalseen Herbertingen-Ertingen

Gesamtstrecke: 33 km

Schwierigkeitsgrad: ; Höhendifferenz: 208 Hm

Dauer: 2 Stunden

Variante: ohne den Abstecher nach Neufra 29 km

Start- und Endpunkt: Bahnhof Herbertingen 37 km

Einkehrmöglichkeiten:
- in Riedlingen
- Seerestaurant Klosterhof, Heiligkreuztal
- Brauereigasthof Adler, Hundersingen

Rastplätze:
- an der Heuneburg
- im Donautal bei Binzwangen

Spielplätze:
- im Donautal bei Binzwangen

Riedlingen an der Stadthalle bei der Donaubrücke; **Hundersingen** am Gasthaus Adler

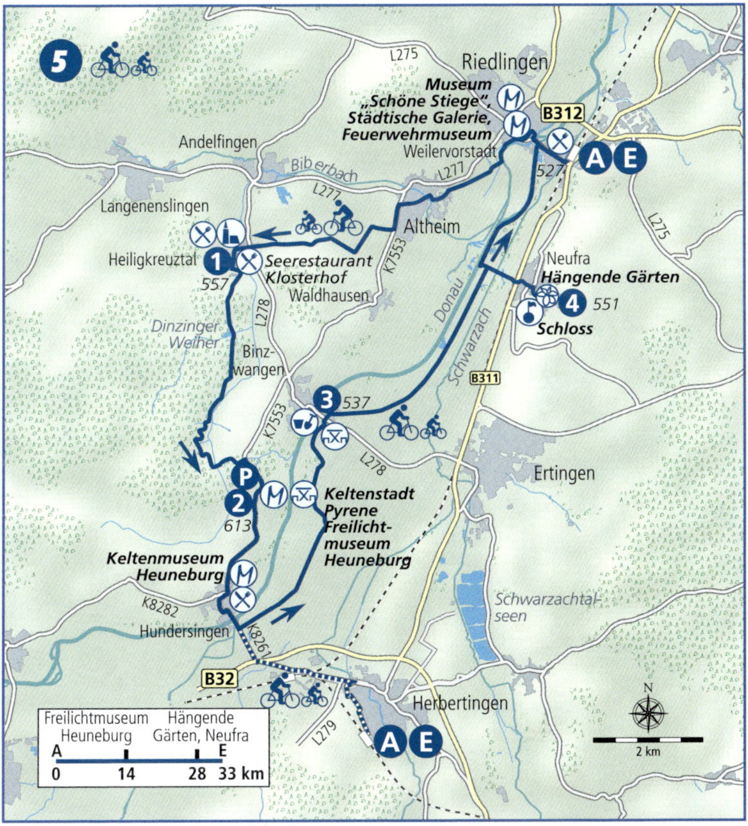
5
Riedlingen
L275
Museum „Schöne Stiege", Städtische Galerie, Feuerwehrmuseum
B312
Weilervorstadt
527
A E
Andelfingen
Biberbach
L277
Langenenslingen
Altheim
Heiligkreuztal
1
557
Seerestaurant Klosterhof
Waldhausen
K7553
Neufra
Hängende Gärten
4
551
Schloss
Donau
L278
Dinzinger Weiher
Binz-wangen
Schwarzach
B311
3
537
K7553
L278
Ertingen
P
2
613
Keltenstadt Pyrene Freilicht-museum Heuneburg
Keltenmuseum Heuneburg
K8282
Hundersingen
K8261
Schwarzachtal-seen
B32
Herbertingen
L279
A E
N
2 km
Freilichtmuseum Heuneburg
Hängende Gärten, Neufra
A
E
0
14
28
33 km

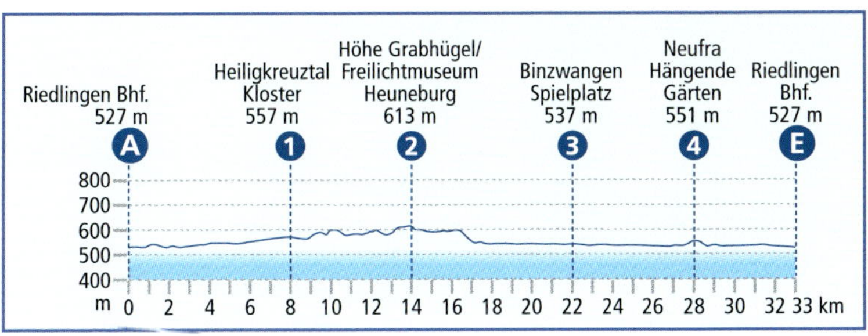
Riedlingen Bhf.
527 m
A
Heiligkreuztal Kloster
557 m
1
Höhe Grabhügel/ Freilichtmuseum Heuneburg
613 m
2
Binzwangen Spielplatz
537 m
3
Neufra Hängende Gärten
551 m
4
Riedlingen Bhf.
527 m
E
800
700
600
500
400
m
0 2 4 6 8 10 12 14 16 18 20 22 24 26 28 30 32 33 km

Los geht's:

Vom Bahnhof in Riedlingen nach links und vor zur Straße fahren. Hier rechts und geradeaus über die Donau, dann rechts ein Stück bergauf und links in die historische Altstadt hinein.

Riedlingen:

Viele Jahrhunderte haben die Häuser der historischen Altstadt in Riedlingen schon erlebt. Wenn sie erzählen könnten, kämen so manche Geschichten zusammen. In einem Haus in der Altstadt wird der Geschichte der Stadt besonders gedacht: im Museum „Schöne Stiege". Bei der „Schönen Stiege" handelt es sich um einen der „besterhaltenen, bauhistorisch wichtigsten Fachwerkbauten des mittleren 16. Jh. in Oberschwaben" (Zitat: Dr. Stefan Uhl). Dieses als Wohn- und Handwerkerhaus genutzte „Ackerbürgerhaus" wurde 1556 erbaut. Im Erdgeschoss waren früher Stallungen und Tenne, in den beiden Obergeschossen Wohnungen untergebracht, erreichbar nur über eine überdachte Außentreppe, die „Schöne Stiege", die als architektonische Besonderheit gilt. Heute beherbergt es das Heimatmuseum der Stadt Riedlingen. Im Zentrum der Dauerausstellung stehen die vielfältigen Zeugnisse zur Stadt- und Kirchengeschichte, zum Wirtschaftsleben und zur Geschichte der ältesten Zeitung ab 1712. Wechselausstellungen zu verschiedenen lokalhistorischen Themen vervollständigen das Bild. Öffnungszeiten April bis Dezember Freitag und Samstag 15 bis 17 Uhr, Sonntag 14 bis 17 Uhr. Und auch sonst hat Riedlingen Einiges zu bieten. In der Städtischen Galerie wird eine Skulpturensammlung mit Werken bedeutender Riedlinger Künstler des 18. bis 20. Jahrhunderts gezeigt, während die ehemalige Kapelle als Städtische Galerie wechselnde Ausstellungen zeitgenössischer Künstler präsentiert. Im Feuerwehrmuseum findet man

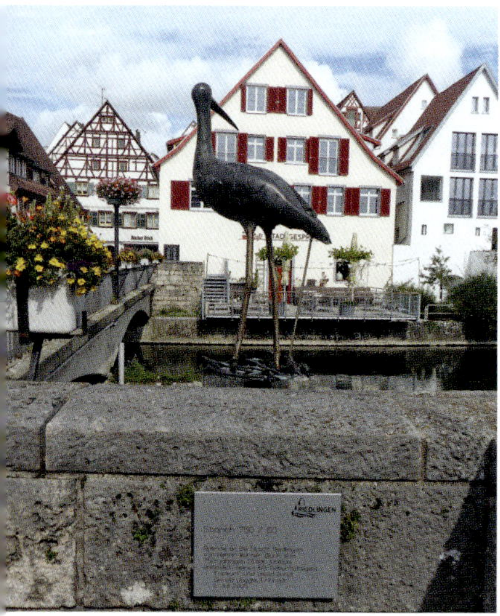

Ein Bronzestorch begrüßt die Besucher Riedlingens

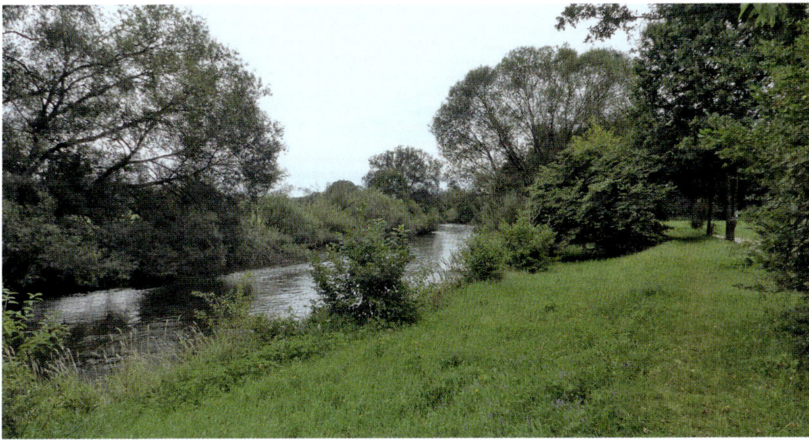

Idyllischer Radweg am Ufer der Donau

historische Feuerwehrfahrzeuge und Handdruckspritzen. Zahlreiche Cafés und Läden laden zum Bummeln und Pausieren ein. www.riedlingen.de

Nach Heiligkreuztal:
Vorbei an wunderschönen Fachwerkhäusern geht es über den Marktplatz, die Lange Straße und die Storchengasse wieder hinunter. Am Ende der Storchengasse rechts und kurz auf die Straße Richtung Gammertingen wechseln. Dann, an der Rechtskurve und einem Restaurant, nach links in die Weilervorstadt abbiegen und an der kleinen Kapelle der Weilervorstadt vorbeifahren. Zunächst rund 500 Meter idyllisch am Ufer der Donau entlangradeln. An einem Wäldchen auf ein „Anlieger frei"-Sträßchen nach rechts und nach Altheim fahren. In Altheim geradeaus bis zum Ende der Straße, hier rechts Richtung Ortsmitte und kurz darauf wieder links in die Schillerstraße fahren. Dieser bis zum Ende folgen, dann nach links auf die Kreisstraße, die nach Waldhausen führt, abbiegen. Am Ortsende auf den Radweg wechseln und nach ein paar Metern nach rechts auf ein landwirtschaftliches Sträßchen abbiegen. Am nächsten Abzweig, nach rund 500 Metern, links, nach weiteren 500 Metern rechts abbiegen und nach noch einmal 500 Metern an der Gabelung links halten. Durch die Felder nach Heiligkreuztal radeln. Über die Straße und durchs Tor fahren.

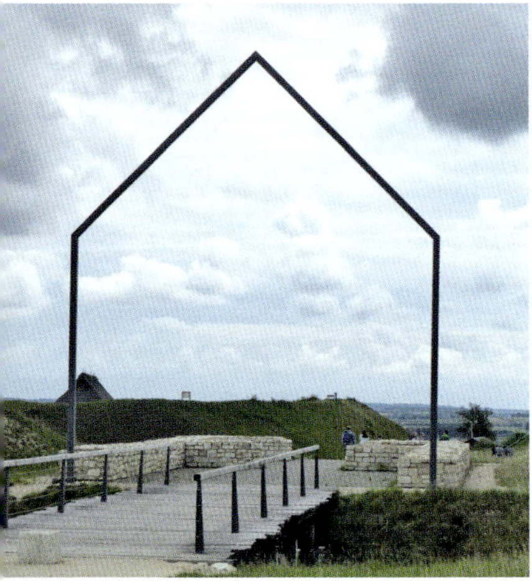

Keltenstadt Pyrene – Freilichtmuseum Heuneburg

Kloster Heiligkreuztal:
Die Klosteranlage aus dem 13. Jahrhundert samt Kirche, Garten, Klosterladen und Klosterschänke liegt rechts. Dazu noch einmal durch ein Tor und bis zur Kirche fahren. Den sehr schön angelegten Klostergarten kann man besichtigen. Das ehemalige Kloster der Zisterzienserinnen ist heute ein Tagungshaus, in dem Seminare und Fortbildungen aller Art stattfinden und daher für Besucher nicht zugänglich. Zurück zum Sträßchen fahren.

Zur Heuneburg:
Geradeaus auf dem Sträßchen bleiben. Links ist nach ein paar Metern das „SeeRestaurant Klosterhof" zu sehen, das direkt am Klosterweiher liegt und mit gutem Essen und angenehmer Atmosphäre punktet. Wieder durch ein Tor und dann am Klosterweiher entlangradeln. Am Ende des Weihers links und einem anderslautendem Radwegschild zum Trotz geradeaus in den „Alten Dollhofweg" fahren. An einer Bank mit Baum und Kreuz links abbiegen und dem Sträßchen in der Rechtskurve folgen. Am Waldrand praktisch geradeaus auf den Wanderweg zum Dinzinger Weiher und in den Wald hineinfahren. Vom Dinzinger Weiher geht es geradeaus bergauf durch den Wald und an dessen Ende rechts. Am Waldrand bleiben und an der Wegspinne links halten, also nicht in den Wald hineinfahren. An der nächsten Kreuzung wieder links halten und auf diesem Weg vor bis zu einer Straße radeln. Hier rechts und auf der Straße noch ein paar Hundert Meter bis zum großen Parkplatz an der Heuneburg fahren.

Keltenstadt Pyrene – Freilichtmuseum Heuneburg:
Hier – auf einem Plateau hoch über der Donau – befand sich einst eine Großstadt: Die Keltenstadt Pyrene. Anders als heute waren die meisten Gebäude aus Holz. Im Hafen am Fuße der Stadt legten Handelsschiffe aus aller Herren Länder an.

Die Stadt der Kelten war ein Handelsmittelpunkt mit weitreichenden Verbindungen über ganz Europa. Funde griechischer Herkunft, Bernstein von der Ostsee, Schmuck aus Slowenien und Amphoren aus Marseille belegen dies eindrucksvoll. Nach heutigem Erkenntnisstand war es die erste Großstadt nördlich der Alpen. Hier pulsierte das Leben! Seit über hundert Jahren wird hier geforscht und gegraben. Spektakuläre Funde ermöglichen einen Einblick in die Lebensweise unserer Vorfahren. Im Freilichtmuseum Heuneburg wird dieses Leben aus alter Zeit anschaulich dargestellt. Burgmauern und Wallanlagen wurden nach historischem Vorbild neu erbaut. Es gibt Werkstätten und Wohnhäuser zu besichtigen. Öfen, Gerätschaften, Werkzeuge, Mobiliar, Körbe, Geschirr sind zu sehen. Wer hier einen Spaziergang macht, taucht direkt in die Bronzezeit ein. Zwei Kilometer entfernt, direkt an der Straße, befindet sich das Keltenmuseum Heuneburg, in dem neueste Funde ausgestellt sind. Infotafeln erläutern Geschichtliches, Mitmachideen gibt es auch. Ein

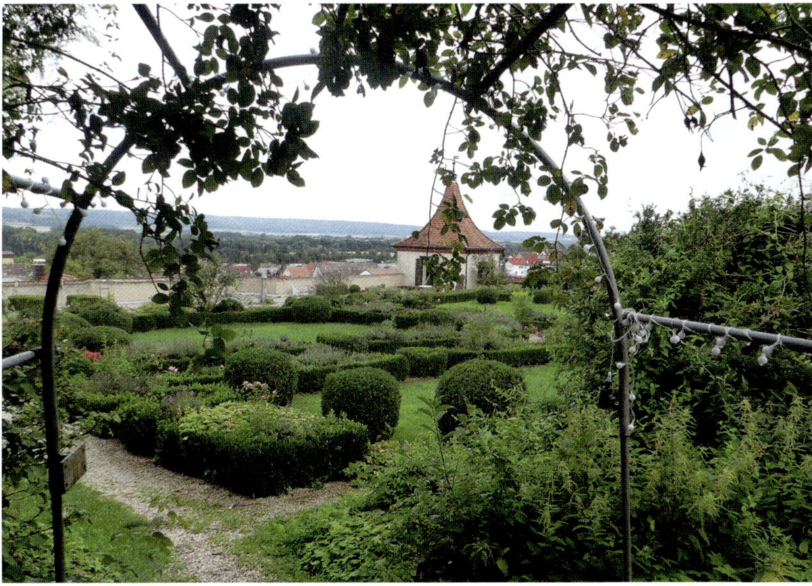

Wie zur Zeit der Renaissance: Hängende Gärten in Neufra

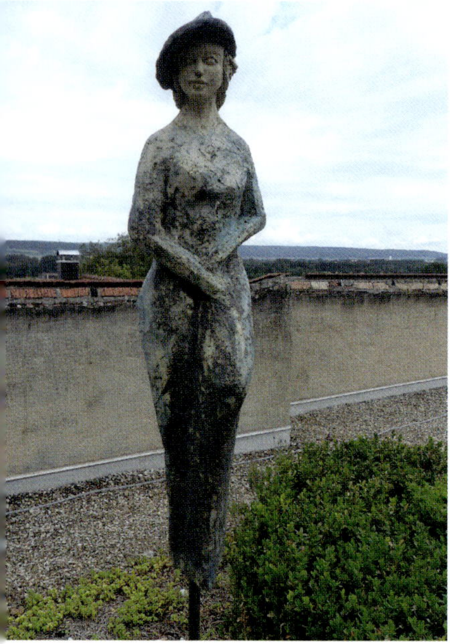

Skulpturen schmücken den Garten

Modell der Stadt Pyrene ist dort zudem zu bestaunen. Öffnungszeiten Freilichtmuseum Mai bis Oktober Dienstag bis Sonntag 10 bis 17 Uhr; Öffnungszeiten Keltenmuseum April bis Oktober Dienstag bis Sonntag 10 bis 16 Uhr, www.heuneburg.de.

Ins Donautal:
Vom Parkplatz an der Heuneburg auf der Straße weiter nach Hundersingen zum Keltenmuseum fahren. Von dort weiter auf der Straße durch den Ort bergab bis zur Donau radeln. Hier geht es nach der Brücke links auf den Donau-Radweg nach Binzwangen. Am Wegkreuz mit der Bank links halten und mit schönem Blick hinüber zur Burganlage auf der Heuneburg durch das Tal radeln. In Binzwangen am Spielplatz vorbeifahren, die Straße überqueren und dann nach rechts dem Donau-Radweg rund 4 km bis zu einer Wegkreuzung folgen. Nach Neufra geht es rechts, direkt nach Riedlingen links.

Zu den Hängenden Gärten von Neufra:
An der Kreuzung rechts abbiegen, unter der Bahnlinie hindurch und geradeaus bis in die Ortsmitte fahren. Hier rechts abbiegen und hinauf zum Schloss radeln. Etwas unterhalb des Schlosses befinden sich die „Hängenden Gärten“. Graf Georg von Helfenstein war ein weit gereister Diplomat und schuf im 16. Jahrhundert mit 202 Leibeigenen diese Anlage. Irgendwann kümmerte sich niemand mehr darum und das Grundstück verwilderte. Bis sich in den 1980er-Jahren Waltraud Johannsen des Gartens annahm. Anhand einer Skizze der Familie Fürstenberg und mit Unterstützung des Landesdenkmalamtes stellte sie in vielen Stunden ehrenamtlicher Arbeit den

Garten wieder her. Es entstand ein Ort der Ruhe und Schönheit. Der Garten ruht auf Gewölben – daher der Begriff „Hängend" – und bietet einen wunderbaren Blick ins Schwarzach- und Donautal. Führungen Sonntag 15 Uhr; Gruppen auf Anfrage.
Öffnungszeiten April bis Oktober Dienstag bis Sonntag 10.30 bis 18 Uhr, www.riedlingen.de. Auf demselben Weg geht es zurück bis zur Wegkreuzung im Donautal.

Zurück nach Riedlingen:
Von Neufra aus kommend geradeaus, von Binzwangen kommend links auf dem Radweg bis zum Ufer der Donau radeln. Hier hinauf zur Uferböschung und rechts. Stromabwärts mit der Donau um die Wette durch die schöne Flusslandschaft bis zur Brücke in Riedlingen radeln. Wer noch einen Einkehrschwung in Riedlingen machen möchte, fährt hier links und noch einmal hinein in die Altstadt. Zurück zum Bahnhof geht es rechts und vor dem Bahnübergang links.

Variante Start- und Endpunkt Bahnhof Herbertingen:
Vom Bahnhof in Herbertingen kurz rechts und gleich wieder links und vor zur Straße fahren. Hier links und immer geradeaus unter der Bundesstraße hindurch bis zur Brücke an der Donau vor Hundersingen fahren. Kurz vor der Brücke geht es rechts auf den Radweg im Donautal. Dem Tourverlauf wie oben folgen.
Zurück zum Bahnhof: Von der Heuneburg und dem Keltenmuseum Hundersingen kommend auf der Straße durch den Ort fahren, die Donau auf der Brücke überqueren und geradeaus wie auf dem Hinweg zurück zum Bahnhof fahren.

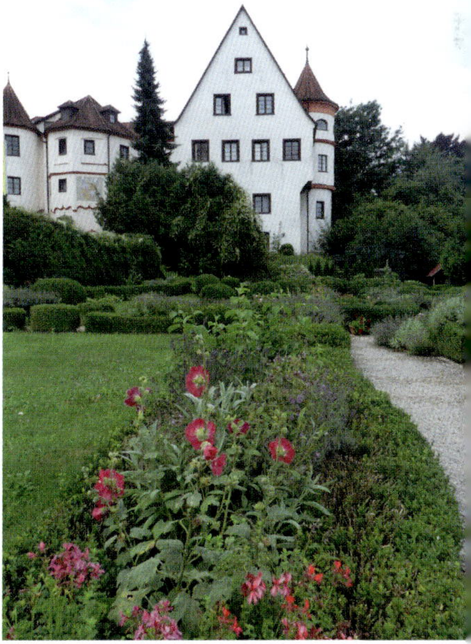

Mit Blick über Buchs und Beete: Schloss Neufra

Tour 6: Bussen, Oberstadion und idyllisches Donautal

Auf den Bussen, den heiligen Berg Oberschwabens, zum Krippenmuseum in Oberstadion sowie ins idyllische Donautal führt diese etwas sportlichere Radtour. Besonders schön ist die Tour in der Osterzeit, wenn die Bussenkirche mit ersten Frühlingsgrüßen aus der Natur geschmückt ist und in Oberstadion der Osterbrunnen steht.

Start- und Endpunkt: Riedlingen

Streckenverlauf:
Riedlingen – Unlingen – Offingen – Bussen – Dietershausen – Oberstadion – Emerkingen – Munderkingen – Untermarchtal – Rechtenstein – Zwiefaltendorf – Riedlingen

Anreise Zug: Riedlingen liegt an der Bahnstrecke Ulm – Sigmaringen. Herbertingen liegt an den Bahnstrecken Ulm – Sigmaringen und Aulendorf – Sigmaringen. Auskunft: www.bahn.de

: Riedlingen Bahnhof; Munderkingen Bahnhof

: Riedlingen an der Stadthalle; Riedlingen-Eichenau Camping Radlerrast Vöhringerhof; Munderkingen; Dobeltal Zwiefalten

Gesamtstrecke: 58 km

Schwierigkeitsgrad: ; Höhendifferenz: 525 Hm

Dauer: 4 Stunden

Variante: Riedlingen – Munderkingen 31 km

Einkehrmöglichkeiten:
- „Schönblick" in Offingen
- „Adler" in Oberstadion
- in Munderkingen
- „Blank's Brauereigasthof" in Zwiefaltendorf
- in Riedlingen

Rastplätze:
- auf dem Bussen
- im Donautal bei Untermarchtal
- bei Rechtenstein

Spielplätze:
- beim Gasthof „Schönblick" in Offingen
- im Donautal bei Untermarchtal

Riedlingen an der Stadthalle bei der Donaubrücke; **Oberstadion** am Rathaus/Osterbrunnen; **Munderkingen** Marktstr. 7

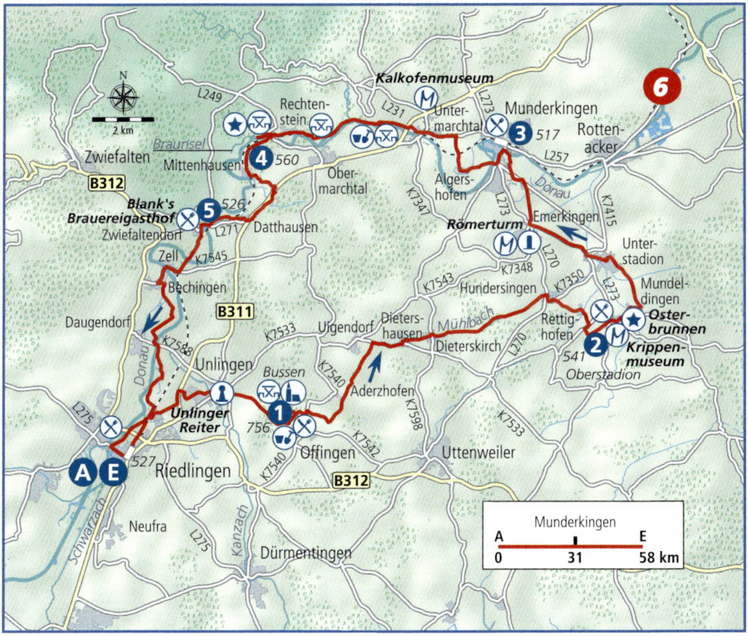
N
2 km
Kalkofenmuseum
Rechtenstein
Untermarchtal
Munderkingen
517
Rottenacker
6
Braunsel
Zwiefalten
Mittenhausen
4
560
Obermarchtal
Algershofen
B312
Blank's Brauereigasthof
5
526
Zwiefaltendorf
Datthausen
Römerturm
Emerkingen
Unterstadion
Zell
Bechingen
Hundersingen
Mundeldingen
Daugendorf
B311
Uigendorf
Dietershausen
Mühlbach
Rettighofen
Osterbrunnen
Dieterskirch
2
541
Krippenmuseum
Unlingen
Bussen
Oberstadion
Donau
Aderzhofen
Unlinger Reiter
1
756
Offingen
Uttenweiler
527
Riedlingen
A
E
B312
Neufra
Schwarzach
Kanzach
Dürmentingen
L249
L231
L273
L257
K7415
K7347
L271
K7545
K7348
L270
K7543
K7350
K7533
K7588
K7540
K7598
K7542
L275
Munderkingen
A
E
0
31
58 km

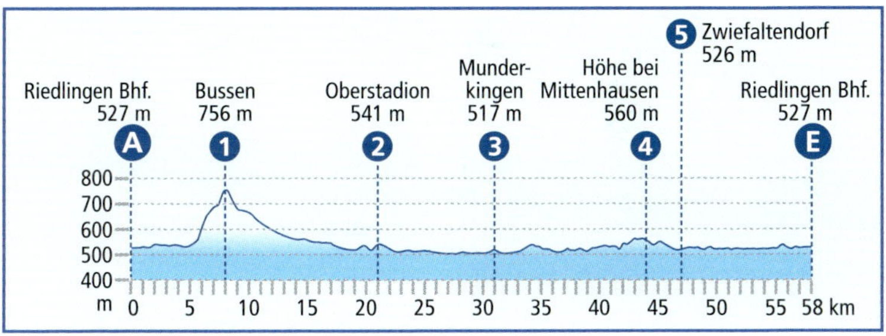
Riedlingen Bhf. 527 m
A
Bussen 756 m
1
Oberstadion 541 m
2
Munderkingen 517 m
3
Höhe bei Mittenhausen 560 m
4
5 Zwiefaltendorf 526 m
Riedlingen Bhf. 527 m
E
800
700
600
500
400
m
0
5
10
15
20
25
30
35
40
45
50
55
58 km

Los geht's:

Vom Bahnhof in Riedlingen links und vor zur Straße fahren. Hier rechts und gleich wieder rechts und dann an der Schwarzach entlangradeln. Nach einem guten Kilometer kommt von links der Donau-Radweg dazu. Kurz darauf, am Camping Radlerrast Vöhringerhof, kommt ein Bahnübergang in Sicht. Hier rechts abbiegen, die Bahnlinie überqueren und dem Radwegschild folgend danach links abbiegen. Durch die Felder Richtung Unlingen radeln. Auf einer neuen Brücke die B 311 überqueren und danach nach rechts um ein durch einen Lärmschutzwall geschütztes Neubaugebiet herumfahren. Dann geht es über die Kanzach und geradeaus zur Kirche weiter – Wanderweg blaues Dreieck. Am Dorfplatz vor der Kirche steht eine Skulptur des Unlinger Reiters.

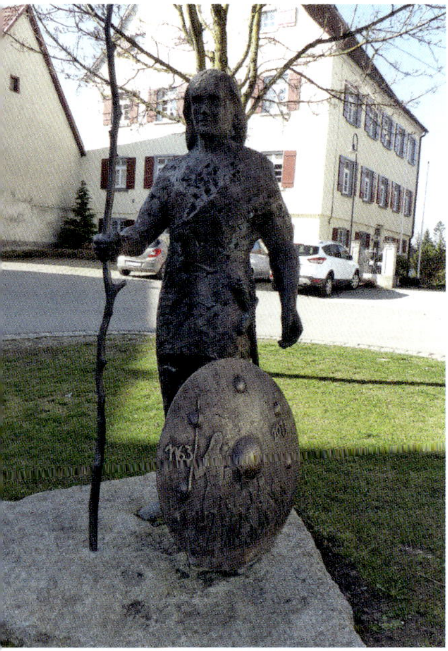

Der Unlinger Reiter:
Skulptur von Gerold Jäggle

Unlinger Reiter:

Groß war die Aufregung, als man bei Grabungsarbeiten auf die uralte Skulptur eines Kriegers stieß, die heute im Heuneburgmuseum zu besichtigen ist (s. Tour 4). War es nun ein Krieger oder war es ein friedlicher Siedler, der sich ab und an verteidigen musste? Vielleicht musste man in seiner Zeit sowieso beides sein. Das Römische Reich war zusammengebrochen, ein Machtvakuum entstand und hungrige, verzweifelte Menschen zogen durchs Land. Ganze Völkerstämme machten sich auf den weiten Weg donauaufwärts auf der Suche nach besseren Lebensbedingungen und einem Plätzchen, an dem sie bleiben konnten. Ob Unilo, der Unlinger Reiter, nun tatsächlich den Ort Unlingen gegründet hat, weiß niemand. Gerold Jäggle jedenfalls hat 2013 eine Bronzeskulptur des Reiters geschaffen und ihm damit auf dem Kirchplatz ein Denkmal gesetzt.

Zum Bussen:
Am Dorfplatz rechts, vor zur Straße, hier links und die Straße kurz darauf an einer Linkskurve verlassen und geradeaus den Berg hinauffahren – Wanderwegweiser zum Bussen. Am Waldrand führt der Wanderweg in den Wald. Auf dem Sträßchen bleiben und weiter bergauf durch den Wald radeln. Wiederum am Waldrand geht es links und mit herrlicher Aussicht sowohl übers Land als auch hinauf zum Bussen an einem Wegkreuz vorbei nach Offingen. Rechts liegt das Gasthaus „Schönblick“ mit Spielplatz und Terrasse. Noch ein Stück bergauf durch den Ort befindet sich ein großer Parkplatz. Von hier führt ein Fußweg nach links noch einmal steil bergauf hinauf zum Bussen und zur Kirche.

Bussen – Heiliger Berg Oberschwabens:
Hoch steht sie über dem Land – die Kirche auf dem Bussen. Ein Kraftort sei er, der Bussen, und das war er wohl schon vor der Christianisierung. Da, wo man ihn sieht, ist Oberschwaben, heißt es. Und es ist schon erstaunlich, von wie weither dieser eigentlich gar nicht so hohe Berg mit seiner Kirche zu sehen ist. Kirchen im Land wurden so gebaut, dass sie in einer Energielinie mit dem Bussen stehen, wie wir gleich bei unserer weiteren

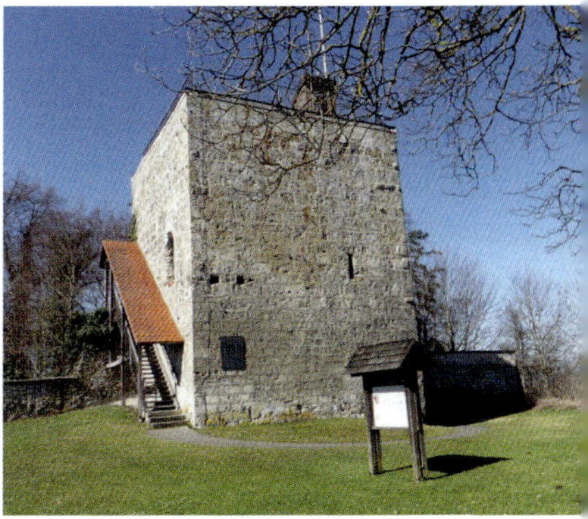

Bergfried auf dem Bussen
mit wunderbarer Aussicht vom Turm

Tour nach Oberstadion selbst sehen können. Ein besonderer Platz ist der Bussen auf jeden Fall. Und sei es nur der herrlichen Aussicht wegen! Vom Platz vor der Kirche liegt dem Betrachter das ganze Land zu Füßen. Bei entsprechender Sicht und Jahreszeit präsentieren sich die Alpen grandios mit Schneeglitzer. Die Kirche selbst ist ein Wallfahrtsort für viele Gläubige. Sie wurde bereits 805 erstmals urkundlich erwähnt, steht also schon über tausend Jahre an diesem Ort. Mehrfach wurde sie umgebaut, erweitert und renoviert. Etwas weiter auf dem Berg finden sich weitläufige Rastplätze und der alte Bergfried einer Burg. Der Bussen hat im Laufe der Jahrhunderte mehrfach den Besitzer gewechselt. Auf der Burg herrschten die Habsburger, die Waldburger und die Fürsten von Thurn und Taxis. Inzwischen gehört sie dem Landkreis Biberach. Der Turm ist im Sommer für Besucher geöffnet.

Nach Oberstadion:
Den Fußweg wieder hinuntergehen – Fahrräder sollen hier geschoben werden – und am Parkplatz links auf die Straße einbiegen. Sie führt in einer weiten Kehre zur Kreisstraße zwischen Offingen und Aderzhofen. Hier – entgegen dem Radwegweiser – links und bei nächster Gelegenheit rechts abbiegen. Den geteerten Weg überqueren, kurz darauf rechts und bei nächster Gelegenheit links auf den Radweg nach Oberstadion einbiegen. Er führt durch die Felder oberhalb von Aderzhofen und vorbei an Uigendorf zur Kreisstraße nach Dietershausen. Auf diese nach rechts einbiegen und durch Dietershausen und Dieterskirch radeln. Ab Dieterskirch geht es idylisch durch das Mühlbachtal nach Hundersingen – immer geradeaus. In Hundersingen nach rechts auf die Kreisstraße einbiegen, dieser um eine Kurve herum folgen und da-

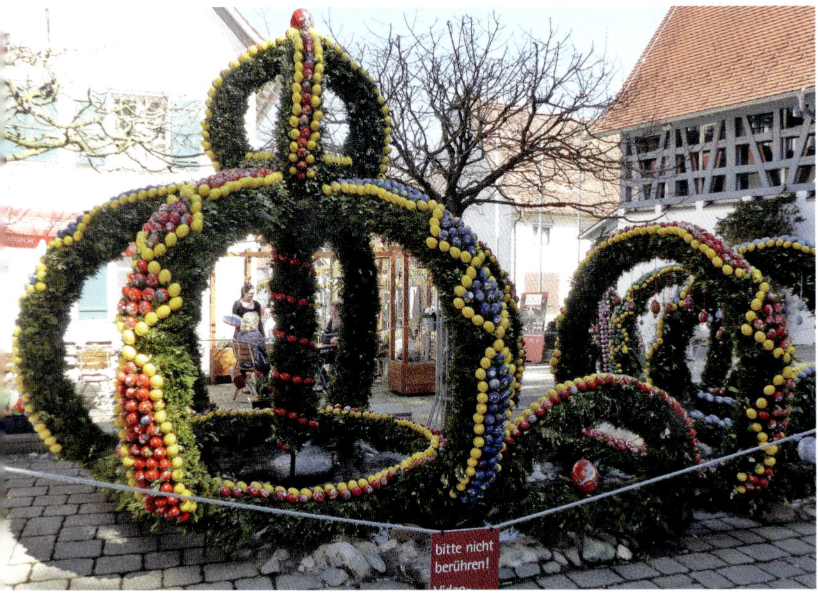

Der Osterbrunnen in Oberstadion ist das Werk vieler Künstler nach rechts zuerst bergauf und dann bergab nach Rettighofen fahren. Über einen Bach und wieder bergauf bis zur Kreisstraße radeln. Hier rechts auf die Straße und kurz darauf nach links auf einen Weg einbiegen. An der Sichtachse zwischen Bussen und der Kirche von Oberstadion geht es links. Schon großartig, wie die Baumeister das geplant haben! So kann die Strahlkraft des heiligen Berges direkt ins Kirchenfenster von Oberstadion hinein scheinen. Auf dieser Kraftlinie radeln wir mit neuem Schwung hinein nach Oberstadion. Zum Osterbrunnen und zur Gaststätte „Adler" geht es direkt geradeaus über die Straße. Zum Krippenmuseum an der Straße links und gleich wieder rechts. Zur Weiterfahrt geht es an der Straße ebenfalls links und bei der übernächsten Möglichkeit rechts Richtung Mundeldingen.

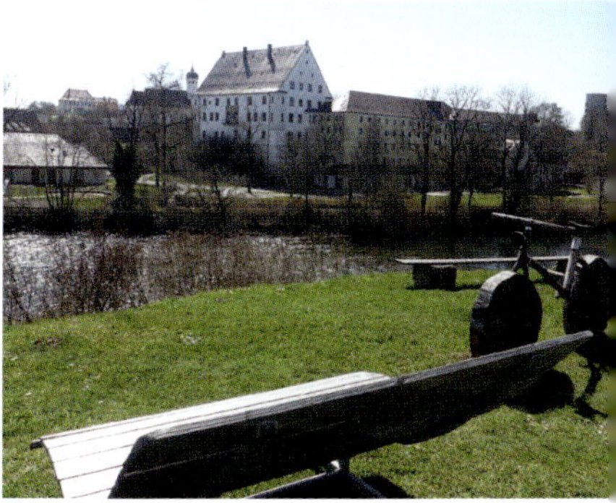

Einladend ist der Rastplatz bei Untermarchtal

Oberstadion:
Ein mit bunten Eiern geschmückter Torbogen zeigt in der Osterzeit den Weg zum Osterbrunnen an. Auf dem Platz vor dem Bürgerhaus, in dem an den Wochenenden mit Kaffee bewirtet wird, steht der beeindruckende Osterbrunnen. Die ganze Gemeinde Oberstadion ist beteiligt. Kindergartengruppen, Schulklassen, Landfrauen – jeder scheint mitzumachen. Ein Gelingen ist auch gar nicht anders möglich. Über 30000 Eier aller Art sind hier liebevollst bemalt und beschrieben. Alle zusammen bilden ein Kunstwerk, das seinesgleichen sucht. Seit 2008 wird der Brauch, den Brunnen österlich zu schmücken, in Oberstadion gepflegt. Ursprünglich stammt dieser Brauch aus der Fränkischen Schweiz. Ein paar Meter weiter, unterhalb der Kirche, befindet sich in der ehemaligen Pfarrscheuer das Krippenmuseum. Krippen von großen Künstlern aus Deutschland, Österreich und Italien sowie historische Krippen sind hier zu sehen. Die für das Museum erstellte Jahreskrippe der Gebrüder Haseidl kann mit den dargestellten Szenen als einmalig auf der Welt bezeichnet werden. Öffnungszeiten: www.krippen-museum.de

Nach Emerkingen:
Auf dem Radweg, der parallel zur Kreisstraße verläuft, nach Mundeldingen radeln. Am Ende des Ortes links auf den Radweg nach Unterstadion fahren. In Unterstadion geht es an der Oberdorfstraße links und kurz darauf noch einmal links. Ein Stück bergab und an der Bushaltestelle rechts abbiegen. Immer mehr oder weniger geradeaus fahren und auf einer kleinen Brücke den Mühlbach, den wir von Dieterskirch nach Hundersingen schon begleitet haben, überqueren. An der Landesstraße auf den Radweg nach Emerkingen nach rechts einbiegen. In Emerkingen geht es gleich am Ortseingang rechts – Wegweiser „Zum Donau-Radweg“.

Museum im Römerturm:
Wer den Römerturm besuchen möchte, fährt stattdessen links auf die Straße nach Hundersingen und an der zweiten Möglichkeit rechts. Neben der Kirche Sankt Jakobus kommt der Römerturm in Sicht. Nur, dass er gar keiner ist! Es handelt sich stattdessen um einen Bergfried aus dem 13. Jahrhundert, der als Wohnturm errichtet wurde. Heute beherbergt er ein Museum zur Stadtgeschichte. Im 4. Stockwerk befinden sich Glocken, ein Aussichtspunkt und Informationen zur Geschichte der Störche im Donautal. Öffnungszeiten: Montag bis Freitag 9 bis 11.30 Uhr, Donnerstag 14 bis 18.30 Uhr, www.erlebnis-oberschwaben.de.

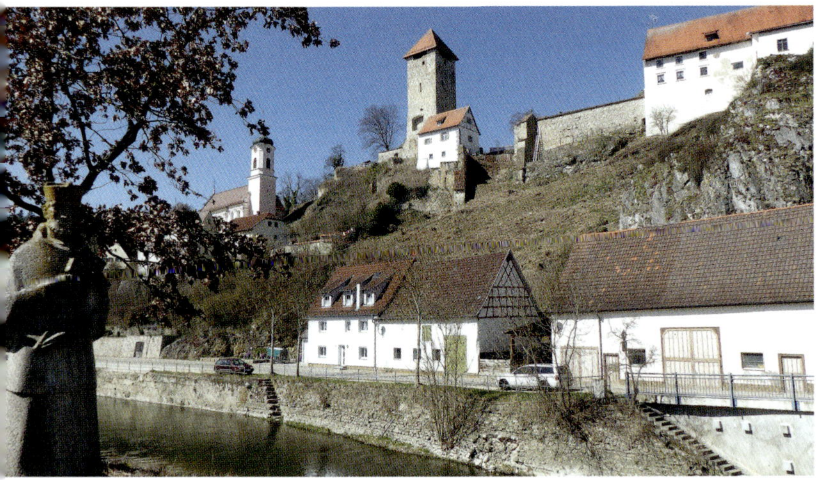

Burg Rechtenstein

Ins Donautal:
Durch die Felder mit gutem Blick auf Munderkingen bis zur Donau radeln. Hier links und an der Donau bis zur nächsten Straße fahren. Wer zum Bahnhof möchte, fährt hier rechts über die Brücke und danach links. Stündlich gibt es eine Verbindung nach Riedlingen und Ulm. Ansonsten links abbiegen und der Straße „Angerweg" ein kurzes Stück bergauf bis zum Obertorplatz folgen.
Wer ein bisschen Altstadtluft von Munderkingen schnuppern möchte, fährt am Obertorplatz rechts in die kopfsteingepflasterten Gassen hinein. Die Donau umfließt den gut erhaltenen Stadtkern in einer Schleife. Auf einem historischen Stadtrundweg kann man durch die Altstadt schlendern.
Für die Tour selbst geht es geradeaus weiter und nach rund 500 Metern rechts und wieder hinunter an die Donau. Über die Brücke, danach links und auf einer Straße mit schöner Birkenallee nach Algershofen. In Algershofen der Straße nach rechts folgen, die Bahnlinie überqueren und an der Landesstraße nach links auf den Radweg nach Untermarchtal einbiegen. Auf der Straße Richtung Ortsmitte fahren.

Kalkofenmuseum:
Für den Abstecher rechts auf die Straße nach Lauterach abbiegen. Nach ca. 1 km die Bundesstraße unterqueren. Auf der anderen Seite befindet sich rechts das Kalkofenmuseum. Es zeigt ein Stück Industriegeschichte. Der Kalkofen wurde Anfang der 1920er-Jahre unmittelbar neben dem Steinbruch zur Herstellung von Schwarz- und Weißkalk errichtet und war bis 1939 in Betrieb. Alte Gerätschaften sind zu sehen und heute noch funktionsfähig. Die Arbeitsbedingungen waren kein Zuckerschlecken. Die Besucher erfahren, unter welchen Bedingungen die Arbeiter den Kalk brechen, brennen und löschen mussten. Öffnungszeiten: April bis September Sonntag 13 bis 17 Uhr, www.gemeinde-untermarchtal.de.

Nach Rechtenstein:
Noch ein kleines Stück auf der Straße bleiben und dann dem Donau-Radweg praktisch geradeaus von der Straße weg folgen. Ein idyllischer Rastplatz lädt ein paar Meter weiter Wanderer und Radler zur Pause ein.

Von der bequemen Bank hat man einen wunderbaren Blick auf das Kloster von Untermarchtal und auf die Donau, die direkt unterhalb gemächlich vorbeiströmt. Genauso idyllisch radelt es sich dann auch weiter durchs Tal. Nah an der Bahnlinie, nah am Fluss. Dann kommt von rechts der Lautertal-Radweg herein und kurz darauf wird auf einer schmalen Brücke die Lauter überquert, die hier in die Donau mündet. Kurz darauf zeigt sich Obermarchtal mit seiner beeindruckenden barocken Gebäudepracht. Das Kloster, eine ehemalige Prämonstratenserabtei und heute ein Tagungshaus, thront so richtig über dem Tal. Bald darauf erblicken wir Rechtenstein mit seiner mittelalterlichen Burg hoch über der Donau. In Rechtenstein führt der Radweg hinunter an die Donau und dann über die Brücke.

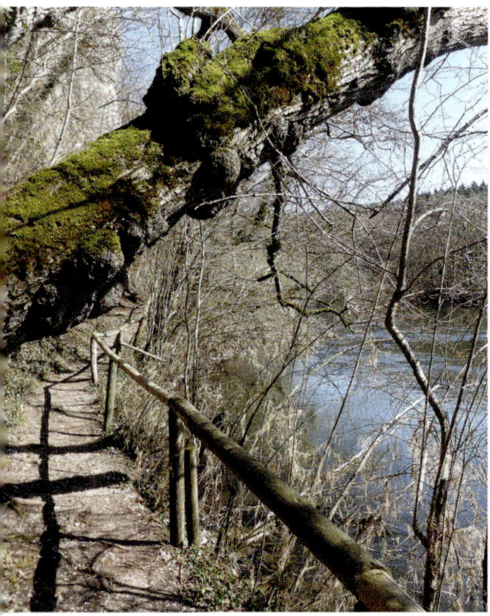

Ein schmaler Wanderweg führt zur Braunsel

Braunsel:
Zunächst gibt es aber noch einen absolut sehenswerten Abstecher. Es ist nicht weit und wunderschön. Dazu geradeaus am Wasserwerk von Rechtenstein vorbeifahren und danach nach links in den „Braunselweg“ einbiegen. Diesem bis zum Ende an Donauwiese und Rastplatz folgen und das Rad abstellen. Dann auf einem schmalen Wanderweg zwischen Felsen und Fluss zu Fuß weitergehen. Hoch ragen rechts die Kalksteinklippen des Schwäbischen Jurameeres auf. An ihrem Fuße gibt es tückische Strudel, die mit bloßem Auge zu sehen sind. Das Wasser wirbelt und dreht sich. Die Donau wird breiter und breiter. An der Mündung der Braunsel in die Donau ist sie praktisch ein See. Wasserpflanzen und Schilf wiegen sich im Wind. Die Braunsel steigt in mehreren Kesseln aus dem Grund des Donautales auf und wird durch 32 (!) unterirdische Quellen gespeist, die in das Bachbett sprudeln. Die Braunsel ist zwar nicht mal einen Kilometer lang, führt der Donau aber durch diese vielen Quelltöpfe gewaltige Wassermengen zu. Dadurch entsteht hier ein ganz besonderes Biotop.
www.emeringen.eu

Nach Datthausen:
Auf den nächsten Kilometern ist von der Donau nicht viel zu sehen. Und mit einem Radweg am Fluss hat das Ganze auch nicht viel zu tun. Es geht bergauf durch einen Wald und nach Mittenhausen. Von hier noch einmal bergauf bis zur Bundesstraße. Hier rechts, unter der B 311 hindurch und auf dem Radweg nach Datthausen radeln.

ACHTUNG: Wer mit einem Anhänger oder einem besonders breiten Fahrrad unterwegs ist, muss ab hier wegen einer schmalen Brücke einen Umweg fahren. Dazu in Datthausen auf der Landesstraße Richtung Zwiefaltendorf fahren, dann nach links auf den Radweg parallel zur Bundesstraße wechseln und nach einem guten Kilometer nach rechts auf die Kreisstraße nach Zell einbiegen. In Zell wieder auf den Donau-Radweg Richtung Riedlingen wechseln.

Zurück nach Riedlingen:
Für alle anderen: Die Bundesstraße bei Datthausen überqueren und auf kleiner Straße steil hinunter ins Donautal fahren. Über die Bahnlinie und durch Obstwiesen nach Zwiefaltendorf radeln. Kurz vor der Donaubrücke ist am Ufer eine relativ flache und gut zugängliche Stelle – im Sommer ein gern genutzter Badeplatz. Aber Vorsicht: Die Donau ist ein Fluss. Und ein Fluss hat Strömung! Auf der Brücke über die Donau radeln, ein Stück bergauf und dann links. Gleich hier an der Kreuzung befindet sich die Brauereigaststätte „Blank". Eine wunderbare Einkehrmöglichkeit gegen Ende der Tour. Selbst gebrautes Bier und gute Küche, ein schönes Plätzchen in der Sonne – was will man mehr? Auf dem Donau-Radweg aus Zwiefaltendorf hinausradeln. An der Bahnlinie entlang und gemeinsam mit der Eisenbahn die Donau überqueren. An der Straße rechts, über die Bahnlinie, nach Zell hinein, noch einmal über die Donau und nach Bechingen radeln. Hier links und schön durch die Flussaue fahren, wo durchaus der eine oder andere Storch zu sehen ist. Bei Daugendorf geht es ein weiteres Mal über die Donau und gleich nach der Brücke rechts. Nach rund 2 km durchs grüne Tal erreichen wir den Bahnübergang, den wir vom Beginn der Tour schon kennen. Hier geradeaus, am Gehöft vorbei und dieses Mal über die kleine Brücke über die Schwarzach und an der Donau entlang hinein nach Riedlingen radeln. An der Donaubrücke entweder nach rechts in die schmucke Altstadt von Riedlingen oder nach links zurück zum Bahnhof radeln.

Tour 7: Von Bad Schussenried an den Federsee und rundherum

Zur „schönsten Dorfkirche der Welt", zum UNESCO-Welterbe am Federsee und zum Erlebnis-Museum, zum Federseesteg und zur Schussenquelle führt diese Radtour. In Bad Schussenried lädt oberschwäbischer Barock zur Besichtigung und ein Bierkrugmuseum samt Biergarten zur Pause ein.

Start- und Endpunkt: Bad Schussenried

Streckenverlauf:
Bad Schussenried – Olzreute – Steinhausen – Oggelshausen – Seekirch – Moosburg – Bad Buchau – Sattenbeuren – Schussenquelle – Bad Schussenried

Anreise Zug: Bad Schussenried liegt an der Bahnstrecke Ulm – Aulendorf. Auskunft: www.bahn.de

🚗: Bad Schussenried Bahnhof; Bad Buchau Federseemuseum

🚐: Bad Schussenried am Bierkrugmuseum Brauerei Ott; Camping Steinhausen Dorfstr. 8; Bad Buchau Federseemuseum

Gesamtstrecke: 38 km

Schwierigkeitsgrad: ■ 🚴🚴; Höhendifferenz: 189 Hm

Dauer: 2,5 Stunden

Variante: Bad Schussenried – Oggelshausen – Bad Buchau direkt 28 km ■

Einkehrmöglichkeiten:
- Brauerei Schussenrieder in Bad Schussenried
- Seewirtschaft Olzreuter Weiher
- „Härles Mostbesen" in Dunzenhausen
- „Wirtschaft zum Torfwerk" bei Bad Buchau

Rastplätze:
- beim Schienenhof
- bei Tiefenbach
- bei Seekirch
- bei Alleshausen
- im Federseemuseum

Badeplätze:
- Olzreuter See
- Freibad Bad Buchau
- Zellersee Bad Schussenried

🔌🚲 **Bad Buchau** Marktplatz; **Bad Schussenried** Bierkrugmuseum

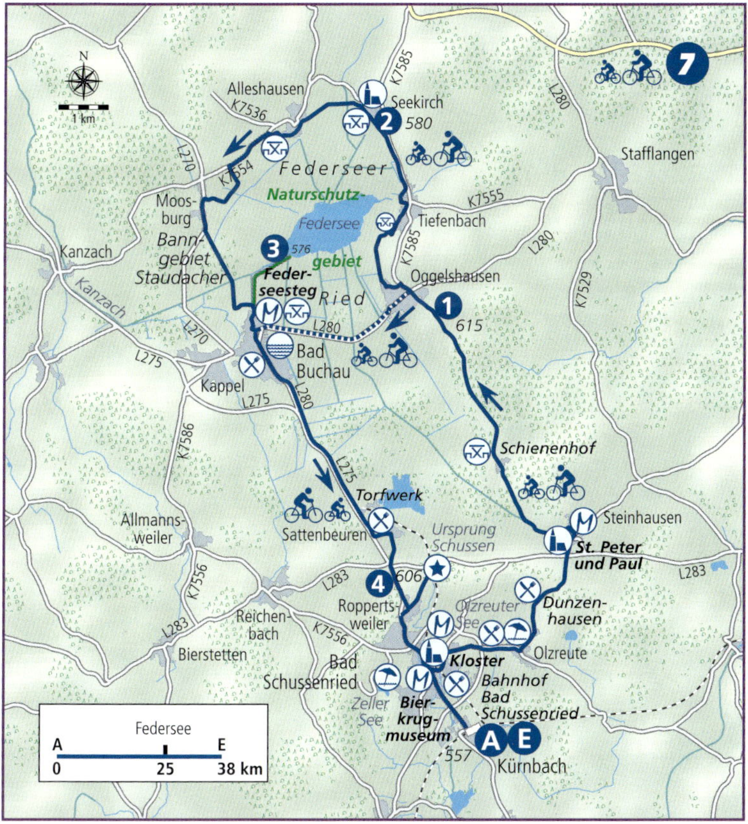
N
1 km
7
Alleshausen
K7536
Seekirch
2 580
K7585
L280
Stafflangen
L270
K7554
Federseer
Naturschutz-
Federsee
gebiet
K7555
Tiefenbach
Moos-
burg
Bann-
gebiet
Staudacher
Kanzach
Kanzach
3 576
Feder-
seesteg
Ried
K7585
Oggelshausen
L280
K7529
1
615
L280
L270
L275
Bad
Buchau
Kappel
L275
L280
K7586
Schienenhof
L275
Torfwerk
Allmanns-
weiler
Sattenbeuren
Ursprung
Schussen
Steinhausen
St. Peter
und Paul
K7556
L283
4 606
Ropperts-
weiler
Olzreuter
See
Dunzen-
hausen
L283
L283
Reichen-
bach
K7556
Bierstetten
Bad
Schussenried
Kloster
Olzreute
Bahnhof
Bad
Schussenried
Zeller
See
Bier-
krug-
museum
A E
557
Kürnbach
Federsee
A
E
0
25
38 km

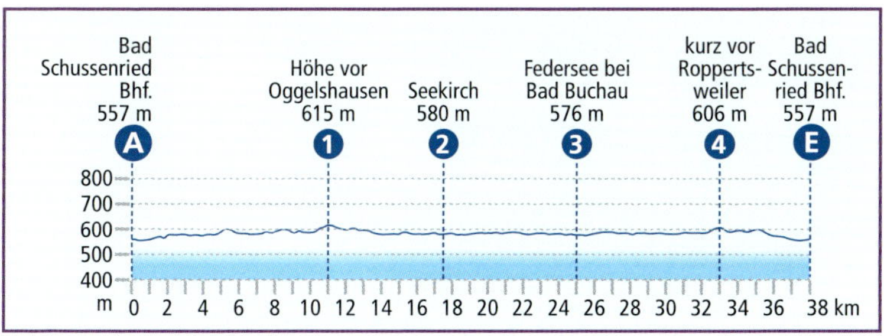
Bad
Schussenried
Bhf.
557 m
Höhe vor
Oggelshausen
615 m
Seekirch
580 m
Federsee bei
Bad Buchau
576 m
kurz vor
Ropperts-
weiler
606 m
Bad
Schussen-
ried Bhf.
557 m
A
1
2
3
4
E
800
700
600
500
400
m
0 2 4 6 8 10 12 14 16 18 20 22 24 26 28 30 32 34 36 38 km

Los geht's:

Vom Bahnhof in Bad Schussenried auf der Bahnhofstraße nach Bad Schussenried hineinradeln. Am Bierkrugmuseum, das man sich besser bis zum Schluss aufhebt, vorbei fast bis zum Marktplatz fahren. Hier rechts in die Biberacher Straße abbiegen. Um das Kloster herumfahren, dann nach rechts Richtung Olzreute abbiegen. Wer jetzt direkt schon eine Badepause braucht, kann sich in Olzreute am See eine erste Erfrischung holen. Nach der Zufahrt zum See geht es links – Wegweiser „Biberach" und „Steinhausen" – und mit nettem Ausblick auf den Olzreuter Weiher etwas oberhalb von ihm auf einem kleinen Sträßchen Richtung Dunzenhausen. Weiter auf dem Sträßchen durch Feld und Wald radeln. Am Waldrand dann das „Aha!"-Erlebnis: Ein wahrhaft prachtvolles Gotteshaus kommt in Sicht. Auf diese Kirche zu fahren.

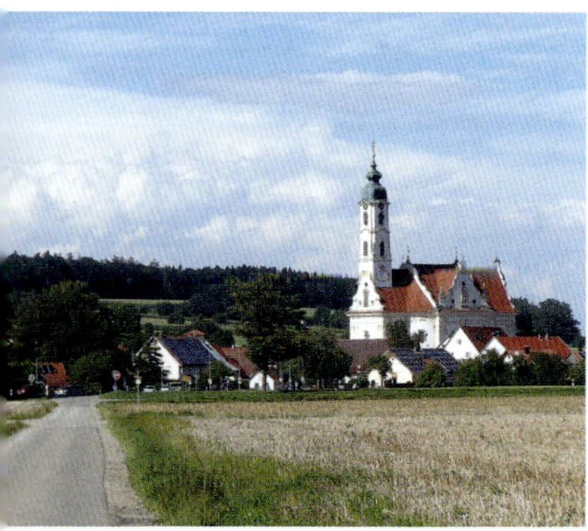

In Steinhausen steht die „schönste Dorfkirche der Welt"

Wallfahrtskirche Sankt Peter und Paul in Steinhausen:
Wer sie in diesem kleinen Ort stehen sieht, weiß sofort, warum sie den Titel „Schönste Dorfkirche der Welt" vom Volk verliehen bekommen hat. Die Wallfahrtskirche Sankt Peter und Paul dominiert den Ort Steinhausen. Ein überaus imposantes Gotteshaus, das 1728–1731 im Auftrag des Klosters Schussenried von dem berühmten Baumeister Dominikus Zimmermann und seinem Bruder Johann Baptist Zimmermann erbaut wurde. Innen herrscht oberschwäbische barocke Üppigkeit. Stuck und Gemälde: Die Kirche ist über und über verziert. Herzstück ist jedoch ein Bild aus der Zeit der Gotik, das schon um 1415 in der alten Kirche aufgestellt war und Maria zeigt. Denn ursprünglich war die Kirche der Muttergottes geweiht. Beliebt ist die Wallfahrtskirche besonders wegen ihrer wunderbaren Akustik, weswegen auch hochkarätige Chöre gerne dort auftreten. Ein Konzert in ihr ist ein Erlebnis! Gegenüber der Kirche in der alten Schmiede befindet sich das Steinhauser Wallfahrtsmuseum, in dem der Be-

sucher alles über die Geschichte der Kirche erfahren kann. Öffnungszeiten Kirche täglich 8 bis 18.30 Uhr; Öffnungszeiten Museum jeden 1. Sonntag im Monat von 14 bis 17 Uhr, www.bad-schussenried.de.

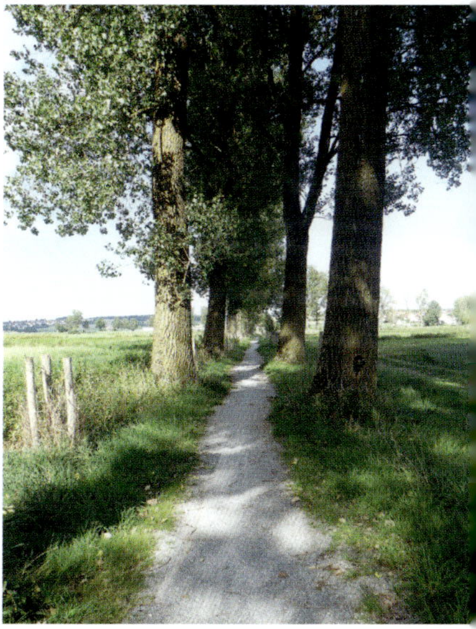

Radeln im Grünen und rund um den Federsee

Zum Federsee:
Vor der Kirche geht es links und am Ende des Weges noch einmal links – Wegweiser „Schienenhof". Aus dem Ort hinaus bis zu einem geteerten Sträßchen radeln. Hier rechts abbiegen und durch die Felder zum Schienenhof fahren. Kurz nach Durchqueren des Aussiedlerhofes ist links am Waldrand ein Rastplatz zu sehen. Weiter geradeaus auf dem Sträßchen bleiben. Am Waldrand entlang weiter Richtung Oggelshausen fahren. Kurz bevor es bergab geht, hat man einen schönen Blick über das Gebiet des Federsees mit seinem Ried. In Oggelshausen bis zur Hauptstraße, der Landesstraße nach Biberach, fahren. Diese überqueren, ein kurzes Stück auf der Kreisstraße Richtung Tiefenbach radeln, am Ortsende links und nach ein paar Metern nach rechts auf den Radweg rund um den Federsee einbiegen. Wer den Federsee nicht umrunden, sondern direkt nach Bad Buchau und zum Federseemuseum fahren will, fährt an der Hauptstraße, der Biberacher Straße, links und folgt dem Federsee-Rundweg auf dem Radweg längs der Landesstraße in die andere Richtung bis Bad Buchau.

Rund um den Federsee:
Auf dem Federsee-Rundweg geht es nun direkt am Ried des Sees entlang. Nach rund 1,5 km, kurz vor Tiefenbach, kann man zu Fuß ein kurzes Stück ins Ried hineinwandern, eine Beobachtungsplattform ersteigen und den Blick über das Schilf und Röhricht des Federsees schweifen lassen. Den einen oder anderen Wasservogel gibt es

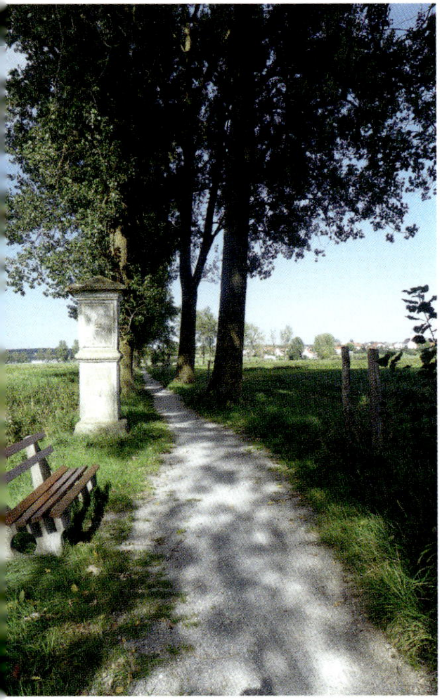

Auf dem Kirchweg wurde sonntags zum Gottesdienst gewandert

dabei natürlich auch zu sehen. Ein Schild weist den Weg. Der Federsee-Rundweg führt am unteren Endes des Ortes Tiefenbach vorbei und verläuft dann parallel zur Straße. Kurz vor Seekirch – die Kirche ist schon gut zu sehen – trennen sich Straße und Radweg. Der Radweg führt auch hier am unteren Ende des Ortes entlang. Direkt unterhalb der Kirche befindet sich ein Rastplatz. Zu Fuß kann man zur Kirche Mariä Himmelfahrt aufsteigen, die mit sehenswerten Marienfresken und Stuckarbeiten ausgestattet ist. Ab dem Rastplatz befinden wir uns auf einem ganz besonderen Weg: Der „Kirchweg“ führt mitten durchs Ried. Auf diesem Weg kamen früher die Bewohner von Alleshausen und Moosburg nach Seekirch zum sonntäglichen Gottesdienst. Heute genießen wir Radler und Wanderer den schön angelegten Weg durch das Ried. In Alleshausen durch den Ort fahren, dann auf einem Nebensträßchen durch die Felder. Ein Getränkeautomat kurz außerhalb Alleshausens hält gekühlte Getränke für Radler bereit. In einem Bogen führt der Weg hoch an die Straße. Von dort mit Blick über das weite Ried weiter nach Moosburg und durch den Ort radeln. Am Ortsende geht es links, ein Stück bergab und auf befestigtem Bohlenweg hinein ins Banngebiet Staudacher, einem seit Anfang des 20. Jahrhunderts naturbelassenem Moorwald. Durch eine geradezu verwunschene Landschaft führt der Bohlenweg. Schilf und Birken, Libellen und Frösche, krumme Kiefern, kleine Tümpel, dazwischen immer mal wieder eine Bank, um innezuhalten. Am Ende des Bannwaldes wird die Kanzach überquert. Hier kann man ein Stück Richtung See sehen.

Noch ein knapper Kilometer und Federseesteg und Museum sind erreicht (Infos s. Tour 2).
Nach Roppertsweiler:
Am Museum nach rechts Richtung Ortsmitte und hinauf ins Zentrum fahren. Mitten hindurchradeln und auf der Schussenrieder Straße aus Bad Buchau hinausfahren. Am Ortsende auf den Radweg wechseln, der die Schussenrieder Straße begleitet. An der viel befahrenen Straße geht es rund 4 km entlang, bis ein Schild den Weg nach links nach Sattenbeuren zeigt. Hier links abbiegen, durch den Ort radeln und weiter nach Roppertsweiler fahren.

Zur Schussenquelle:
Wer den Abstecher zur Schussenquelle machen möchte, fährt in Roppertweiler statt rechts Richtung Schussenried nach links. Die Straße heißt „Zum Schussenursprung“. Dieser Straße rund 700 Meter folgen. Dann ist rechter Hand Kunst am Wegesrand zu sehen. Theresia Moosherr hat hier ein Kunstprojekt aus Holzskulpturen geschaffen: Die Wasserhüterinnen. Sie behüten und bewachen den Eingang zur Quelle. Die drei „Glaube, Liebe, Hoffnung“ genannten Stelen sollen ein Symbol dafür sein, dass Wasser ein Schatz

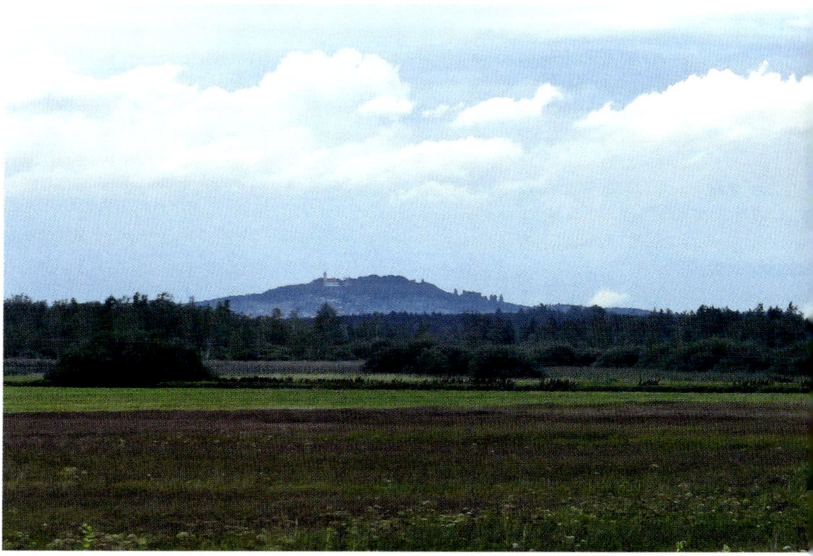

Weithin sichtbar: der Bussen

ist, der allen zur Verfügung stehen sollte, wie eine Tafel bei den Figuren erklärt. Von dort sind es noch ein paar Schritte bergab und dann ist der Ursprung der Schussen, die sich von hier auf den Weg zum Bodensee macht, zu sehen. Ein schmaler Pfad führt am Bach entlang. Zurück geht es auf demselben Weg bis Roppertweiler und dann einfach geradeaus weiter.

Nach Bad Schussenried:
Von der Quelle kommend geradeaus, von Sattenbeuren kommend rechts zur Landesstraße vorfahren. Hier links und bergab mitten ins Zentrum von Bad Schussenried hineinfahren.

Kloster Bad Schussenried:
Zur Klosteranlage geht es am Marktplatz in der Ortsmitte links. Hier befinden sich das Klostermuseum, der berühmte Bibliothekssaal aus dem Rokoko und die Pfarrkirche Sankt Magnus. Zu entsprechenden Anlässen von den Frauen der Kirchengemeinde liebevollst mit prächtigen Blumen geschmückt, hütet die Pfarrkirche einen besonderen Schatz: ein überaus prachtvoll geschnitztes Chorgestühl, ausgeführt von Georg Anton Machein um 1717. Die Kirche selbst wurde um das Jahr 1185 als spätromanische Pfeilerbasilika erbaut und im Laufe der Jahrhunderte den wechselnden Baustilen

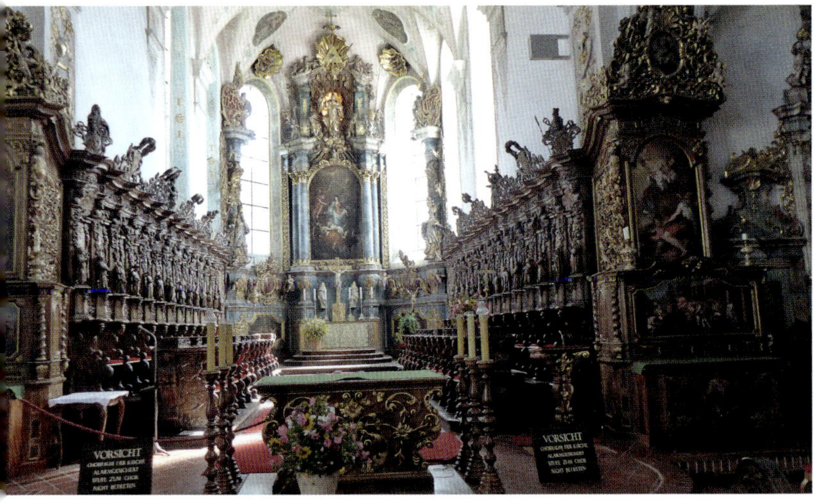

Pfarrkirche Sankt Magnus in Bad Schussenried

angepasst. Auch sie schwelgt in ihrem Inneren im üppigen Barock. Im Klostermuseum sind Skulpturen, Schriften, Gemälde und lithurgische Geräte ausgestellt, die einen Bogen über 800 Jahre Klostergeschichte spannen. Im Neuen Kloster finden wechselnde Kunstausstellungen statt. Öffnungszeiten April bis Oktober Dienstag bis Freitag 10 bis 13 und 14 bis 17 Uhr, Samstag und Sonntag 10 bis 17 Uhr; in den Wintermonaten manchmal nur an den Wochenenden. www.kloster-schussenried.de

Bierkrugmuseum Bad Schussenried:
Zum Museum vom Marktplatz aus einfach noch ein Stück weiter geradeaus auf der Straße bleiben. Dann ist links schon die Brauerei Schussenrieder zu sehen. Im Bierkrugmuseum steht natürlich das Bier, seine Geschichte und das Bierbrauen im Mittelpunkt. Rund 1200 historische Bierkrüge aus den Jahren 1550 bis 1925 sind hier ausgestellt. Vom kostbaren Kultgegenstand bis zum modernen Werbeartikel ist alles zu sehen, was es über Bierkrüge zu wissen gibt. Weltweit einmalig, ist das Museum inzwischen längst über die Grenzen Oberschwabens hinaus bekannt. Öffnungszeiten: Mittwoch bis Sonntag 11 bis 17 Uhr, www.schussenrieder.de.

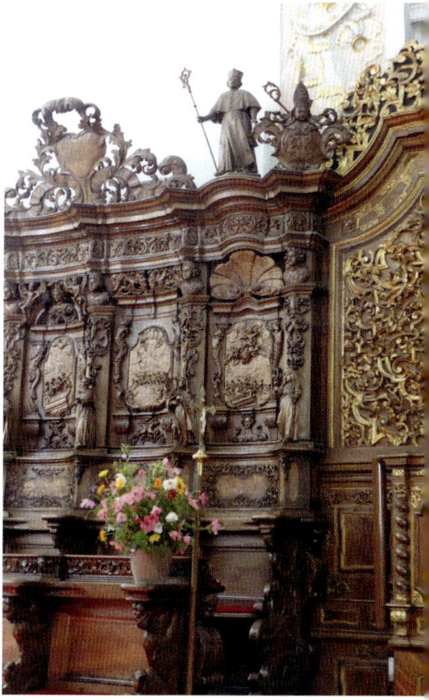

Berühmt: das Chorgestühl von Anton Machain

Nach dem Besuch des Museums laden der hauseigene Biergarten und die historische Brotzeitstube mit eigener Backstube zu Vesper und Brotzeit ein. Ein schöner Abschluss der Radtour.

Zurück zum Bahnhof:
Von der Brauerei auf der Bahnhofstraße die Räder bergab bis zum Bahnhof rollen lassen.

Tour 8: Aulendorf, Bad Waldsee und Freilichtmuseum Kürnbach

Eine idyllische Radtour durch Felder und Auen, Wälder und Wiesen. Stationen auf dem Weg sind Schloss und Schlosspark Aulendorf, ein Badesee, Bad Waldsee mit seinen historischen Fachwerkhäusern und dem großen Stadtsee und das oberschwäbische Museumsdorf Kürnbach. Die Tour ist auch von Aulendorf oder Bad Waldsee möglich.

Start- und Endpunkt: Bad Schussenried

Streckenverlauf:
Bad Schussenried – Otterswang – Aulendorf – Tannhausen – Bad Waldsee – Michelwinnaden – Kürnbach – Bad Schussenried

Anreise Zug: Bad Schussenried liegt an der Bahnstrecke Ulm – Aulendorf. Auskunft: www.bahn.de

🚗: Bad Schussenried Bhf.; Aulendorf Steeger See; Bad Waldsee Bhf. und Stadthalle

🚐: Bad Schussenried am Bierkrugmuseum Brauerei Ott; Aulendorf Therme; Bad Waldsee Therme

Gesamtstrecke: 36 km

Schwierigkeitsgrad: ■ 🚴🚴; Höhendifferenz: 206 Hm

Dauer: 2,5 Stunden

Varianten:
mit dem Zug von Aulendorf zurück 9 km ■

mit dem Zug von Bad Waldsee zurück 24 km ■

Einkehrmöglichkeiten:
- Brauerei Schussenrieder in Bad Schussenried
- in Aulendorf
- Seewirtschaft Steeger See
- in Bad Waldsee
- im Museumsdorf Kürnbach

Rastplätze:
- Schlosspark Aulendorf
- im Museumsdorf Kürnbach

Spielplätze:
- Kurpark Bad Schussenried
- Schlosspark Aulendorf
- am Stadtsee in Bad Waldsee
- im Museumsdorf Kürnbach

Badeplätze:
- Steeger See
- Stadtsee Bad Waldsee
- Zellersee Bad Schussenried

🚲 **Bad Schussenried** Bierkrugmuseum; **Aulendorf** im Hofgarten beim Minigolf; **Bad Waldsee** Bahnhof und bei Tourist-Info

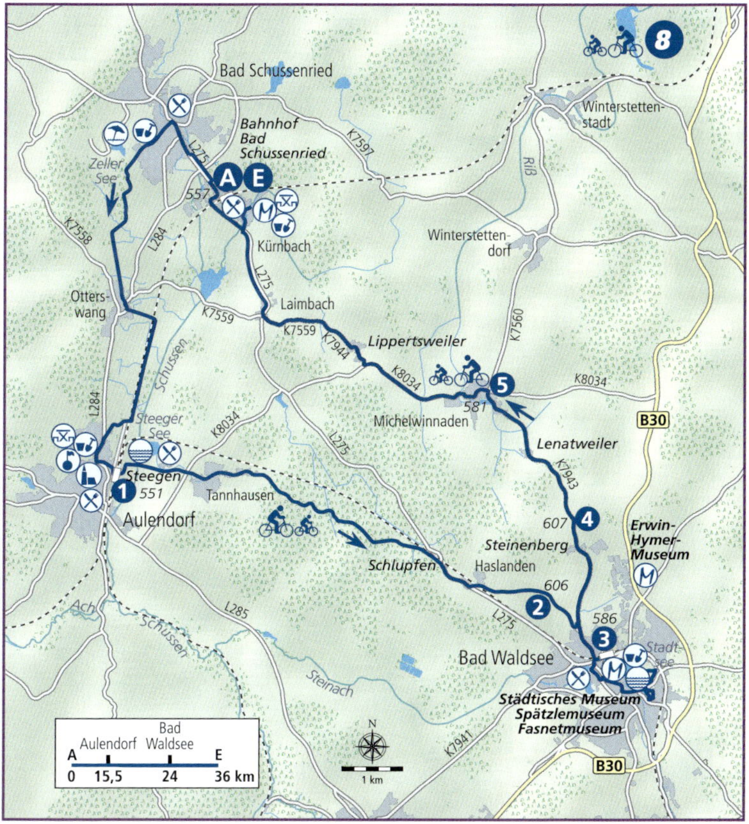
Bad Schussenried
Bahnhof Bad Schussenried
Zeller See
Kürnbach
Winterstetten-stadt
Winterstetten-dorf
Otters-wang
Laimbach
Lippertsweiler
Michelwinnaden
Lenatweiler
Steeger See
Steegen
551
Tannhausen
Aulendorf
Schlupfen
Haslanden
Steinenberg
Erwin-Hymer-Museum
Bad Waldsee
Stadtsee
Städtisches Museum
Spätzlemuseum
Fasnetmuseum
557
581
607
606
586
Schussen
Riß
Steinach
Ach
K7558
L284
L275
K7597
K7559
K7944
K8034
K7560
K7943
L285
K7941
B30
Aulendorf
Bad Waldsee
A
E
0
15,5
24
36 km
1 km

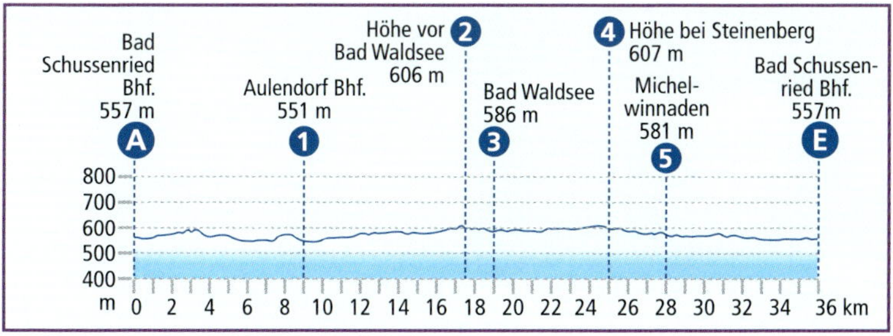
Bad Schussenried Bhf. 557 m
Aulendorf Bhf. 551 m
Höhe vor Bad Waldsee 606 m
Bad Waldsee 586 m
Höhe bei Steinenberg 607 m
Michel-winnaden 581 m
Bad Schussen-ried Bhf. 557m
800
700
600
500
400
m
0 2 4 6 8 10 12 14 16 18 20 22 24 26 28 30 32 34 36 km

Los geht's:

Vom Bahnhof in Bad Schussenried auf der Bahnhofstraße nach Bad Schussenried hineinradeln. Kurz vor dem Marktplatz links in die Löwenstraße abbiegen – Radwegweiser „Aulendorf". Am Kurpark mit Spielplatz vorbei und zum Waldrand fahren. Der Weg führt in einem Bogen immer am Waldrand entlang und bietet einen schönen Blick übers Land. An einem Wegkreuz kommt die Kirche von Otterswang mit ihrem Zwiebelturm in Sicht. In Otterswang zur Landesstraße vor fahren, hier kurz geradeaus, dann in einer Rechtskurve der Straße jedoch links und zur Bahnlinie radeln. Diese überqueren, danach rechts und an ihr entlang durch eine Aulandschaft nach Aulendorf radeln. Kurz vor Aulendorf die Bahnlinie wieder queren. Wer nicht in den Ort hinein und abkürzen möchte, fährt direkt nach der Unterführung links und bis zum Bahnhof. Ansonsten geradeaus auf der Straße bleiben und auf ihr ins Zentrum von Aulendorf radeln. Kurz bevor die Hauptstraße einen Bogen macht und wieder bergab führt, geht es geradeaus zu Schloss, Kirche, Erlebnis-Parcours, Eiscafé und Schlosspark.

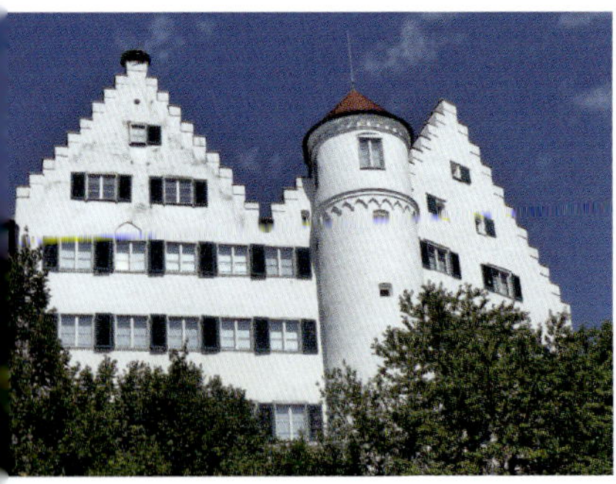

Mit Erlebnis-Parcours: Schloss Aulendorf

Aulendorf:

Das Schloss in Aulendorf blickt auf eine wechselvolle Geschichte zurück. Im Hochmittelalter im Besitz der Staufer ging es nach deren Niedergang an die Königseggwälder, die es im Barock zu einer ansehnlichen Residenz aus- und umbauten. Auch heute noch residieren die Herren des Ortes im Schloss: Das Rathaus ist hier untergebracht. Im Schloss geht man allerdings auch ganz neue Wege: ein Erlebnis-Parcours führt die Besucher auf Zeitreise durchs Schloss. Statt Bild- und Texttafeln lotst eine App durchs Gebäude, werden Szenen aus der Geschichte zum Leben erweckt. Der großzügige Schlosspark umfasst über 300 Bäume, die zum Teil schon an die 250 Jahre alt sind. Er bietet Platz für Spaziergänge, Spielplatz, Minigolf. Und wer einfach nur ein Eis essen will, wird am Eingang zum Hofgarten ebenfalls fündig. www.aulendorf.de

Zum Steeger See:
Auf der Hauptstraße bergab zum Bahnhof fahren. Hier die Unterführung für Fußgänger und Radler nutzen und auf die andere Seite der Gleise fahren. Nach der Unterführung links, durch Schrebergärten vor zu einer Straße und dort nach rechts abbiegen. Kurz darauf hört man an heißen Tagen schon den fröhlichen Lärm des Naturfreibads am Steeger See.

Naturfreibad Steeger See:
Schon den Menschen in der Steinzeit gefiel dieser Ort, wie Funde bewiesen haben. Wenn auch wahrscheinlich aus gänzlich anderen Gründen. Eine uralte Pfahlbausiedlung wurde hier entdeckt. Heute präsentiert sich der Steeger See als idyllisches Plätzchen an heißen Tagen. Weiches Moorwasser, das der Haut schmeichelt, großzügige Liegewiesen, eine nette Seewirtschaft und sogar ein Sandstrand zum Buddeln – hier bleiben keine Wünsche offen.

Nach Bad Waldsee:
Am Naturfreibad Steeger See vorbei auf der Straße weiter nach Steegen und Tannhausen fahren. In Tannhausen geradeaus durch den Ort und in den Wald hineinfahren. Auf befestigtem, teils holprigem Weg geht es nun kilometerlang durch den Tannenwald. Nur

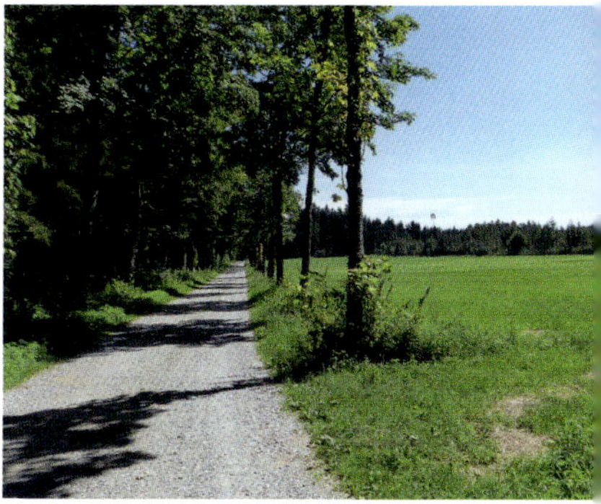

Auf dem Weg nach Bad Waldsee

Grün und würzige Tannenluft. Ab und zu ist ein Zug zu hören, die Bahnlinie ist nicht weit weg. Bei Schlupfen auf die Straße wechseln und auf ihr rund 500 Meter bis Haslanden fahren. Hier links, durch den Ort und auf einem kleinen Sträßchen auf der Höhe weiterfahren. Unter uns ist schon Bad Waldsee zu sehen. Dann geht es bergab, an der Kreisstraße rechts und geradeaus nach Bad Waldsee. Wer gar nicht nach Bad Waldsee hinein, sondern gleich weiter nach Bad Schussenried möchte, fährt hier an der Kreisstraße links. Wer direkt zum Bahnhof möchte, fährt Richtung Bad Waldsee und direkt nach der Eisenbahnbrücke an der Kreuzung links. Der Bahnhof ist nur noch ein paar Meter entfernt. Ansonsten einfach geradeaus ins Städtle hinein und mitten durchs Stadttor fahren.

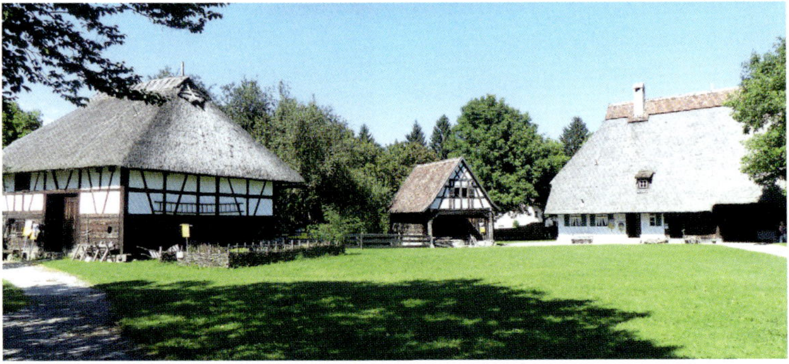

Im Museumsdorf Kürnbach …

Bad Waldsee:
In einem der schönsten Städtchen Oberschwabens macht Bummeln und Einkehren, Schauen und Staunen Spaß. Historische Fachwerkhäuser in der Innenstadt, gut erhaltene Stadttore und eine in Teilen intakte Stadtmauer, ein beeindruckendes Rathaus, ein nicht weniger imposantes städtisches Museum samt Kunstausstellung im Kornhaus, ein Spätzlemuseum im Vötschenturm, ein Fasnetsmuseum in der Ölmühle, liebevoll geführte Läden, Cafés und Gaststätten – in Bad Waldsee kann man gut und gerne auch einen ganzen Tag oder gleich mehrere zubringen. Spazierwege rund um den Stadtsee lassen seine Weite genießen. Das Stadtbad am See lädt an heißen Tagen zur Abkühlung ein. Das berühmteste Museum der Stadt liegt jedoch etwas außerhalb im Gewerbegebiet: Das Erwin-Hymer-Museum des gleichnamigen Herstellers zeigt die Geschichte des Wohnmobils und allerlei skurrile Wohnformen auf vier Rädern. Caravans und Wohnmobile, alte Pkws und Anhänger, Technik und Design, Hintergrundgeschichten des mobilen Reisens und vieles mehr kann auf den über 10 000 m² des Museums bestaunt werden. Öffnungszeiten täglich 10 bis 18 Uhr.
www.bad-waldsee.de

Nach Kürnbach:
Vom Städtle entweder auf demselben Weg zurück oder einmal rund um den Stadtsee herum, geht es auf derselben Kreisstraße stadtauswärts, auf der wir vorhin in die Stadt hineingefahren sind. Dieser Straße, sie ist zum Glück nur sehr mäßig befahren, bleiben wir die nächsten 5 km bis Michelwinnaden

treu. In der Pfarrkirche in Michelwinnaden sind Fresken des ehemaligen österreichischen Kaisers Josef II. und seiner Mutter Maria Theresia zu sehen (Infos s. Tour 20). An der Kirche vorbeifahren, an der Kreuzung im Ort links abbiegen und der Kreisstraße Richtung Aulendorf bis zum Abzweig nach Lippertsweiler folgen. Hier rechts und auf der kleinen Kreisstraße weiter durch Wiesen und Felder nach Laimbach fahren. An der Landesstraße nach rechts auf den sie begleitenden Radweg abbiegen und rund 2 km bis Kürnbach fahren. Hier den Wegweisern zum Museumsdorf nach rechts und durch Kürnbach folgen. Wer direkt nach Bad Schussenried zurück möchte, fährt einfach geradeaus an der Landesstraße weiter.

Oberschwäbisches Museumsdorf Kürnbach:
Historische Bauernhäuser mit original eingerichteten Stuben und Werkstätten veranschaulichen das Alltagsleben früherer Zeiten. Liebevoll angelegte und bepflanzte Bauerngärten, alte Tierrassen, die auf Weiden und Wiesen zu sehen sind, sowie duftende Streuobstwiesen machen den Rundgang zur Entdeckungstour. Ein Entdeckerpfad für Kinder hilft den kleinen Forschern beim Erkunden der Geschichte eines oberschwäbischen Bauerndorfes. Hier finden sich stroh- und riedgedeckte Bauernhäuser aus über 500 Jahren. Tanzhaus und Zehntscheuer, Schmiede und Rathaus, Drahtflechter- und Korbmacherwerkstatt, Hirtenhaus und Haus des Amtmanns, Backhaus und Küche: Auf dem weiten Areal zwischen alten Obstbäumen gibt es vieles zu sehen. In der Vesperstube oder auf der Terrasse im Biergarten kann man oberschwäbische Spezialitäten mit Zutaten aus der Region probieren. Öffnungszeiten April bis 1. November täglich 10 bis 18 Uhr, www.museumsdorf-kuernbach.de.

Zurück zum Bahnhof:
Vom Museumsdorf aus durch Kürnbach zurück zur Landesstraße fahren. Hier rechts und die Räder an ihr entlang bergab bis zum Bahnhof rollen lassen.

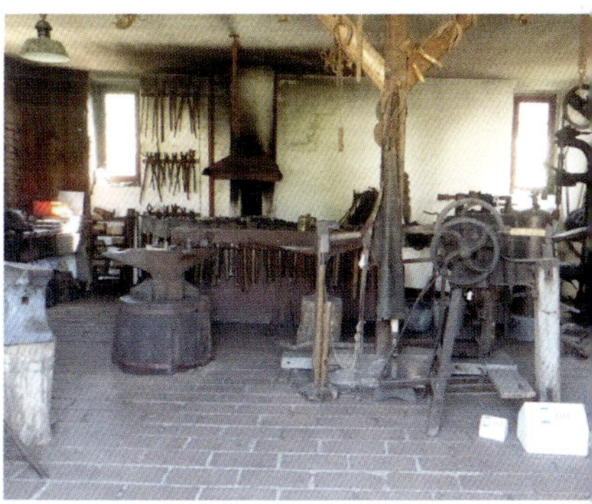

... sind ganze Werkstätten eingerichtet

Tour 9: Über die Grabener Höhe zum Wurzacher Ried

Eiszeitgeschichte zum Staunen. Diese Radtour führt über eine Endmoräne aus der Eiszeit zum größten Moor Mitteleuropas. Unterwegs gibt es Panoramasicht pur.

Start- und Endpunkt: Bad Waldsee

Streckenverlauf:
Bad Waldsee – Tannenbühl – Haisterkirch – Sebastianskapelle – Grabener Höhe – Unterschwarzach – Bad Wurzach – Haidgau – Bad Waldsee

Anreise Zug: Bad Waldsee liegt an der Bahnstrecke Aulendorf – Memmingen. Auskunft: www.bahn.de

: Bad Waldsee Bahnhof und Stadthalle

: Bad Waldsee Therme; Bad Wurzach „Grüner Hügel"

Gesamtstrecke: 35 km

Schwierigkeitsgrad: ; Höhendifferenz: 398 Hm

Dauer: 2,5 Stunden

Einkehrmöglichkeiten:
- im Naherholungsgebiet Tannenbühl
- in Bad Wurzach
- „Beim Wurzelsepp" am Torfmuseum
- in Bad Waldsee

Rastplätze:
- im Naherholungsgebiet Tannenbühl
- auf der Grabener Höhe

Badeplätze:
- Naturbad Bad Wurzach
- Stadtsee Bad Waldsee

Bad Waldsee Bahnhof und an Tourist-Info; **Bad Wurzach** am Naturschutzzentrum Wurzacher Ried

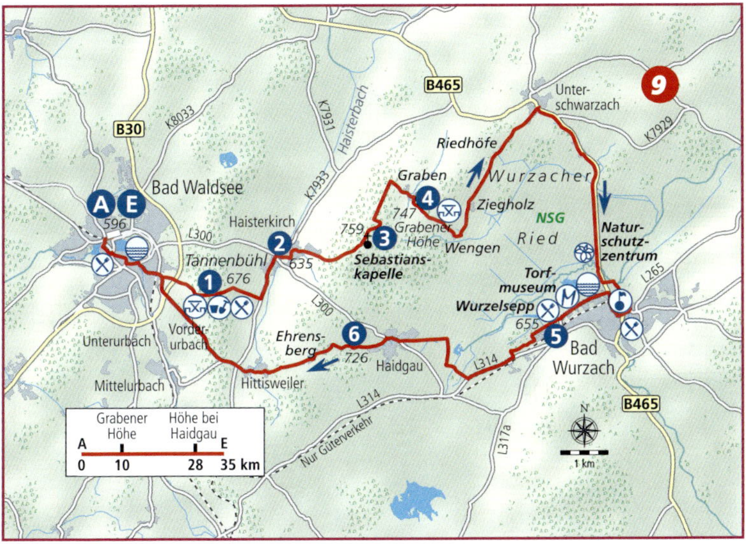
9
B465
B30
K8033
K7931
Haisterbach
Unter-
schwarzach
K7929
Riedhöfe
Graben
K7933
Wurzacher
Bad Waldsee
A
E
596
4
747
Ziegholz
NSG
Haisterkirch
L300
759
3
Grabener
Höhe
Wengen
Ried
Natur-
schutz-
zentrum
2
Tannenbühl
635
Sebastians-
kapelle
1
676
Torf-
museum
L265
Wurzelsepp
L300
655
Vorder-
urbach
Unterurbach
Ehrens-
berg
6
726
5
Bad
Wurzach
Haidgau
L314
Mittelurbach
Hittisweiler
L314
B465
N
Grabener
Höhe
Höhe bei
Haidgau
A
E
0
10
28
35 km
Nur Güterverkehr
L317a
1 km

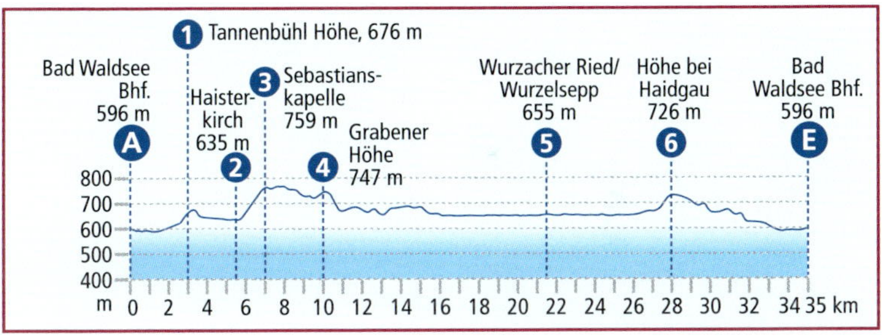
1 Tannenbühl Höhe, 676 m
Bad Waldsee
Bhf.
596 m
A
Haister-
kirch
635 m
2
3 Sebastians-
kapelle
759 m
4
Grabener
Höhe
747 m
Wurzacher Ried/
Wurzelsepp
655 m
5
Höhe bei
Haidgau
726 m
6
Bad
Waldsee Bhf.
596 m
E
800
700
600
500
400
m
0 2 4 6 8 10 12 14 16 18 20 22 24 26 28 30 32 34 35 km

Los geht's:

Vom Bahnhof in Bad Waldsee nach rechts fahren und an der nächsten Kreuzung nach links in die Innenstadt (Infos s. Tour 8). Geradeaus durch die schöne Altstadt radeln, dann den Wegweisern nach Biberach und Haisterkirch folgend durch das Wurzacher Tor aus dem mittelalterlichen Stadtkern hinaus und kurz darauf nach rechts Richtung Kurzentrum fahren. Der Hittisweiler Straße bergauf ein Stück folgen, bis nach links ein Wegweiser zum Tannenbühl zeigt.

Tannenbühl:
Der Tannenbühl ist ein bewaldeter Moränenhügel, die erste der Eiszeitzungen, die heute zu überqueren sind. Im Naherholungsgebiet Tannenbühl befinden sich Spiel- und Rastplätze, ein Kletterpark und verschiedene Gehege für Wildtiere. Das Schwarzwildgehege befindet sich gleich am Eingang, in unmittelbarer Nähe zum Parkplatz. Im späten Frühjahr, wenn die Frischlinge ihr neues Revier erobern, gibt es besonders viel für die Besucher zu beobachten. Aber auch Rot- und Gebirgswild wurde hier von der Stadtförsterei angesiedelt und fühlt sich auf dem Tannenbühl wohl. Der Kletterpark bietet neun verschiedene Strecken an, von einfach bis ganz schön schwierig. Sogar für kleine Kinder ab drei Jahren gibt es ein Angebot, den „Kiddy-Parcours". Der Kletterpark ist täglich geöffnet, www.abenteuer-kletterpark-tannenbuehl.de.

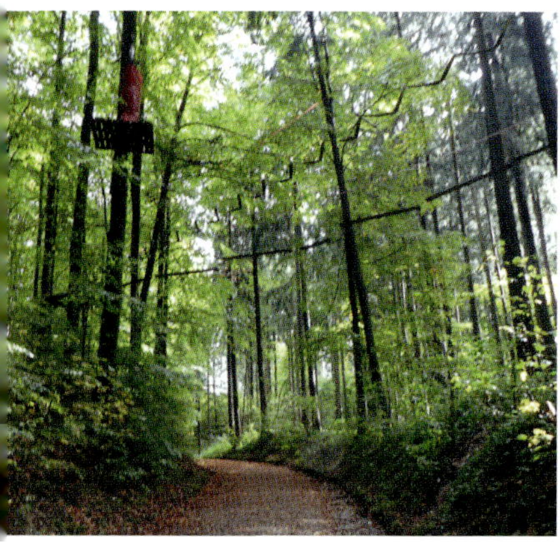

Am Kletterparcours geht's im Wald bergauf

Zur Sebastianskapelle:
Geradeaus am Kletterpark vorbei und teilweise unter den Kletterkonstruktionen hindurch auf einem befestigten Waldweg bergauf radeln. Am Ende des Waldes geht es bergab, an einer kleinen Kapelle links und nach Haisterkirch hinein. Hier an Kirche und Schule vorbei auf dem Sebastiansweg bergauf radeln. Der teilweise recht steile Weg dient ab dem Wasserhäusle auch als Kreuzweg hinauf an die Sebastianskapelle.

Sebastianskapelle:
Die kleine, dem heiligen Sebastian gewidmete Kapelle auf der Höhe zieht auch heute noch Wallfahrer an. Besonders an „Bastiane", dem 20. Januar, wird der Heilige in und um Haisterkirch gefeiert. Er gilt als einer der 14 Nothelfer und soll besonders bei Viehseuchen eine heilende Hand haben. Leider wurde aus der Kapelle alles, was nicht niet- und nagelfest ist, gestohlen. So abseits wie sie liegt, kann ja auch keiner ein Auge auf sie haben. Schade ist es dennoch. Immerhin: Die Deckengemälde sind noch da. Und eine besondere Stimmung herrscht auch. Rund um die Kapelle sind Ruhebänke aufgestellt.

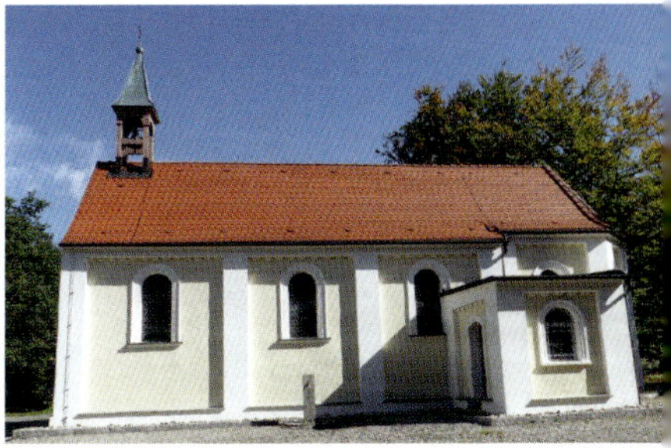

Die Sebastianskapelle steht mitten im Wald

Zur Grabener Höhe:
An der Kapelle geht es links – zunächst auf dem Radweg nach Ochsenhausen durch den Wald – dann aber rechts nach Graben und von dort auf dem Sträßchen noch einmal ordentlich bergauf zur Grabener Höhe.

Grabener Höhe:
Ja, man muss schnaufen und es gibt gewiss einfachere Wege nach Bad Wurzach. Aber: Die Aussicht ist phänomenal! Beim Blick zurück nach Norden über den Haistergau grüßt aus der Ferne der heilige Berg Oberschwabens, der Bussen bei Riedlingen. Hinter ihm ist die Blaue Mauer der Schwäbischen Alb zu sehen. Zur anderen Seite, nach Süden, ist das riesige Gebiet des Wurzacher Rieds ausgebreitet. Was für eine weite Fläche dieses Feuchtgebiet einnimmt, ist eigentlich nur von hier oben so richtig zu sehen. Dahinter wellen sich die Hügel des Allgäu und – an manchen Tagen zum Greifen nah – die schneebedeckten Alpengipfel. Auf der Höhe befindet sich auch ein Rastplatz, der allerdings schon etwas in die Jahre gekommen ist.

Nach Bad Wurzach:
In Rauschefahrt bergab nach Wenge, hier links und entlang des Wurzacher Rieds über Ziegolz und Riedhöfe nach Unterschwarzach radeln. Hier rechts und auf dem Radweg parallel zur Straße mitten durchs Naturschutzgebiet Wurzacher Ried nach Bad Wurzach fahren. Am Ortseingang geht es

noch vor der Brücke links zum Naturschutzzentrum. Durch einen Park führt der Weg um den Ort herum direkt dorthin. Wer sich das und das Städtchen sparen möchte, fährt nach der Brücke rechts.

Naturschutzzentrum Wurzacher Ried:
Auf anschauliche Weise wird hier vermittelt, wie ein Moor entsteht. In der Ausstellung „MOOR Extrem" können Besucher biologische und naturwissenschaftliche Phänomene in insgesamt neun Themenbereichen interaktiv entdecken und die Welt der Moore mit allen Sinnen erleben. Ganz wunderbar: Das Naturschutzzentrum Wurzacher Ried gibt nicht nur fachlich hochkarätige Erklärungen für Erwachsene, sondern man kann die interaktive Ausstellung auch kindgerecht erleben. So lernt man das Ried und seine Bewohnern spielerisch als spannenden, außergewöhnlichen und schützenswerten Lebensraum kennen. Öffnungszeiten täglich 10 bis 17 Uhr (im Sommer bis 18 Uhr) www.naturschutz.landbw.de, www.wurzacher-ried.de.

Ins Wurzacher Ried und zum Torfmuseum:
Vom Naturschutzzentrum vor zur Straße fahren, hier rechts und an Schloss und Schlosspark vorbeifahren. Danach der Straße in einer Rechtskurve folgen und noch ein Stück Richtung Biberach fahren. Geradeaus vorbei an der Bahnhofstraße – an diesem Bahnhof verkehrt nur ab und an ein Museumszug – und an der nächsten Kreuzung links. Nach rund 1 km geht es rechts zum Torfmuseum, zur Torfbahn, zur Gaststätte „Wurzelsepp" und hinein ins Wurzacher Ried. Es lohnt sich unbedingt, hier das Rad abzustellen und ein Stück auf einem der schmalen Pfade ins Ried hineinzuwandern.

Wurzacher Ried:
Vor 200 000 Jahren zwängte sich eine Eiszunge des risseiszeitlichen Rheingletschers durch das breite Tal zwischen dem Haisterkircher Rücken im Norden und dem Ziegelbacher Berg im Süden. Da sich der Gletscher seitlich nicht ausbreiten konnte, schürfte er ein tiefes Tal aus und ein mächtiger Wall bildete sich. Als das Eis schmolz, siedelten sich schwimmende Pflanzen an. Da sie nicht genug Sauerstoff bekamen, sanken sie zu Boden und wurden zu Torf. So entstand eines der größten Torfvorkommen der Region. Sehr viel später kamen die Menschen. Diese wollten gerne den Torf zum Heizen ihrer Häuser nutzen, denn im Winter war es bitterkalt. Entwässerungsgräben wurden gezogen, ein Torfwerk gegründet,

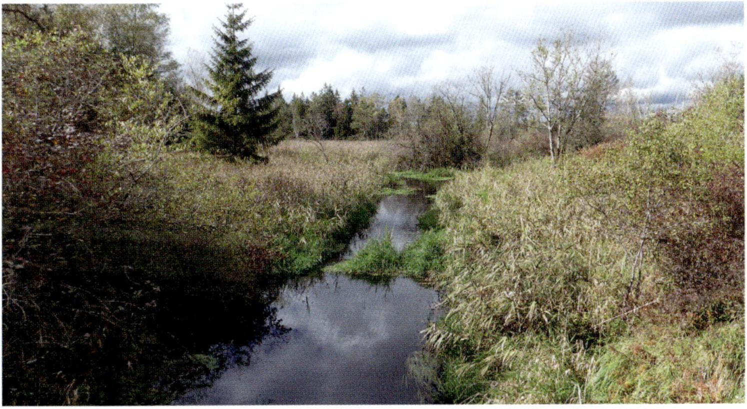

Das Wurzacher Ried

in dem immerhin fast hundert Menschen Arbeit fanden. Als das billige Erdöl von der arabischen Halbinsel kam, war der Torfabbau im Verhältnis zu teuer und zu wenig effektiv und wurde daher eingestellt. Wegen seiner besonderen ökologischen Bedeutung als größte intakte Hochmoorfläche in Mitteleuropa und seiner Vielfalt an unterschiedlichsten Moorlebensräumen wurde dem Wurzacher Ried 1989 das Europadiplom der Kategorie A verliehen. Im ehemaligen Torfwerk ist das Torfmuseum untergebracht. Die Torfbahn fährt an ausgewählten Sonntagen ins Moor. An diesen ist auch das Museum geöffnet.

Zurück nach Bad Waldsee:
Vom Torfmuseum und der Gaststätte „Wurzelsepp“ nach rechts fahren, um ein Firmengelände herum, dann ein Stück durchs Ried und nach links vor zur Straße. Einen knappen Kilometer auf dem Radweg entlang der Straße fahren, dann rechts und wieder durchs Ried und weiter nach Haidgau – Radwegweiser „Bad Waldsee“. Ordentlich bergauf nach Ehrensberg und genau so ordentlich bergab nach Hittisweiler – unser letzter Eiszeitmoränenrücken für heute. Von Hittisweiler auf der Straße über Vorderurbach nach Bad Waldsee zurückradeln. Am Kurgebiet vorbei, durch das Wurzacher Tor, durch den mittelalterlichen Stadtkern, an der Stadtkirche vorbei, noch ein Stück geradeaus bis zur Kreuzung. Hier rechts und nach ein paar Metern ist der Bahnhof erreicht.

Tour 10: Von Bad Waldsee nach Wolfegg

Durch die wellige Hügellandschaft des Allgäu mit herrlichem Panoramablick zu den Alpen führt diese Tour nach Wolfegg, wo im Bauernhaus-Museum Allgäuer Alltag von früher lebendig erhalten wird. Die Tour ist auch für Familien geeignet. Wer möchte, bummelt gemütlich mit dem Zug zurück. Wer noch eins drauf setzen möchte, kann mit Tour 11 kombinieren. Da alles asphaltiert ist, kann diese Tour auch mit dem Rennrad befahren werden.

Start- und Endpunkt: Bad Waldsee

Streckenverlauf:
Bad Waldsee – Ankenreute – Gwigg – Bergatreute – Witschwende – Talmühle – Höll – Wolfegg – Bahnhof Wolfegg – Alttann – Abetsweiler – Volkertshaus – Bad Waldsee

Anreise Zug: Bad Waldsee und Wolfegg liegen an der Bahnstrecke Aulendorf – Memmingen. Auskunft: www.bahn.de

: Bad Waldsee Bahnhof und Stadthalle

: Bad Waldsee Therme; Wolfegg am Loretopark

Gesamtstrecke: 34 km

Schwierigkeitsgrad:

: Höhendifferenz: 307 Hm

Dauer: 2,5 Stunden

Variante: mit dem Zug von Wolfegg zurück 20 km

Einkehrmöglichkeiten:
- in Bad Waldsee
- im Bauernhaus-Museum Wolfegg
- in Wolfegg
- in Alttann

Rastplätze:
- im Bauernhaus-Museum Wolfegg

Badeplätze:
- Stadtsee Bad Waldsee

Bad Waldsee am Bahnhof und neben der Tourist-Info; **Wolfegg** Bauernhausmuseum

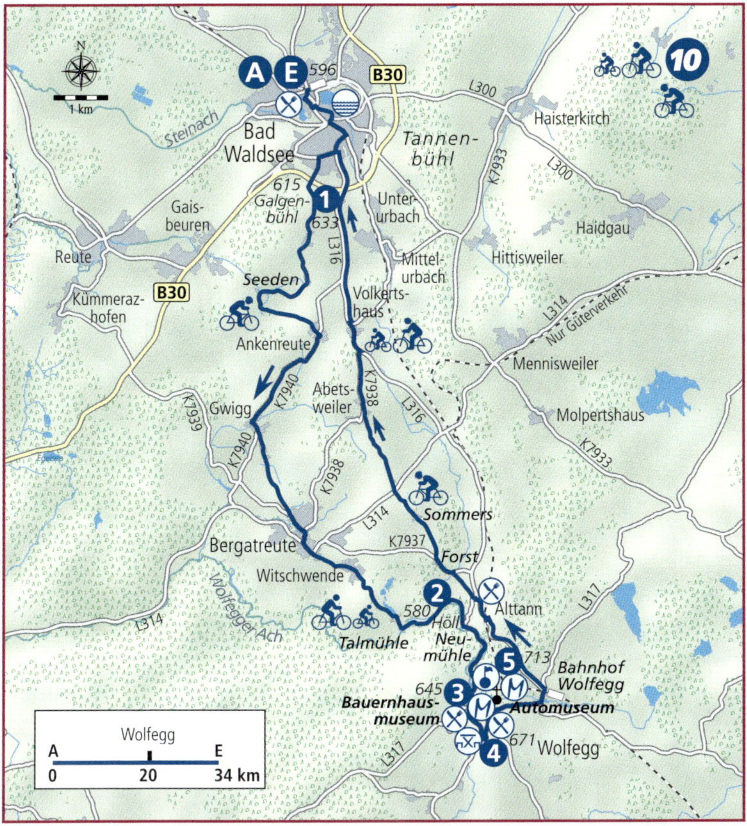
A
E
596
B30
1 km
Bad Waldsee
Steinach
Tannen-bühl
L300
Haisterkirch
10
615
Galgen-bühl
633
1
Unter-urbach
K7933
Gais-beuren
Reute
L316
Mittel-urbach
Hittisweiler
Haidgau
Seeden
B30
Kümmeraz-hofen
Volkerts-haus
L314
Nur Güterverkehr
Ankenreute
Mennisweiler
Gwigg
K7940
Abets-weiler
K7938
L316
Molpertshaus
K7939
K7940
K7938
K7933
L314
Sommers
Bergatreute
K7937
Forst
Witschwende
Wolfegger Ach
2
580
Alttann
L317
L314
Talmühle
Höll
Neu-mühle
5
713
Bahnhof Wolfegg
645
3
Bauernhaus-museum
Automuseum
Wolfegg
A
E
0
20
34 km
671
4
Wolfegg
L317

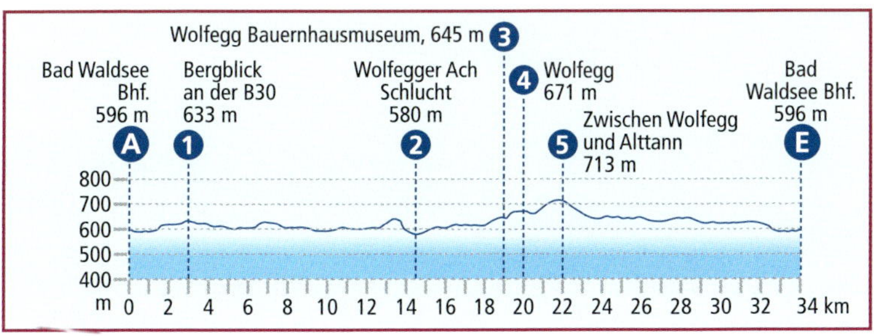
Wolfegg Bauernhausmuseum, 645 m 3
Bad Waldsee Bhf. 596 m A
Bergblick an der B30 633 m 1
Wolfegger Ach Schlucht 580 m 2
4 Wolfegg 671 m
5 Zwischen Wolfegg und Alttann 713 m
Bad Waldsee Bhf. 596 m E
800
700
600
500
400
m
0 2 4 6 8 10 12 14 16 18 20 22 24 26 28 30 32 34 km

Los geht's:

Vom Bahnhof in Bad Waldsee nach rechts fahren und an der nächsten Kreuzung nach links in die Innenstadt radeln. Geradeaus hindurch, dann den Wegweisern nach Bergatreute folgend nach dem Spital rechts und auf der Hauptstraße aus dem Stadtkern hinaus zur Umgehungsstraße radeln. Hier links und bergauf zum Schulzentrum fahren. Am Schulzentrum die Landesstraße nach Wolfegg nach rechts verlassen, auf der Richard-Wagner-Straße an der Bushaltestelle vorbei ein Stück geradeaus fahren, danach links in den Rotkreuzweg einbiegen und diesem bis zum Ende der Bebauung folgen. Auf einer Brücke die B 30 überqueren. Und bereits hier, am Galgenbühl, gerade mal ein paar Meter draußen aus der Stadt, grüßen uns schon die Berge. Das ganze Alpenpanorama liegt leuchtend vor uns. Wer da keine Lust zum Radeln bekommt, dem ist nicht mehr zu helfen! Auf diese beeindruckende Kette von Bergen radeln wir zu. Das Sträßchen und der Donau-Bodensee-Weg, auf dem wir uns befinden, führt kurvenreich übers Land. Die Berge immer wieder fest im Blick radeln wir über Seeden und Ankenreute nach Gwigg. Hier am Bushäusle links und gleich wieder rechts und weiter über Land nach Bergatreute und von dort nach Witschwende. Jetzt geht's hinunter an die Wolfegger Ach. Auf einem Sträßchen bis zur Talmühle, danach links und direkt an Ach entlang in die Schlucht hinein.

Wolfegger Ach und Höll:
Beeindruckend, wie sich hier das Wasser einen Weg gegraben hat.

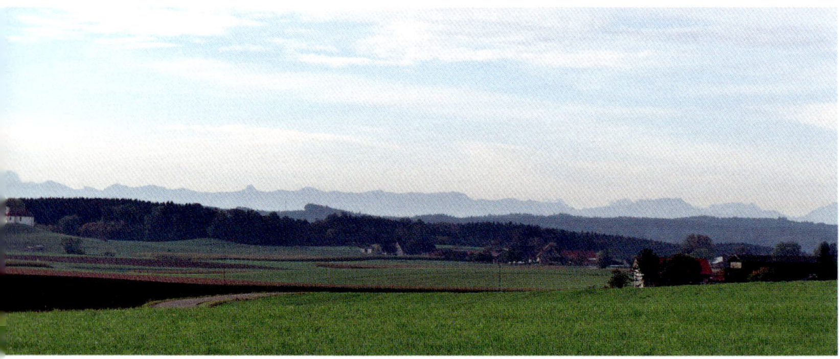

Alpenpanorama bei Bad Waldsee

Tief eingeschnitten ist die Schlucht der Wolfegger Ach. Von Zeit zu Zeit tritt sie hier auch mal über das Ufer und flutet den Weg. Dann ist kein Durchkommen mehr. Aber wenn der Weg frei ist, dann ist dieser Teil der Radtour spektakulär schön. Rechts und links ragen die Wände der Schlucht auf und mitten drin tobt das Wasser der Wolfegger Ach.

Zum Bauernhaus-Museum Wolfegg:
Bei der Höll kommt der Weg wieder auf eine Straße. Dieser Straße an der Neumühle vorbei bis zu ihrer Einmündung in die Landesstraße folgen. Hier links, noch ein Stück bergauf und in der nächsten Kurve nach links zum Bauernhaus-Museum Wolfegg abbiegen. Es sind von hier nur ein paar Meter bis zum Eingang.

Bauernhaus-Museum Allgäu-Oberschwaben Wolfegg:
Hierher nach Wolfegg wurden Bauernhäuser aus dem ganzen Allgäu versetzt. An ihrem Original-Standort abgebrochen, im Freilichtmuseum neu aufgebaut und liebevoll restauriert, legen sie heute Zeugnis vergangener Tage ab. Bereits seit über 30 Jahren werden hier alte Häuser neu aufgebaut. Respektable Bauernhäuser, eingerichtet wie anno dazumal,

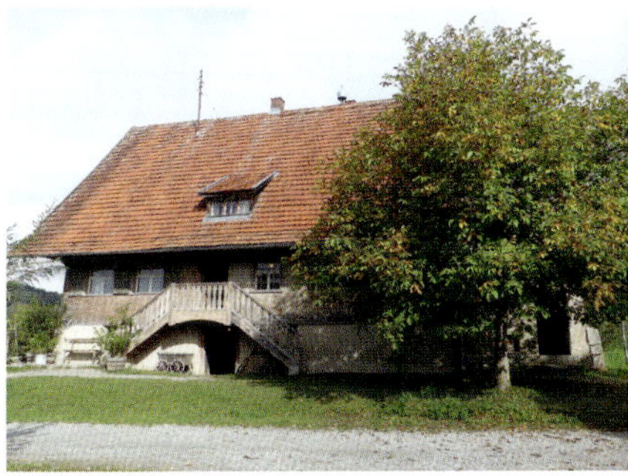

Historische Bauernhäuser aus dem Allgäu …

Tennen mit Gerätschaften aller Art, Hühnerställe, Bienenhäuser, Windräder und Trafostation, Bauerngärten und Vieh – auf dem weitläufigen Gelände gibt es allerlei zu entdecken. In der Zehntscheuer aus Gossenried, einem imposanten Gebäude gleich beim Eingang des Museums, finden wechselnde Ausstellungen und Veranstaltungen zur ländlichen Geschichte des

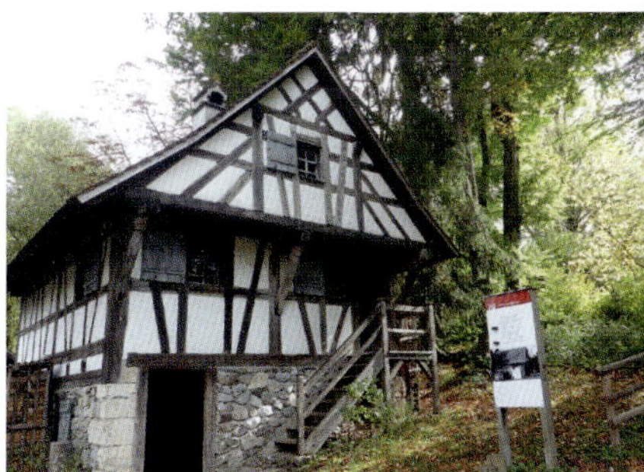

… bringen vergangene Zeiten nahe

Allgäu statt. Auf dem Gelände gibt es auch eine Gastwirtschaft sowie Rastplätze. Familien können Bollerwagen mieten und mit Sack und Pack losziehen. Und wo immer man neugierig hineinschaut, gibt es Fragen und Rätsel, Dokumentationen und Bilder, Fahrzeuge und Maschinen, Werkzeuge und Gerätschaften und vieles mehr zu entdecken. Öffnungszeiten Mai bis September täglich 10 bis 18 Uhr; März, April, Oktober, November Dienstag bis Sonntag 10 bis 17 Uhr, www.bauernhausmuseum-wolfegg.de.

Nach Wolfegg:
Wer mit Tour 11 kombinieren möchte, fährt vom Museum nach rechts weg. Ansonsten nach links und auf der Straße bergauf bis nach Wolfegg fahren. Direkt in der Ortsmitte befindet sich das Schlosscafé. Nach links geht es zum Schloss, zur Pfarrkirche und zum Automuseum Wolfegg.

Wolfegg:
Das Schloss aus dem 16. Jahrhundert ist das beherrschende Gebäude des Ortes. Geöffnet ist es nur zweimal im Jahr zu großen internationalen Konzertreihen. Im Alltag wohnt hier die fürstliche Familie. Die Pfarrkirche Sankt Katharina kann hingegen besichtigt werden. Sie gilt als eine der prächtigsten Barockkirchen Oberschwabens. Geschmückt mit Fresken und Stuck bietet sie besonders an einem sonnigen Vormittag einen

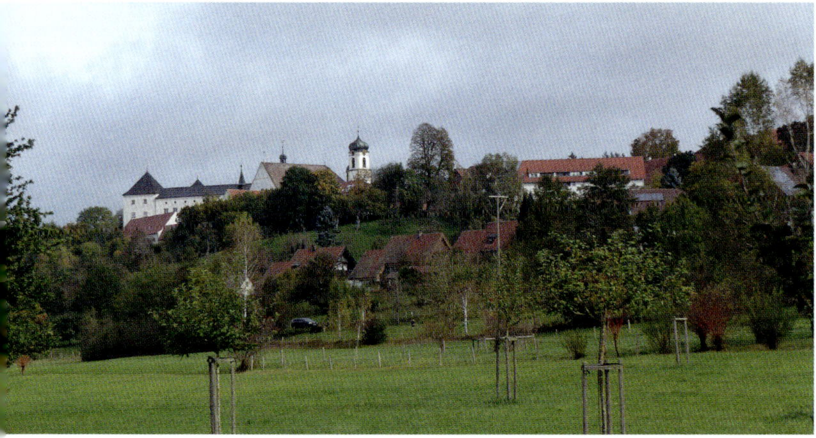

Reizvoll liegt Wolfegg auf einer Anhöhe

lichtdurchfluteten wundervollen Anblick. In einem Nebengebäude des Schlosses befindet sich das Automuseum Wolfegg. Es beherbergt Oldtimer verschiedener Epochen mit einem Schwerpunkt auf Automobilen der 1960er- bis 1980er-Jahre. Aber auch Gegenstände, die den Zeitgeist widerspiegeln wie beispielsweise Telefonzellen oder frühe Computer sind in diesem Museum ausgestellt. Öffnungszeiten: April bis Mitte November täglich 10 bis 18 Uhr, Mitte November bis März täglich 11 bis 17 Uhr, www.automuseum-wolfegg.de.

Zum Bahnhof Wolfegg:
Auf der Straße durch den Ort geradeaus weiterfahren. Nach rund 500 Metern ist links der Schlossgarten mit der Orangerie zu sehen. In dieser finden immer mal wieder Konzerte statt. Von hier noch einmal rund 1 km geradeaus fahren. Dann weist ein Schild den Weg zum Bahnhof nach rechts. Und da ist er dann schon auch gleich.

Zurück nach Bad Waldsee:
Statt zum Bahnhof Wolfegg nach rechts zu fahren, geht es nach dem Queren der Eisenbahnlinie links und auf dem Radweg parallel zur Straße nach Alttann. In Alttann auf der Straße bis zum Ortsende

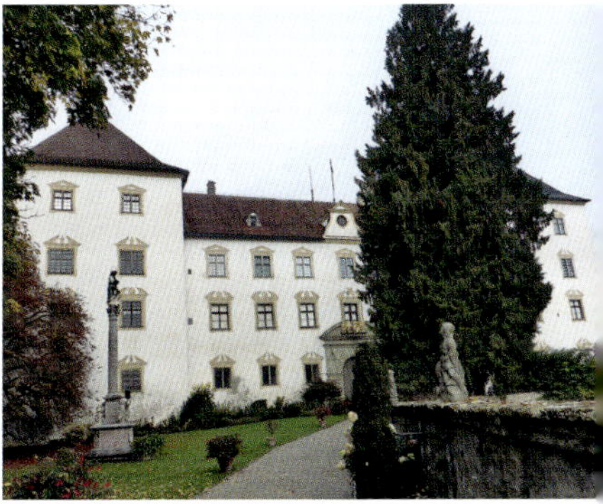

Schloss Wolfegg wurde im Stil der Renaissance erbaut

fahren, hier am Sportplatz links, um den Sportplatz herum und vor zur nächsten Straße fahren. Hier links und auf der Straße ein paar Meter bis zum Weiler Forst. Dann nach rechts auf ein kleines Sträßchen – Vorsicht: Kein Schild! – abbiegen und auf diesem Sträßchen schön durch Weiden, Wiesen und Felder über den Weiler Sommers bis zur nächsten Straße fahren. Diese überqueren und weiter übers Land nach Abetsweiler fahren. Auch hier geradeaus weiterradeln bis zur Einmündung der Straße in die Landesstraße nach Bad Waldsee. Bei Volkertshaus auf den Radweg längs der Landesstraße wechseln und auf diesem nach Bad Waldsee hineinradeln. Dann wie auf dem Hinweg durch die Altstadt zurück zum Bahnhof radeln.

Tour 11: Nach Wolfegg und Waldburg

Eine recht sportliche Tour durch Wald und Feld, hügelauf, hügelab durchs Allgäu. Unterwegs gibt es das Bauernhaus-Museum Oberschwaben-Allgäu in Wolfegg, den Stammsitz der Fürsten zu Waldburg, eine große Käserei in Wangen-Leupolz und einen romantischen Badesee zu entdecken. Wer's gemütlich möchte, fährt von Wolfegg mit dem Zug zurück.

Start- und Endpunkt: Kißlegg

Streckenverlauf:
Kißlegg – Rötenbach – Wolfegg – Grund – Waldburg – Klosterhof Eggenreute – Karsee – Leupolz – Sommersried – Kißlegg

Anreise Zug: Kißlegg und Wolfegg liegen an der Bahnstrecke Aulendorf – Memmingen und von Kißlegg geht es auch über Wangen nach Lindau.
Auskunft: www.bahn.de

: Kißlegg Bahnhof und am Obersee; Wolfegg Bahnhof

: Kißlegg am Strandbad Obersee, am Premer Weiher und am Loretopark

Gesamtstrecke: 42 km

Schwierigkeitsgrad: ;
Höhendifferenz: 464 Hm

Dauer: 3 Stunden

Variante: mit dem Zug von Wolfegg zurück 15 km

Einkehrmöglichkeiten:
- in Kißlegg
- „Café am Schlossplatz" in Wolfegg
- im Bauernhaus-Museum Wolfegg
- Klosterhof Eggenreute

Rastplätze:
- im Bauernhaus-Museum Wolfegg

Badeplätze:
- Obersee Kißlegg
- Karsee

Kißlegg hinterm Rathaus; **Wolfegg** Bauernhausmusem

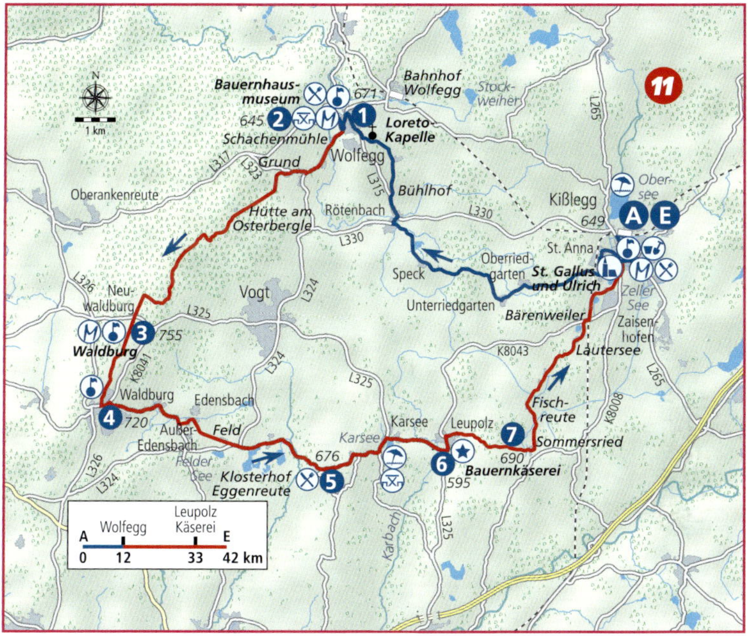
11
Bauernhaus-
museum
645
2
Schachenmühle
671
1
Loreto-
Kapelle
Bahnhof
Wolfegg
Stock-
weiher
L265
1 km
Grund
Wolfegg
L317
L323
L315
Bühlhof
Oberankenreute
Hütte am
Osterbergle
Rötenbach
L330
Kißlegg
649
Ober-
see
A
E
St. Anna
Oberried-
garten
St. Gallus
und Ulrich
Speck
L326
Neu-
waldburg
Vogt
L324
Unterriedgarten
Zeller
See
Bärenweiler
L325
3
755
Waldburg
K8041
Zaisen-
hofen
K8043
Lautersee
L324
L325
Fisch-
reute
Waldburg
Edensbach
4
720
Außer-
Edensbach
Feld
Karsee
Leupolz
7
690
Sommersried
K8008
L265
Karsee
676
Felder
See
Klosterhof
Eggenreute
5
6
Bauernkäserei
595
L326
L324
Karbach
L325
Wolfegg
Leupolz
Käserei
A
E
0
12
33
42 km

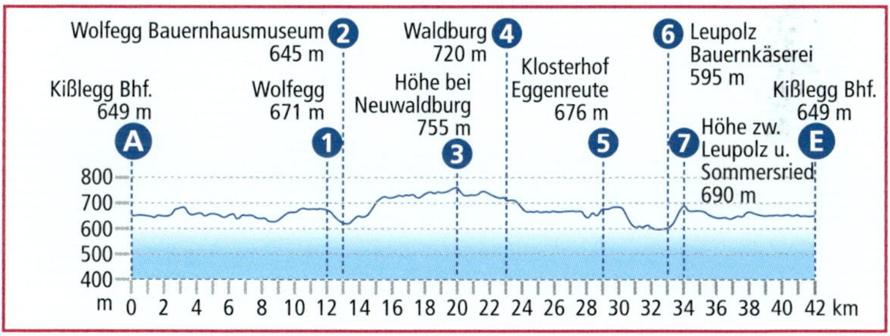
Wolfegg Bauernhausmuseum 2
645 m
Waldburg 4
720 m
6 Leupolz
Bauernkäserei
595 m
Kißlegg Bhf.
649 m
A
Wolfegg
671 m
1
Höhe bei
Neuwaldburg
755 m
3
Klosterhof
Eggenreute
676 m
5
Kißlegg Bhf.
649 m
E
7
Höhe zw.
Leupolz u.
Sommersried
690 m
800
700
600
500
400
m
0 2 4 6 8 10 12 14 16 18 20 22 24 26 28 30 32 34 36 38 40 42 km

Los geht's:

Vom Bahnhof in Kißlegg nach links fahren, der Straße im Bogen folgen und am Schlosspark entlangradeln. Am Ende der Straße rechts auf die Hauptverkehrsstraße, an der Hauptkreuzung im Ort jedoch geradeaus in die verkehrsberuhigte Zone Richtung Kirche fahren.

Pfarrkirche Sankt Gallus und Ulrich:
Die fast 500 Jahre alte, nach dem Brand des Marktfleckens Kißlegg im Jahr 1548 errichtete gotische Kirche wurde 1734–1738 von dem bekannten Baumeister Johann Georg Fischer barock umgebaut. Gemeinsam mit den Künstlern Johann Schütz, Anton Erler und Benedikt Gambs dem Jüngeren entstand eine der schönsten und heitersten Barockkirchen des Allgäus und Oberschwabens. Die Kirche steht wie auf einem kleinen Inselchen erhöht über dem Zellersee und ist schon von Weitem zu sehen.

Nach Wolfegg:
An der Kirche vorbei, danach rechts und zur Vorstadt Sankt Anna fahren. An der Kapelle Sankt Anna links und am Ufer des Zellersees entlang nach Pfaffenweiler radeln. Hier rechts und bergauf zunächst durch Wald, dann übers freie Feld nach Oberriedgarten radeln. Mit prächtigem Blick auf die Berge im Süden geht es kurvenreich durch die Hügel auf kleinen Sträßchen nach Unterriedgarten, Speck und Rötenbach. In Rötenbach über die Brücke fahren und nach rechts auf die Landesstraße nach Wolfegg einbiegen. Auf ihr ein kurzes Stück bergauf fahren. Am nächsten Hof, dem Bühlhof, nochmal rechts Richtung Bahnhof Wolfegg abbiegen. Noch ein Stück bergauf, dann, auf der Höhe, nach links Richtung Loreto-Kapelle fahren, dem höchsten Punkt in Wolfegg. Der Weg mündet etwas unterhalb von ihr wieder in die Landesstraße. Auf ihr bis zur Ortsmitte fahren (Infos zu Wolfegg und zum Bauernhaus-Museum s. Tour 10). In der Ortsmitte links auf die Straße nach Ravensburg wechseln, diese jedoch in der nächsten Rechtskurve schon wieder verlassen und den Wegweisern zum Bauernhaus-Museum folgen. Wer nach dem Besuch des Bauernhaus-Museums genug geradelt ist, fährt zurück nach Wolfegg und auf der Straße durch den Ort Richtung Bad Waldsee. Rund 1 km außerhalb von Wolfegg liegt der Bahnhof, von dem stündlich ein Zug zurück nach Kißlegg fährt.

Nach Waldburg:
Am Bauernhaus-Museum vorbei auf der Straße bergab bis zur Scha-

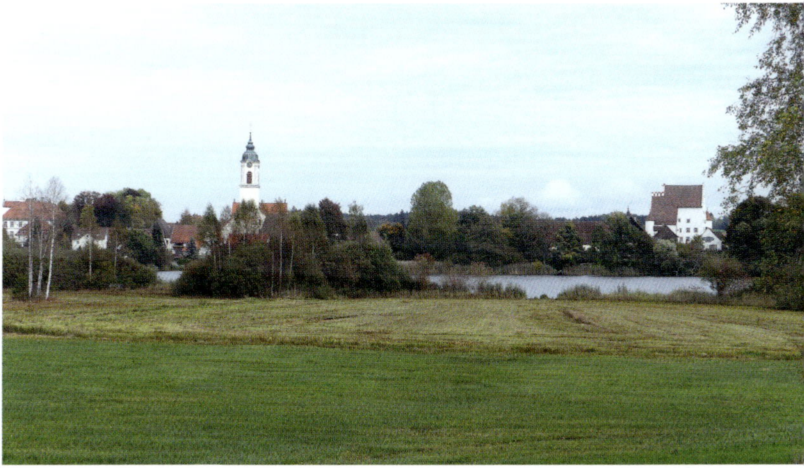

Blick auf Kißlegg

chenmühle und von dort wieder bergauf nach Grund fahren. In Grund die Straße verlassen und weiter bergauf zum Waldrand strampeln. Am Waldrand angekommen, halb rechts halten und in den Wald hineinfahren. Immer auf diesem Weg bleiben. Nach rund 1 km ist rechts eine forstliche Hütte zu sehen: Die Hütte am Osterbergle. Von hier noch einmal rund 1 km geradeaus durch den Wald radeln. Dann geht es rechts und gleich wieder links. Nach wiederum rund 2 km durch den Wald geradeaus über eine Kreuzung von Wanderwegen und 300 Meter nach der Kreuzung links nach Neuwaldburg fahren. Kurz darauf kommt die Waldburg in Sicht. Zunächst darauf zu halten, aber weiter auf dem Sträßchen bleiben. Dann, die Waldburg liegt inzwischen eher rechts, ist ein Weg erreicht, an dem Aussichtsbänke stehen. Und die Aussicht hier hat es auch in sich: Prachtvoll und majestätisch liegen die Berge vor uns. Unter uns die Häuser von Waldburg. Ausgebreitet das hügelige Allgäuer Land zu Füßen. Und rechts die alte Burg.

Mittelalterliche Erlebniswelt Schloss Waldburg:
Der Stammsitz der Truchsessen und Reichsfürsten Waldburg stammt aus dem 12. Jahrhundert, ist also schon fast tausend Jahre alt. Ihr berühmtester und auch be-

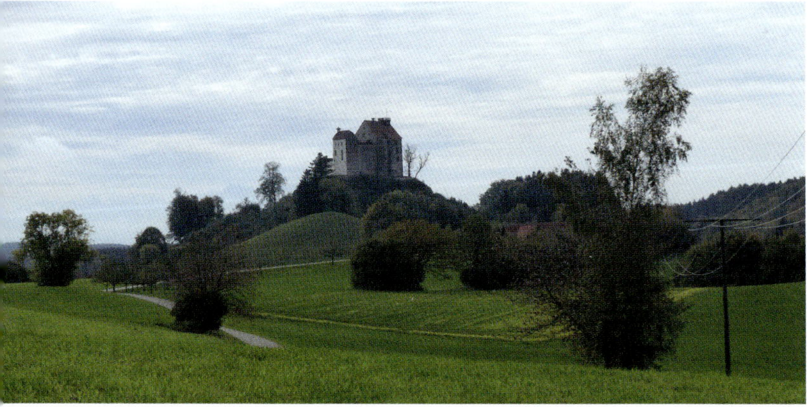

Hoch thront die Waldburg über dem Land

rüchtigster Vertreter war zweifellos Truchsess Georg III., genannt der Bauernjörg. Er kommandierte die Truppen des Schwäbischen Bundes, die dem Bauernaufstand um 1525 ein blutiges Ende bereiteten. Bis ins 16. Jahrhundert hinein wohnte die fürstliche Familie hier auf der Burg. Dann baute sie das Schloss in Wolfegg und zog um. Die Waldburg gilt als eine der besterhaltenen mittelalterlichen Burganlagen und kann besichtigt werden. Wer mag, kann hier auch Hochzeit oder Rittergelage feiern. Max Haller, der „Ritter“ der Waldburg und seine Familie, die die mittelalterliche Erlebniswelt auf Schloss Waldburg betreiben, wurden mit der Auszeichnung „Tourismusheld Baden-Württemberg“ für ihre großartige Arbeit bedacht. In der Waldburg ist ein Museum eingerichtet, das auch kindgerechte Führungen mit gruseligen Gespenstergeschichten unter dem Dach und Ritterspielen im Burginnenhof anbietet. Erwachsene können Kopien der Reichsinsignien des heiligen Römischen Reiches Deutscher Nation sowie Kartenmaterial der ersten Amerika-Karte bewundern. Denn der erste Kartograf der neuen Welt kam aus Waldburg. Und auf dem Dach gibt es einen INSTA SELFIE POINT mit herrlichem Alpenpanorama.

Öffnungszeiten: Pfingsten bis Mitte September, Dienstag bis Sonntag 10 bis 18 Uhr. Mitte September bis Dreikönig und Ostern bis Pfingsten, Samstag und Sonntag 10 bis 18 Uhr. www.schlosswaldburg.de

Nach Eggenreute:
Von dem schönen Aussichtspunkt geht es den Schlossberg hinunter bis zur Hauptstraße. Wer zur Burg möchte, fährt hier rechts und muss dann noch ein gutes Stück zu Fuß aufsteigen. Ansonsten geht es an der Hauptstraße links und kurz darauf rechts Richtung Amtzell. Vorbei an Planetenweg, Schulzentrum und Sternwarte radeln wir weiter bergab nach Edensbach. Kurz nach Edensbach weist ein Schild den Weg nach links nach Außer-Edensbach. Hier links und in Außer-Edensbach rechts nach Feld – Wanderwegweiser „Karsee". In Feld wieder auf die Landesstraße wechseln und auf ihr an Baggersee und Kieswerk vorbei ordentlich bergauf bis zur nächsten Kreuzung fahren.

Klosterhof Eggenreute:
Hier liegt rechts der Klosterhof Eggenreute. Seit 1155 an dieser Stelle, war der Klosterhof lange im Besitz des Klosters Weingarten. Heute ist es eine Gastwirtschaft, die ihresgleichen sucht, sowohl was das leckere Essen als auch das tolle Ambiente angeht. Deutsche Wirtshauskultur und heimische Küche, gekocht nach alten Rezepten. Die Lebensmittel kommen aus der Region – aus Waldburg und Wangen, aus Leupolz und Lindau. Außerdem hat Familie Matheis einen eigenen Bauerngarten eingerichtet, in dem Gemüse und Salat gedeihen. Die Aussicht im Biergarten ist phänomenal.
www.eggenreute.de

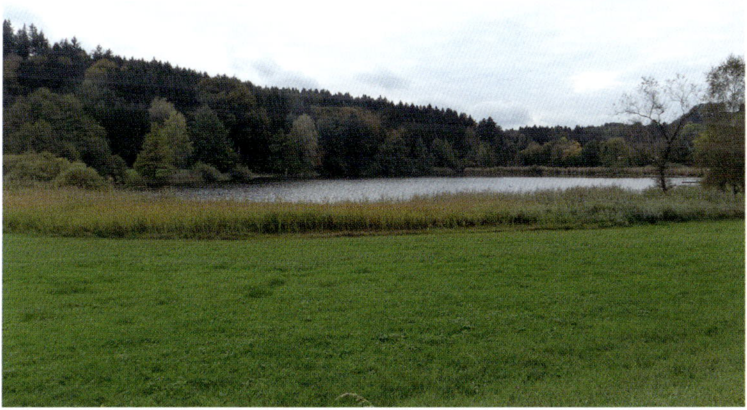

Ein schönes Plätzchen: der Karsee

Nach Leupolz:
Von der Höhe am Klosterhof Eggenreute geht es wieder bergab und zum Karsee, in dem auch gebadet werden darf. In der Ortsmitte geht es rechts Richtung Wangen und auf der Straße bis zum nächsten Ort, nach Leupolz.

Bauernkäserei Leupolz:
In Leupolz steht eine der größten Käsereien der Allgäuer Region. In der Bauernkäserei Leupolz werden pro Jahr rund 42 Mio. kg Milch verarbeitet, davon 6 Mio. kg als Biomilch. Es ist eine Genossenschaft, welche von 170 Landwirten der Region getragen wird. Aus der Emmentaler Milch werden berühmte Käsesorten wie Allgäuer Emmentaler oder Allgäuer Bergkäse hergestellt. Nachhaltigkeit ist hier Programm. Ein Einkauf im Direktverkaufsladen ist für jeden Käseliebhaber eine köstliche Pflicht. Auf Wunsch wird Sahne oder Milch direkt frisch gezapft. Öffnungszeiten: Dienstag bis Donnerstag 9 bis 12.30 Uhr, Freitag 9 bis 18 Uhr, Samstag 8 bis 12 Uhr, www.kaeserei-leupolz.com.

Zurück nach Kißlegg:
In Leupolz links in den Ort hineinfahren. In der Ortsmitte rechts abbiegen – Wegweiser „Buchen“ und „Bayuns“, dann aber gleich wieder rechts nach Sommersried. Es geht ordentlich bergauf und nach Sommersried genauso ordentlich

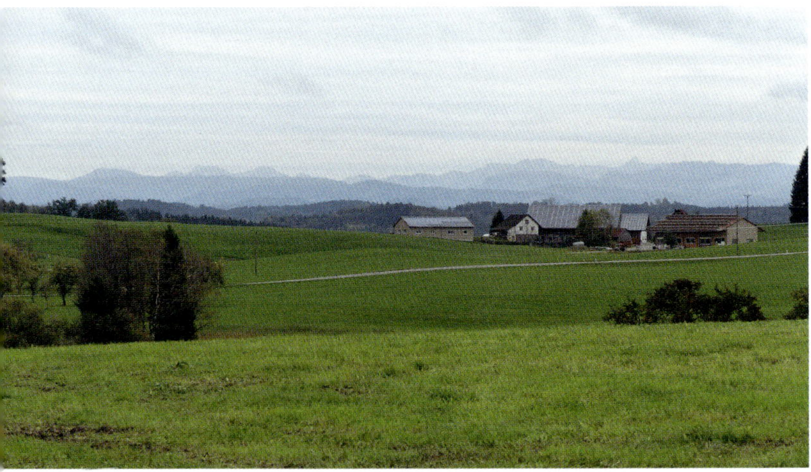

Bergblick bei Sommersried

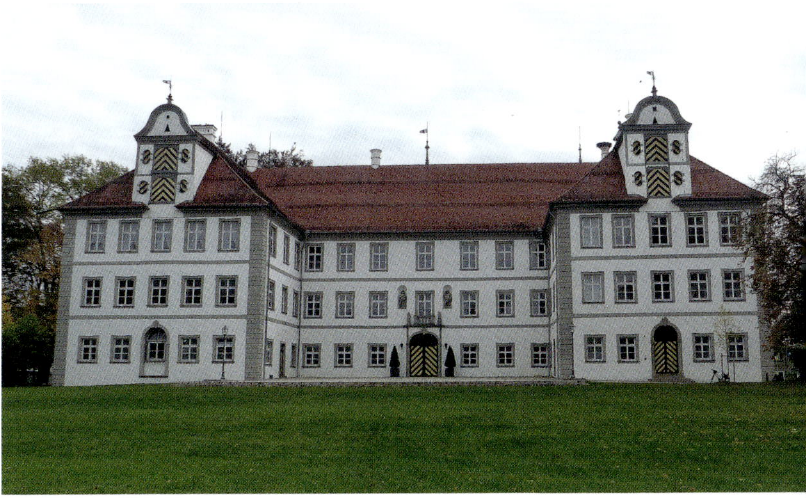

Prachtvoll: Schloss Kißlegg

wieder bergab. In Sommersried links auf den Radweg nach Kißlegg einbiegen. Über Fischreute, wo Graf Zeppelin ein Denkmal gesetzt wurde, Lautersee und Bärenweiler geht es zurück nach Kißlegg. In der Ortsmitte geradeaus bis zum Schloss fahren.

Neues Schloss Kißlegg:
Das dreigeschossige Neue Schloss wurde in den Jahren 1721–1727 nach einem Entwurf des Füssener Baumeisters Johann Georg Fischer erbaut. Das Treppenhaus ist mit acht überlebensgroßen Sibyllenskulpturen von Joseph Anton Feuchtmayer (1696–1770) geschmückt. Wie auch bei der Pfarrkirche hat Stuckmeister Johann Schütz für prächtige Stuckdecken gesorgt. Öffnungszeiten: April bis Oktober Dienstag, Donnerstag, Freitag 14 bis 17 Uhr, Sonn- und Feiertag 13 bis 17 Uhr. Schlossführung: Sonntag 15 Uhr, www.kisslegg.de.
Der Schlossgarten mit seinen Spazierwegen, Blumenbeeten und Wasserspielen ist für die Öffentlichkeit zugänglich. Hier befinden sich auch Spielplätze für Kinder.

Zurück zum Bahnhof:
Vom Schloss geradeaus bis zur Bahnlinie fahren. Vor dem Bahnübergang rechts und zurück zum Bahnhof radeln.

Tour 12: Allgäuer Runde

Viel Natur, ruhige Sträßchen, idyllische Badeplätze und beschauliche Städtchen zeichnen diese Tour aus. Hügelauf, hügelab geht es durch das württembergische Allgäu. Immer wieder präsentieren sich die Berge in der Ferne. Diese Tour ist auch gut mit dem Rennrad fahrbar.

Start- und Endpunkt: Kißlegg

Streckenverlauf:
Kißlegg – Herrot – Leutkirch – Herlazhofen – Badsee – Schwanden – Isny – Christazhofen – Waltershofen – Kißlegg

Anreise Zug: Kißlegg und Leutkirch liegen an der Bahnstrecke Aulendorf – Memmingen und von Kißlegg geht es auch über Wangen nach Lindau. Auskunft: www.bahn.de

: Kißlegg Bahnhof, am Obersee; Leutkirch Bahnhof, am Freibad

: Kißlegg Strandbad Obersee; Am Ellerazhofer Weiher; Leutkirch Freibad; Herlazhofen Moorbad und Naturweiher; Allmisried am Badsee; Isny am Waldbad; Feriendorf Center Parcs Allgäu

Gesamtstrecke: 59 km

Schwierigkeitsgrad: ;
Höhendifferenz: 508 Hm

Dauer: 4 Stunden

Variante: mit dem Zug von Leutkirch zurück 15 km

Die Tour ist auch von Leutkirch aus möglich.

Einkehrmöglichkeiten:
- in Kißlegg
- am Ellerazhofer Weiher
- „Hirsch" in Heggelbach
- in Leutkirch
- am Badsee
- in Isny

Badeplätze:
- Obersee Kißlegg
- Ellerazhofer Weiher
- Moorbad Herlazhofen
- Badsee

Kißlegg hinterm Rathaus; **Leutkirch** am Bahnhof, bei „Allgäu Sports" Poststr. 5 und „Veloce-Radladen" Brühlstr. 16; **Isny** beim Kurhaus am Park Unterer Grabenweg 18

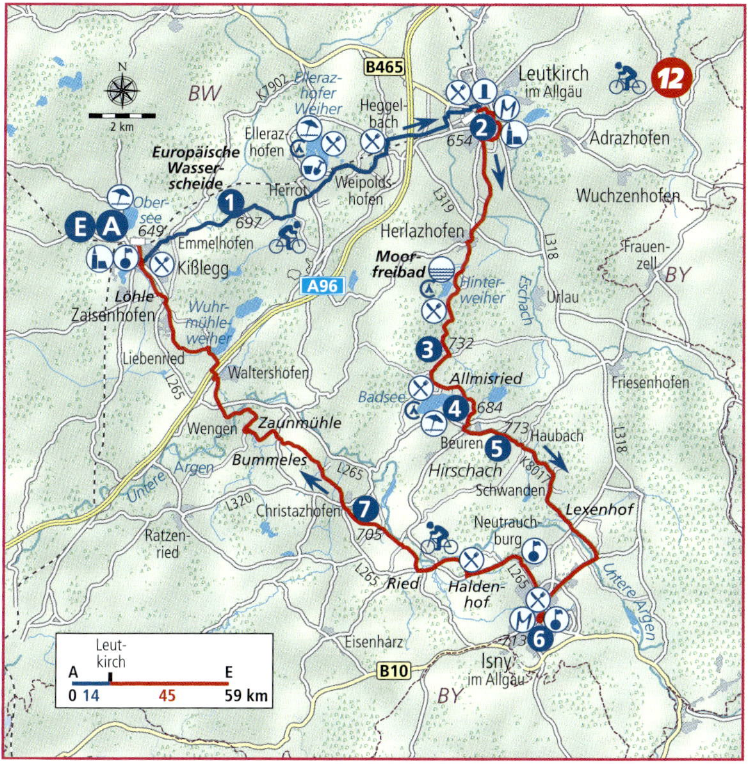
Leutkirch im Allgäu
12
BW
B465
K7902
Elleraz-hofer Weiher
Heggel-bach
2 km
Elleraz-hofen
654
Adrazhofen
Europäische Wasser-scheide
Herrot
Weipolds-hofen
Wuchzenhofen
Ober-see
649
697
L319
Herlazhofen
E A
Emmelhofen
Frauen-zell
BY
Kißlegg
Moor-freibad
L318
Hinter-weiher
Eschach
Urlau
Löhle
Zaisenhofen
Wuhr-mühle-weiher
A96
732
Liebenried
Waltershofen
Allmisried
Friesenhofen
L265
Badsee
684
Wengen
Zaunmühle
773
Haubach
Beuren
L318
Untere Argen
Bummeles
L265
Hirschach
K8017
Schwanden
L320
Christazhofen
Lexenhof
Ratzen-ried
705
Neutrauch-burg
L265
Ried
Halden-hof
L265
Untere Argen
Eisenharz
713
Isny im Allgäu
B10
BY
Leut-kirch
A
E
0 14
45
59 km

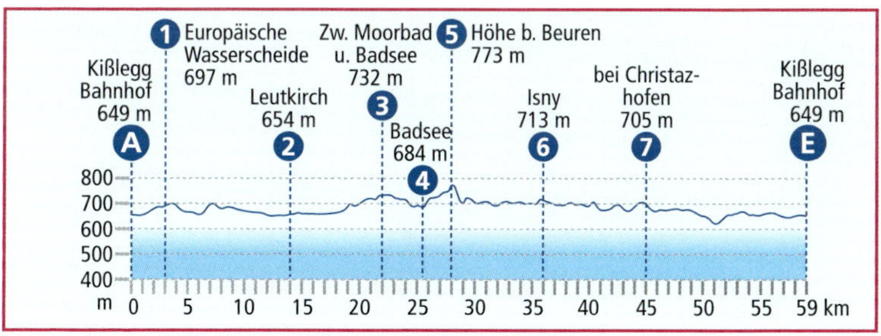
1 Europäische Wasserscheide 697 m
Zw. Moorbad u. Badsee 732 m
5 Höhe b. Beuren 773 m
Kißlegg Bahnhof 649 m
Leutkirch 654 m
3
Badsee 684 m
Isny 713 m
bei Christaz-hofen 705 m
Kißlegg Bahnhof 649 m
A
2
4
6
7
E
800
700
600
500
400
m
0 5 10 15 20 25 30 35 40 45 50 55 59 km

Los geht's:

Vom Bahnhof Kißlegg nach links weg und am Schlosspark entlang vor zur Straße radeln. Hier links – Wegweiser „Leutkirch-Emmelhofen“. Auf der Kreisstraße nach Emmelhofen fahren und dann nach rechts auf ein kleines Sträßchen einbiegen. Der Radweg nach Leutkirch ist bestens ausgeschildert, führt hügelig durchs Land und bietet wunderbare Blicke unterwegs. Über winzig kleine Weiler nach Herrot radeln. Wer zum Baden will, muss zum Ellerazhofer Weiher links nach Ellerazhofen abbiegen. Dort befinden sich auch eine Gaststätte, ein Spielplatz und ein Campingplatz. Der Radweg nach Leutkirch führt geradeaus durch Herrot nach Lanzenhofen und über Weipoldshofen nach Heggelbach, wo der Biergarten im „Hirsch“ zum Einkehrschwung einlädt. In Heggelbach geht es rechts und an der Bahnlinie entlang zum Gewerbegebiet von Leutkirch. Hier die stark befahrene Bundesstraße überqueren, bis zum Ende des Rad- und Fußweges fahren, dann links, rechts und wieder links durchs Gewerbegebiet. Am Ende der Straße rechts, unter der Bahnlinie durch (zum Bahnhof geht es hier rechts, also vom Bahnhof kommend praktisch geradeaus fahren), dann links, über eine Brücke und rechts – immer dem Wegweiser „Alle Richtungen – Stadtmitte“ folgen.

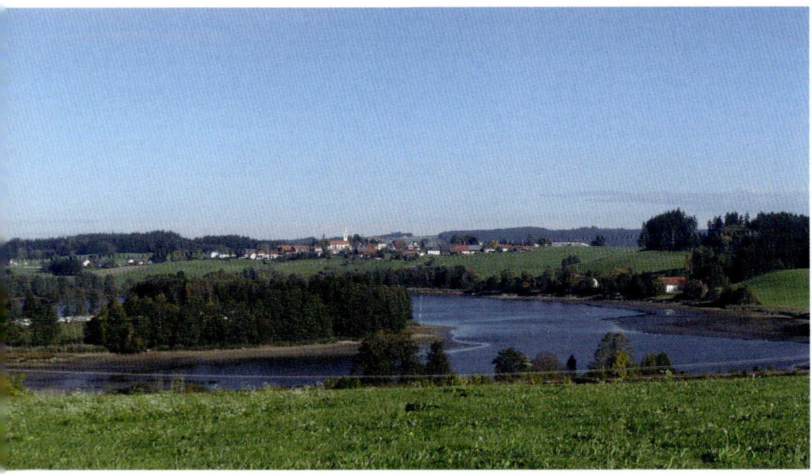

Wunderschön: der Ellerazhofer Weiher

Leutkirch:
Das pulsierende, wirtschaftliche Zentrum des württembergischen Allgäus verdankt seinen Namen der Leutekirche Sankt Martin, die das geistliche Zentrum des Nibelgaues war. Die „Leutekirche" wird schon 848 genannt. Zu ihren Füßen wuchs die Siedlung als Marktflecken heran. Schließlich wurde daraus im 13. Jahrhundert eine veritable Stadt mit Mauern und Stadtrecht. Heute steht die historische Altstadt Leutkirchs unter Denkmalschutz. Das Gotische Haus, der Pulverturm und die Dreifaltigkeitskirche sind nur drei Beispiele für bedeutende Sehenswürdigkeiten. In einem der schönsten Gebäude – im ehemaligen Kornhaus – ist die Stadtbücherei untergebracht. Im „Museum im Bock" wird der lokalen Geschichte gedacht. Schautafeln, Modelle und Exponate erklären die Entstehung der Landschaft und ihre Besiedelung. In den vollständig eingerichteten Werkstätten eines Käsers, Wagners, Schuhmachers, Seilers und Schmieds wird der Besucher in die Arbeitswelt von damals zurückversetzt. An die Blütezeit des Flachsanbaus und der Leinenweberei im Mittelalter erinnert das „Weberzimmer". Öffnungszeiten Mittwoch 14 bis 17 Uhr; Sonntag und Feiertag 13 bis 17 Uhr, www.leutkirch.de.

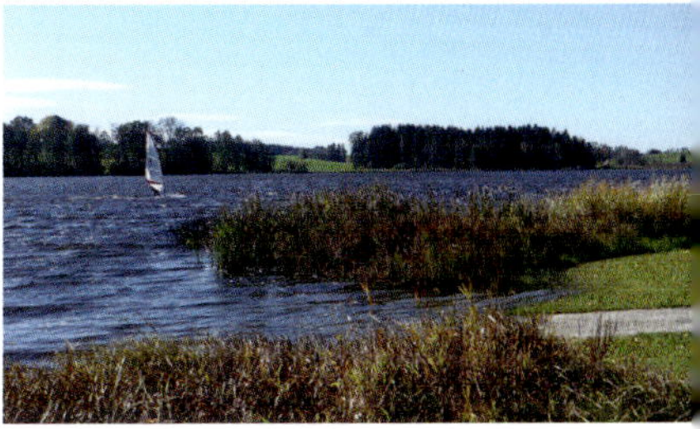

Über den Badsee gleiten die Surfer

Nach Isny:
In der Altstadt in Leutkirch am Gasthof „Goldene Krone" links, am Marktplatz rechts und geradeaus bis zur Kreuzung an der Brauereigaststätte „Mohren", einem sehr stattlichen Gebäude. Hier links und kurz darauf nach rechts abbiegen – Wegweiser „Isny" und „Wangen" über Herlazhofen. An Sportanlage und Schule vorbei, noch einmal links und auf einem Radweg im Grünen durch eine Aulandschaft nach Herlazhofen radeln. Bergauf auf der Dorfstraße, dann links und wieder weiter auf kleinem Sträßchen. Nach rund 1,5 km zeigt ein Schild zum Moorbad nach rechts. Hier ist ein kleines Freibad am Hinterweiher mit Gastwirtschaft und Campingplatz. Der Radweg nach Isny führt geradeaus weiter, noch ein Stück bergauf und dann nach halb links in den Wald hinein. Dichter Tann steht hier, es geht mal links, mal rechts, ist aber gut ausgeschildert. Oberhalb des Badsees

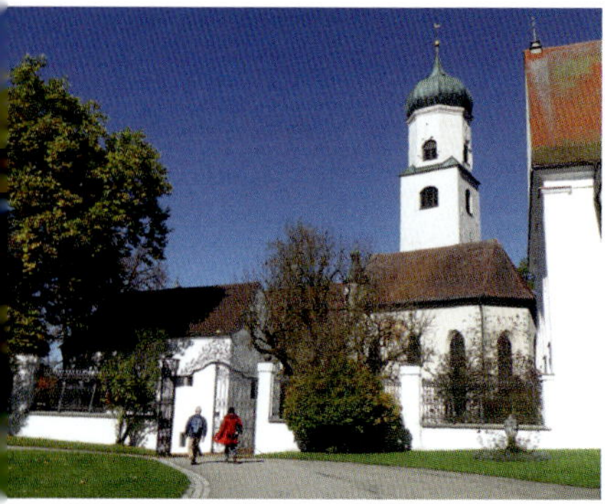

Schlosskirche Isny

bei Allmisried verlassen wir den Wald und lassen die Räder bergab zum See rollen. Auch hier gibt es eine Bademöglichkeit, einen Campingplatz und eine Gastwirtschaft und zudem eine Surfschule und eine Strandbar. Bei windigem Wetter surft es sich auf dem großen See wohl ganz wunderbar. Vom Badsee geht es wieder ein Stück bergauf nach Beuren und von hier noch einmal bergauf. Am Hirschkopf ist die Höhe erreicht und es geht in Rauschefahrt hinunter nach Haubach. Von hier geradeaus weiter über Schwanden und Lexenhof bis zur Landesstraße, die nach Isny führt, radeln. Diese überqueren und nach rund 1 km nach rechts über die Untere Argen fahren. Durch das Gewerbegebiet von Isny vorbei am ehemaligen Bahnhof, der heute eine Gaststätte ist, geht es hinein ins Zentrum.

Isny:
Auf kopfsteingepflasterten Gässchen geht es durch das Espantor hinein in die hübsche Altstadt und die Fußgängerzone mit netten Läden und einladenden Cafés und hinauf zum Schloss. Im Schloss ist die Kunsthalle untergebracht, die des Künstlers Friedrich Hechelmann gedenkt. Der Maler und Buchillustrator ist bekannt für seine eigenwillige Verbindung von Realität, Fantasie und Mystik. Seinen Bildern wohnt ein Zauber inne, die den Betrachter in verwunschene Fantasiewelten entführt. Neben großformatigen Visionen zu den Themen Wasser und Landschaft sind in der Kunsthalle Buchillustrationen, Zeichnungen, bemaltes Porzellan und Skulpturen Friedrich Hechelmanns zu sehen. In der Städtischen Galerie im Schloss werden wechselnd hochkarätige Kunstausstellungen gezeigt. Öffnungszeiten Freitag 14 bis 18 Uhr, Samstag und Sonntag 11 bis 18 Uhr. www.isny.de

Zurück nach Kißlegg:
Von der Altstadt in Isny auf der Straße nach Neutrauchburg fahren. Hier rund ums Schloss befindet sich das Kurgebiet von Isny. Auf der Landesstraße bzw. später auf dem sie begleitenden Radweg bis zum Haldenhof bleiben. Hier rechts abbiegen und dem Sträßchen nach

links in den Wald hinein folgen. In Ried wieder auf die Straße wechseln, die Argen überqueren und auf der viel befahrenen Straße rund 500 Meter bergauf fahren, bis nach rechts ein kleines, sehr steiles Sträßchen nach Kißlegg über Christazhofen abzweigt. Der Weg führt schön hügelig, hinauf und hinunter, mal mehr, mal weniger weit weg von der Argen durch die Weidelandschaft im Argental. Ab und zu lohnt ein Blick zurück – die Alpenkette ist hier prächtigst zu sehen. Von Christazhofen geht es genauso kurvig und hügelig weiter über Weiler mit Namen wie „Bummeles“ und „Zaunmühle“. Rund 500 Meter nach Zaunmühle wird die Argen überquert, sie fließt jetzt wieder nach Süden nach Wangen und zum Bodensee. Bergauf aus dem Argental geht es über Wengen nach Waltershofen und über die Autobahn. Nach der Brücke rechts, kurz an der Autobahn entlang und dann links. Nur 200 Meer weg von der A 96 liegt idyllisch der Wuhrmühleweiher, an dessen Ufer sich das Schilf sanft im Winde wiegt. Nochmal bergauf nach Liebenried und Zaisenhofen und dann bergab nach Kißlegg. Am Bauhof vorbei, über die Straße, nach Löhle mit herrlichem Blick auf Altes Schloss und Kirche hinein nach Kißlegg oder zurück zum Bahnhof radeln.

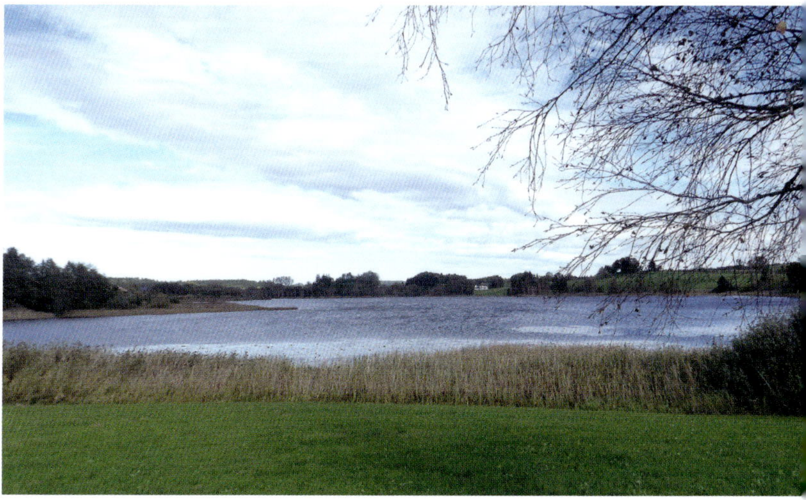

Der Wuhrmühleweiher

Tour 13: Glasmacherdorf Schmidsfelden und Schwarzer Grat

Nach Schmidsfelden, einer Siedlung, in der die Glasleute auch heute noch handwerklich Glas herstellen, führt diese sportliche Tour. Von dort geht's hinauf zum Schwarzen Grat, dem höchsten Punkt Württembergs, einem Stückle oberschwäbische Alpen mit Aussichtsturm. In einer Variante kann man den Gipfelsturm auch weglassen.

Start- und Endpunkt: Leutkirch

Streckenverlauf:
Leutkirch – Adrazhofen – Winterstetten – Schmidsfelden – Eisenbach – Schwarzer Grat – Bolsternang – Isny – Friesenhofen – Leutkirch

Anreise Zug: Leutkirch liegt an der Bahnstrecke Aulendorf – Memmingen. Auskunft: www.bahn.de

🚗: Leutkirch Bahnhof, am Freibad

🚐: Leutkirch Freibad; Herlazhofen Moorbad und Naturweiher; Allmisried am Badsee; Isny am Waldbad; Feriendorf Center Parcs Allgäu

Gesamtstrecke: 57 km

Schwierigkeitsgrad: ■
Höhendifferenz: 620 Hm

Dauer: 4,5 Stunden

Variante: von Schmidsfelden direkt nach Friesenhofen 30 km ■

Die Tour ist auch von Isny aus möglich.

Einkehrmöglichkeiten:
- in Leutkirch
- „Alte Post“ in Winterstetten
- Bistro im Glasmacherdorf
- Alpe Wenger-Egg
- „Schwarzer Grat“ in Bolsternang
- in Isny
- „Rössle“ in Haselburg

Rastplätze:
- am Schwarzen Grat

Badeplätze:
- Freibad Stadtweiher Leutkirch
- Freibad Kreuzthal

🚲 **Leutkirch** am Bahnhof, bei „Allgäu Sports“ Poststr. 5 und „Veloce-Radladen“ Brühlstr. 16; **Isny** beim Kurhaus am Park, Unterer Grabenweg 18

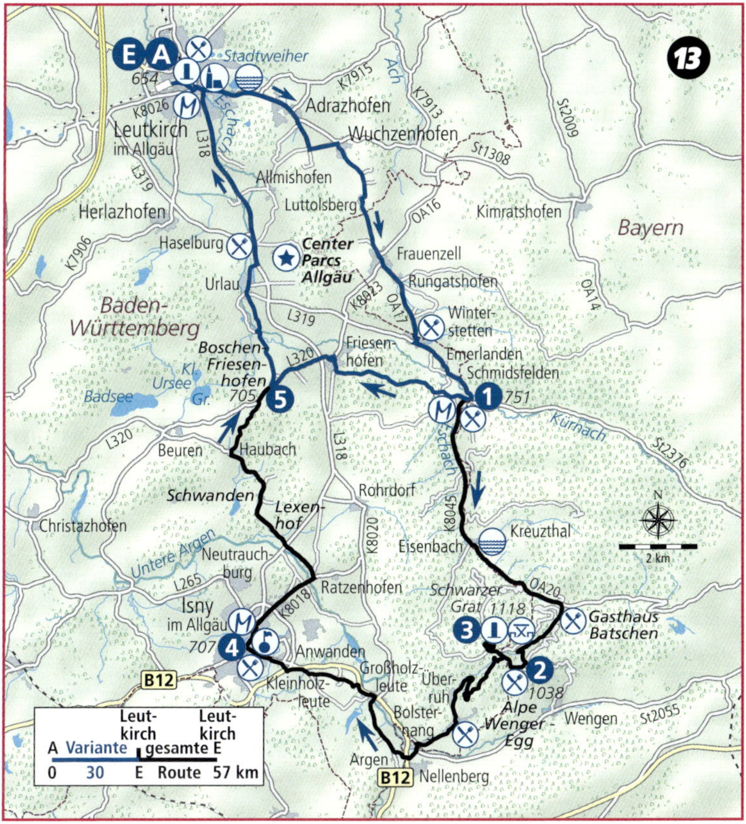

13
Leutkirch im Allgäu
654
Stadtweiher
Adrazhofen
Wuchzenhofen
Allmishofen
Luttolsberg
Herlazhofen
Haselburg
Center Parcs Allgäu
Urlau
Frauenzell
Rungatshofen
Kimratshofen
Bayern
Winter-stetten
Emerlanden
Schmidsfelden
751
Baden-Württemberg
Boschen-Friesen-hofen
705
Friesen-hofen
Badsee
Kl. Ursee
Gr.
Beuren
Haubach
Schwanden
Lexen-hof
Rohrdorf
Christazhofen
Untere Argen
Neutrauch-burg
Isny im Allgäu
707
Ratzenhofen
Eisenbach
Kreuzthal
Kürnach
Schwarzer Grat 1118
Gasthaus Batschen
Alpe Wenger Egg
1038
Anwanden
Großholz-leute
Kleinholz-leute
Über-ruh
Bolster-nang
Wengen
Argen
Nellenberg
2 km
Leut-kirch
A Variante
0 30 E
Leut-kirch
gesamte E
Route 57 km

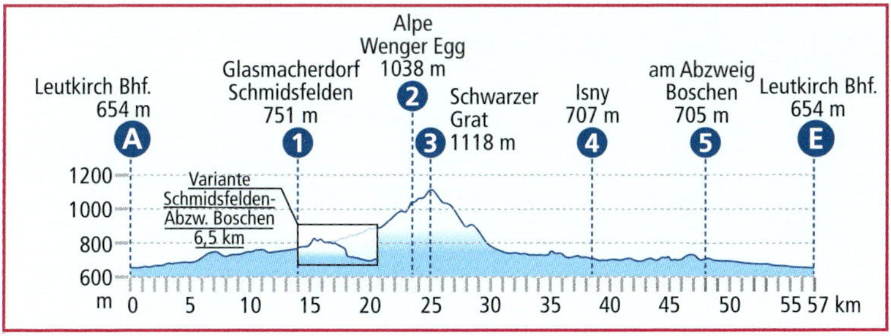

Leutkirch Bhf. 654 m
Glasmacherdorf Schmidsfelden 751 m
Alpe Wenger Egg 1038 m
Schwarzer Grat 1118 m
Isny 707 m
am Abzweig Boschen 705 m
Leutkirch Bhf. 654 m
Variante Schmidsfelden-Abzw. Boschen 6,5 km
1200
1000
800
600
m
0 5 10 15 20 25 30 35 40 45 50 55 57 km

Los geht's:

Vom Bahnhof Leutkirch halb rechts wegfahren, an Supermärkten vorbei und am Kreisel links. Vorbei an der Brauereigaststätte „Mohren“, danach rechts abbiegen. Geradeaus auf der Straße und später auf dem Radweg Richtung Kempten radeln. Die Straße führt direkt am Freibad Stadtweiher vorbei, das große Liegewiesen und einen schönen Badesee hat. Geradeaus weiter nach Adrazhofen radeln. Am Ortseingang befindet sich die Schaukäserei Wiggensbach mit Hofladen, wo man sich je nach Geschmack milden oder würzigen Käse fürs Vesper auf dem Gipfel besorgen kann. Am Ortsende von Adrazhofen dem Wegweiser zum Schulzentrum nach halb rechts folgen und nach dem Schulzentrum links nach Wuchzenhofen abbiegen. Hier rechts auf die Straße fahren und dann geradeaus an der Kirche vorbei durch den Ort radeln – Wegweiser Frauenzell. Es geht durch Wiesen und Weiden ein Stück bergauf nach Luttolsberg, von wo man einen prächtigen Blick auf die Alpen hat. Dann führt der Weg wieder bergab nach Frauenzell und geradeaus weiter über Rungatshofen nach Winterstetten. Wer zum Gasthaus „Alte Post“ möchte, fährt hier rechts. Ansonsten geht es links und über Emerlanden bis zur Brücke über die Kürnach. Hier schwenkt die Landesstraße nach links. Nach Schmidsfelden und zum Schwarzen Grat geht es rechts. Noch mal über eine Brücke – diesmal die Eschach. Zum Glasmacherdorf an der Bushaltestelle rechts abbiegen – für die Tour geradeaus weiterfahren.

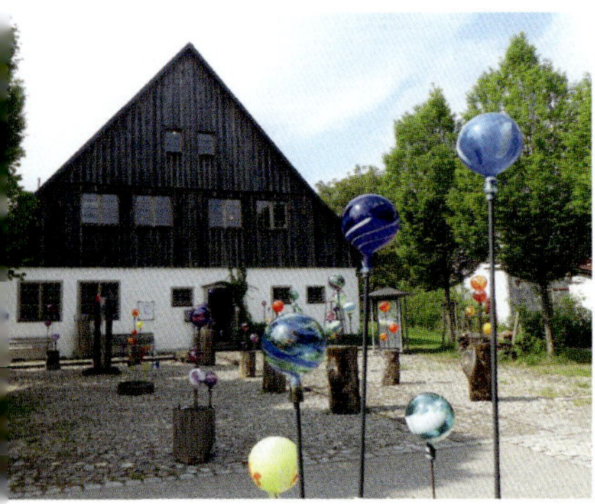

Glaskunst im Glasmacherdorf Schmidsfelden

Glasmacherdorf Schmidsfelden: Schmidsfelden ist etwas ganz Besonderes: Eine ganze Siedlung aus vergangener Zeit ist hier komplett erhalten. Die behutsam renovierten Glasmacherhäuschen sind klein, aber fein und bewohnt. In der ehemaligen Glashütte befindet sich ein Museum, in dem ausgewählte Stücke zu besichtigen sind und auf die Geschichte der Glasbläserei eingegangen wird. Früher standen hier die Schmelzöfen, in welchen die Glasmasse flüssig gehalten wurde. An Schautagen können Besucher erleben, wie ein Glasbläser arbeitet. Die Handwerker in Schmidsfelden haben ganz unterschiedliche Dinge aus Glas hergestellt: Tintenglas, Apotheker-Zubehör, Weinkaraffen und Trinkgläser, Lampenzylinder, Vasen, Butzenscheiben und Fensterglas. Auch heute wird in Schmidsfelden wieder Glas produziert. Im Glasmagazin werden Stücke ausgestellt, die man auch kaufen kann. In der ebenfalls dort untergebrachten Naturschutzstation wird über die Pflanzen- und Tierwelt der Region Adelegg informiert. Im Oberhaus befindet sich ein Glasperlenstudio, in dem Schmuckstücke aus Glas zu bewundern sind. Öffnungszeiten April bis November Dienstag bis Freitag 10 bis 12.30 und 14 bis 17 Uhr, Samstag 14 bis 17 Uhr, Sonntag 10 bis 17 Uhr. www.leutkirch.de und www.schmidsfelden.net

Kürzere Variante:
Wer nicht hinauf auf den Schwarzen Grat möchte, fährt geradeaus durch das Glasmacherdorf und auf einem kleinen Sträßchen über eine Anhöhe hinüber nach Friesenhofen. In Friesenhofen geht es links Richtung Beuren und am Abzweig Boschen rechts auf den Radweg nach Leutkirch. Über

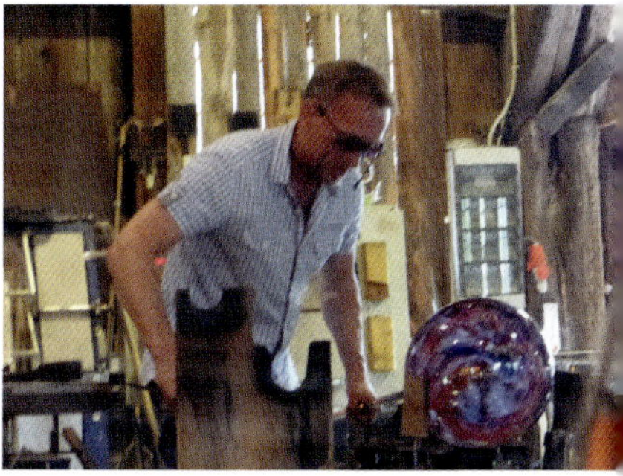

Glasdesigner Stefan Michaelis zeigt, wie's geht

Urlau und Haselburg zurück nach Leutkirch radeln.

Zur alten Glashütte:
Von Schmidsfelden auf der Kreisstraße weiter durchs Eschachtal nach Eisenbach und Kreuzthal radeln. Immer wieder zweigen Wanderwege zum Schwarzen Grat nach rechts ab. Durch Eisenbach und Kreuzthal am Freibad vorbeifahren und der Straße noch einmal rund 3 km durchs Tal folgen. An der Bushaltestelle des Gasthaus Batschen, das sich wenige Meter weiter geradeaus befindet, geht es rechts. Über die Eschach, am Wanderparkplatz vorbei und geradeaus auf einem alten Glasmacherweg direkt am Rotenbach entlang bergauf – Wanderwegweiser „Alpe Wenger-Egg". Auf halbem Wege, am Rotenbachtobel, steht das Denkmal einer alten Glashütte.

Gemeindshütte Wengen im Rotenbachtobel:
Die alte Waldglashütte wurde im 17. Jahrhundert als Gemeindshütte Wengen betrieben. Um die 30 Wochen im Jahr wurde hier Glas hergestellt. Um die Öfen auf die benötigte Temperatur von 1200 Grad zu erhitzen, war ordentlich Holz vonnöten. Für 100 Kilogramm Glas brauchte man 220 Raummeter Holz! Da war eine Hütte mitten im Wald ganz praktisch.

Zur Alpe Wenger-Egg:
Weiter am Rotenbach entlangradeln. An einer scharfen Linkskurve den Bach überqueren und auf leider etwas holprigem Weg steil bergauf fahren – oder schieben. Zum Glück nur ein kurzes Stück. Aus dem Wald heraus kann man oben auf der Höhe schon die Alpe über einer saftig grünen Wiese thronen sehen. Noch ein Stück bergauf und die Alpe ist erreicht.

Alpe Wenger-Egg:
Auch hier war die Glasmacherei von entscheidender Bedeutung. Im 17. Jahrhundert war alles Urwald. Für die Glashütte Wengen im Rotenbachtobel wurde jedoch ordentlich gerodet. Das Holz ging an die Glashütte, die Bauern von Wengen erhielten daraufhin Weiderecht auf den gerodeten Gebieten und hatten somit ein Auskommen über die Milchwirtschaft. Diese

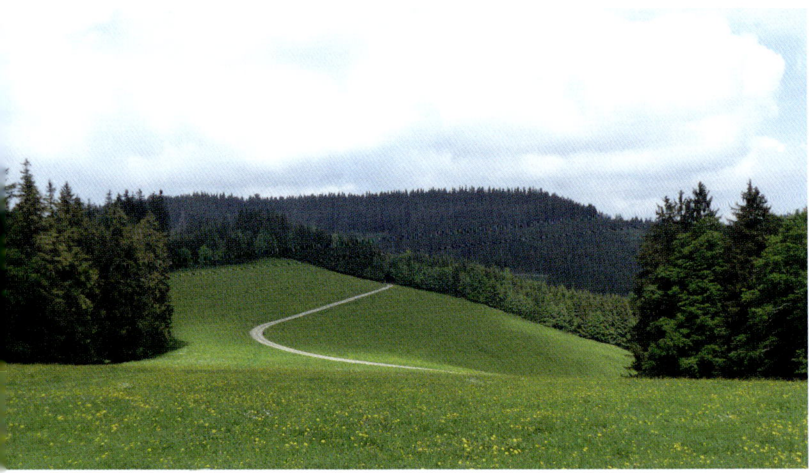

Blick vom Raggenhorn zum Schwarzen Grat

Weiderechte wurden über Jahrhunderte hinweg vererbt und werden teilweise heute noch von derselben Familie betrieben wie vor 300 Jahren. Die Glashütte ist inzwischen Geschichte, den Milchbauernhof Alpe Wenger-Egg gibt es immer noch. Auf der Alpe befindet sich auch ein Gasthof mit Gartenwirtschaft, wo man nach dem Aufstieg einkehren kann.

Zum Schwarzen Grat:
An der Alpe Wenger-Egg geht es rechts und auf einem Sträßchen durch bunte Wiesen und Weiden weiter. Wer möchte, macht kurz nach der Alpe noch einen kleinen Abstecher hinauf zum Raggenhorn, von wo man eine schöne Aussicht ins Tal und hinüber zum Aussichtsturm auf dem Schwarzen Grat hat.
Ansonsten einfach geradeaus weiterfahren. Auch an der Kreuzung, an der der Wanderweg zum Schwarzen Grat nach rechts abbiegt, geradeaus halten. Der Wurzelweg ist mit dem Fahrrad nicht zu empfehlen – außer mit dem Mountainbike. Auf dem befestigten Weg weiter geradeaus fahren, ein kurzes Stück bergab und an der Einmündung des Wanderweges HW 5 und HW 9 rechts abbiegen. Bergauf und noch einmal rechts und schon kommt der Turm in Sicht.

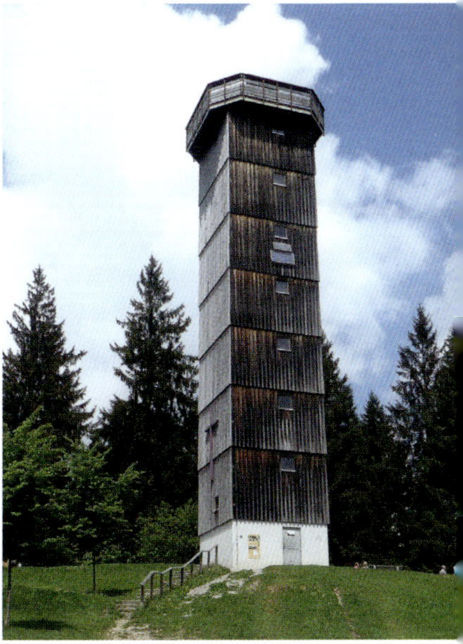

Am höchsten Punkt in Württemberg

Schwarzer Grat:
Mit 1118 Metern ist der Schwarze Grat der höchste Gipfel in Württemberg. Mit dem badischen Feldberg kann er natürlich längst nicht konkurrieren. Trotzdem: Er ist ein beliebtes Ausflugsziel und gilt als der Hausberg Isnys. Der erste Ansturm an Wandertouristen begann bereits 1874 mit dem Bau der Eisenbahn nach Isny. Schon vier Jahre später wurde auf dem Schwarzen Grat ein kleiner Aussichtsturm errichtet, den man „Lug ins Land“ nannte. Da die Rodung für den großen Feuerholz-

bedarf der Glasmacher und die darauf folgende Beweidung offenes Land rund um den Schwarzen Grat bedeutete, war dies Anfang des 20. Jahrhunderts ein Mekka für die ersten Skiläufer. Die Adelegg wurde eine Hochburg des noch jungen Skisports und in Großholzleute wurde 1907 die erste Bundesschule des schwäbischen Schneeschuhbundes gegründet. Der jetzige Aussichtsturm wurde 1971 vom Schwäbischen Albverein erbaut und bietet herrlichste Aussichten von seiner Plattform. Panoramablick ringsum! Wer nicht nur schauen und genießen, sondern auch noch wissen will, wie welcher Berg heißt, kann dies auf einer Peilplatte nachschauen. Rund um den Aussichtsturm sind Bänke und Tische aufgestellt, an denen man das Gipfelvesper genießen kann. Eine Grillstelle gibt es auch.

Nach Isny:
Vom Schwarzen Grat zunächst auf demselben Weg zurückfahren. Also dem HW 5 und 9 bis zur Kreuzung folgen, dann links und Richtung Alpe Wenger-Egg, bis der Wanderweg mit den vielen Wurzeln vom Schwarzen Grat einmündet. Noch ein Stück geradeaus, dann rechts – Wegweiser „Bolsternang“ und „Reha-Klinik Überruh“ mit gelbem Dreieck. Auf dem breiten und gut befestigten

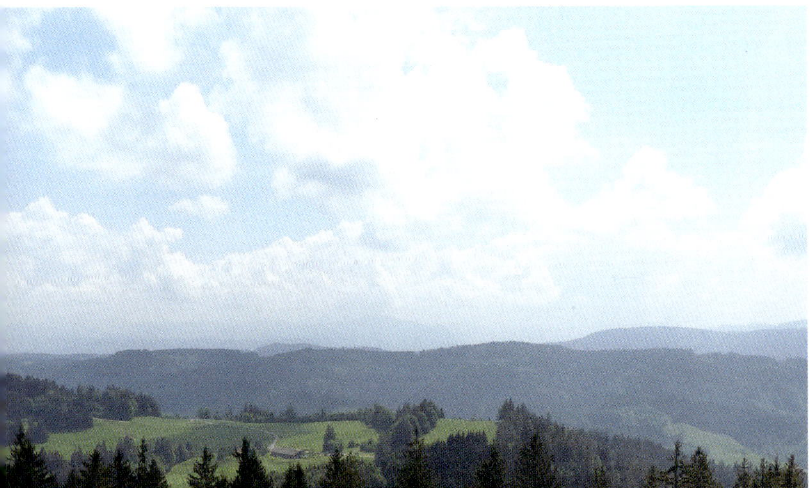

Panoramablick vom Aussichtsturm auf dem Schwarzen Grat

Weg geht es zunächst steil, dann sanft bergab. An der Reha-Klinik vorbei hinunter nach Bolsternang fahren. An der Straße, wo auch das Gasthaus Pension „Schwarzer Grat“ steht, rechts und auf der Straße durch den Ort und weiter bis zur Einmündung in die Landesstraße fahren. Hier links nach Nellenberg, über die Brücke und danach halb rechts und bis zur Unterführung unter die B 12 fahren. Nach der Unterführung rechts und an der nächsten Möglichkeit links abbiegen und nach Argen und Großholzleute radeln. In Großholzleute links, nach 500 Metern wieder links und über Kleinholzleute und Anwanden nach Isny radeln. In Isny rechts und mitten hinein ins Zentrum – vorbei am „Goldenen Adler“ und am „Schwarzen Adler“ – und durchs Stadttor hinausfahren (Infos zu Isny s. Tour 12). Jenseits des Stadttores befindet sich eine Ansammlung von Radwegweisern. Wir folgen dem Wegweiser nach Leutkirch und Beuren geradeaus.

Zurück nach Leutkirch:
Geradeaus geht es aus Isny hinaus. Am ehemaligen Bahnhof, der heute Gastwirtschaft ist, vorbei, durch ein Gewerbegebiet und über die Untere Argen fahren. Danach links, nach rund 1 km über die stark befahrene Landesstraße und weiter über Lexenhof und Schwanden nach Haubach radeln. In Haubach den Radweg nach Beuren verlassen und geradeaus weiter Richtung Friesenhofen fahren. Das kleine Sträßchen mündet nach 1,5 km in die Verbindungsstraße zwischen Beuren und Friesenhofen. Hier rechts und an der nächsten Möglichkeit links nach Boschen abbiegen. Der Boschener Hof ist ARCHE-Hof und hat eine Hofkäserei. Beschaulich durch die grünen Auen des Eschachtales führt der Weg über Urlau nach Haselburg, wo man zum Abschluss der Tour noch wunderbar im „Rössle“ einkehren kann. Dann geht’s weniger beschaulich an der L 318 zurück nach Leutkirch.

Abstecher zum Center Parcs Allgäu:
Wer noch unternehmungslustig ist oder eine Übernachtungsmöglichkeit braucht, kann an der Haselburg rechts abbiegen und auf der Allgäuallee über Unteröschhöfe zum Urlauer Tann fahren. Hier wurde eines der größten Feriendörfer Süddeutschlands gebaut: Der Center Parcs Allgäu bietet Badespaß und Kletterparadies, Spielmöglichkeiten und Freizeitaktivitäten zuhauf sowie als Quartier Ferienhäuser von einfach bis luxuriös, von klein bis groß.
www.centerparcs.de

Tour 14: Wangener Runde

Schöne Landschaft, viel Bergblick, Käse vom Hersteller, eine Burgruine aus alter Zeit, ein Badeplätzchen und ein verträumtes Tal machen diese Wangener Allgäurunde aus. Da alles asphaltiert ist, ist diese Runde auch mit dem Rennrad möglich.

Start- und Endpunkt: Wangen

Streckenverlauf:
Wangen – Deuchelried – Zurwies – Ratzenried – Sechshöf – Gießen – Wangen

Anreise Zug: Wangen liegt an der Bahnstrecke Kißlegg – Lindau. Auskunft: www.bahn.de

: Wangen an der Gallusbrücke, am Argencenter, an der Argensporthalle

: Wangen Iglu-Camping Röhrenmoos; Amtzell Büchelwiesen

Gesamtstrecke: 21 km

Schwierigkeitsgrad: ; Höhendifferenz: 244 Hm

Dauer: 1,5 Stunden

Einkehrmöglichkeiten:
- „Adler“ und „Hirsch“ in Deuchelried
- „Goldener Ochsen“ und „Festbierhaus“ in Ratzenried
- in Wangen
- **Rastplätze:**
- bei der Burgruine Ratzenried

Badeplätze:
- Oberer Schlossweiher bei Ratzenried

Wangen beim Gästeamt, Bindstr. 10

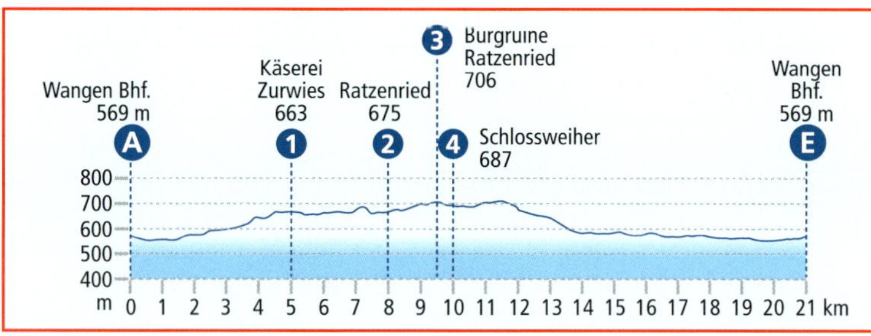

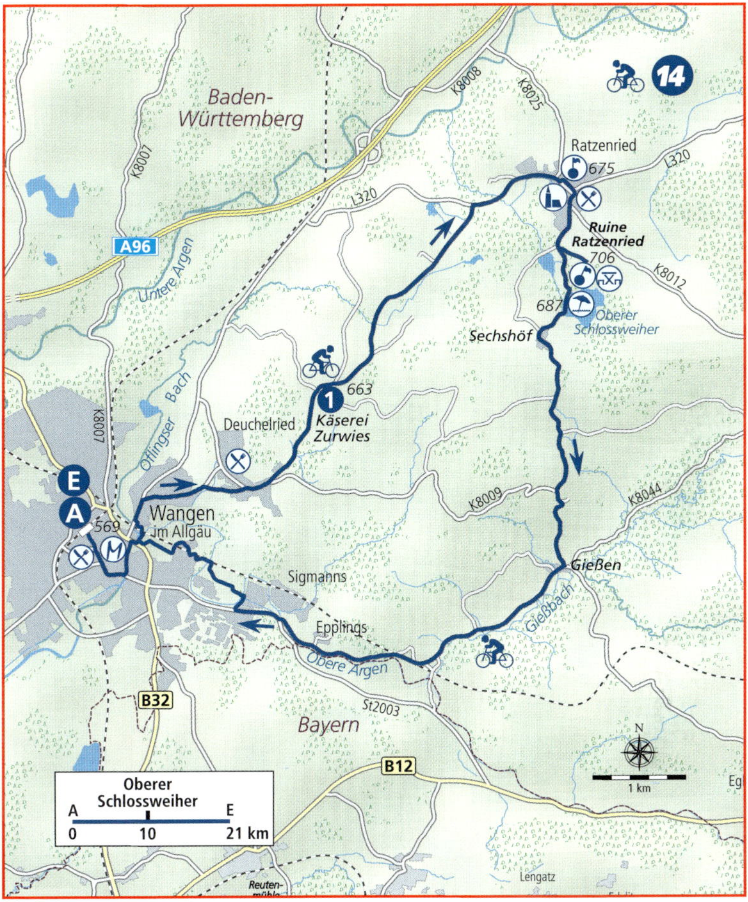
14
Baden-
Württemberg
Bayern
Ratzenried
675
L320
K8008
K8025
K8007
A96
Untere Argen
Ruine
Ratzenried
706
K8012
687
Oberer
Schlossweiher
Sechshöf
1
663
Käserei
Zurwies
Deuchelried
Oflingser Bach
E
A
569
Wangen
im Allgäu
K8009
K8044
Gießen
Gießbach
Sigmanns
Epplings
Obere Argen
St2003
B32
B12
1 km
Oberer
Schlossweiher
A
E
0
10
21 km
Lengatz

Los geht's:

Vom Bahnhof Wangen nach rechts weg fahren und die Bahnhofstraße hinunter radeln. Am Lindauer Tor vorbei noch ein Stück bergab, dann links abbiegen – also um die Altstadt herum radeln. Kurz vor der Argen geht es links und zwischen Stadtmauer und Fluss bis zu einem Fußgängersteg. Hier rechts, über den Steg, danach links und an der Argen entlang bis zur nächsten kleinen Brücke. Am Minigolfgelände vorbei und vor zur Leutkircher Straße fahren. Hier rechts abbiegen, bergauf radeln und dann noch einmal rechts Richtung Krankenhaus fahren. An der Oberschwabenklinik vorbei nach Deuchelried radeln. An der Straße rechts abbiegen, und an der Gabelung links halten – Wegweiser „Ratzenried“. Durch ein Waldstück bergauf – das steilste Stück des Tages – geht es zum höchsten Punkt der Tour, der Käserei Zurwies. Im Hofladen kann man leckeren, selbst gemachten Käse erwerben – die Käserei Zurwies hat sich auf Weichkäse spezialisiert.

Vom Hofplatz hat man auch einen wunderbaren Blick hinüber zu den Bergen. Auf dem Sträßchen hügelig-wellig an Wegkreuzen und kleinen Kapellen vorbei weiter Richtung Ratzenried radeln. Kurz vor Ratzenried mündet die kleine Straße in die Landesstraße von Wangen. Hier rechts und auf der Landesstraße nach Ratzenried hineinfahren. Wir fahren direkt auf das Neue Schloss zu, in dem

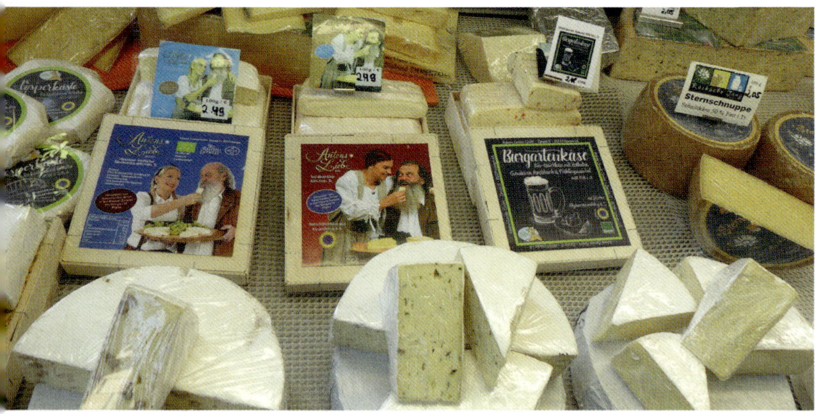

Köstlicher Käse aus der Käserei Zurwies

heute das Humboldt-Institut untergebracht ist. An Schloss und Pfarrkirche Sankt Georg vorbei zur Kreuzung in der Ortsmitte radeln. Hier befinden sich das Gasthaus „Goldener Ochsen“ und das „Festbierhaus“. An der Kreuzung die Landesstraße verlassen und sozusagen geradeaus weiterfahren – Wegweiser „Siggen“ und „Eglofs“. Kurz darauf gabelt sich die Straße. Hier rechts halten Richtung Eglofs. Bergauf zum Wald fahren. Nach einem kurzen Stück bergab im Wald zeigt ein Wegweiser nach links zur Burgruine Ratzenried. Wer möchte, macht den Abstecher.

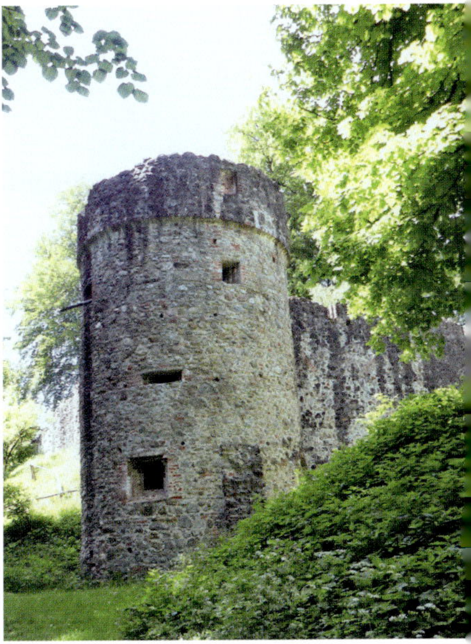

Burgruine Ratzenried

Burgruine Ratzenried:
Dazu geht es noch einmal etwas bergauf bis zum Gehöft des ehemaligen Schlossbauern. Hier stellt man das Rad besser ab oder schiebt es – es ist nicht weit zur Burgruine. Am schmiedeeisernen Tor vorbei kommt der erste Befestigungsturm gleich in Sicht. Auf einer Informationstafel steht Wissenswertes über die Geschichte der Burg. Ursprünglich im 12. Jahrhundert vom Kloster Sankt Gallen erbaut, sollten die Burgherren den Besitz wahren, verwalten und verteidigen. Das ging nur eine Weile lang gut – Sankt Gallen ist ja auch nicht wirklich nahe. Dann gaben sich die verschiedenen adligen Geschlechter die Klinke in die Hand. Der Besitz wechselte ständig. Mitte des 15. Jahrhunderts erwarb die mächtige Ravensburger Tuchfamilie Humpiß die Burg, erhielt vom Kaiser die Hohe Gerichtsbarkeit und baute die Herrschaft zu einem Kleinstaat aus. Es war die größte Dienstmannenburg des Allgäus und ihre Macht reichte weit. Deswegen war die Burg auch ein wichtiges Ziel im Dreißigjährigen Krieg. Sie wurde 1632 von den Schweden zerstört – und natürlich geplündert. Den Kirchenschatz nahm man auch gleich mit. Heute stehen noch ein

paar Befestigungsmauern – soviel, dass man sich durchaus vorstellen kann, wie mächtig die Burg einstmals war. Oben in der ehemaligen Wohnburg ist heute ein Rastplatz unter schattigen Bäumen.

Nach Wangen:
Auf der Straße noch ein bisschen bergab, bergauf und bergab fahren. Dann kommt nach 500 Metern der Obere Schlossweiher in Sicht. Die Straße macht hier eine Rechtskurve. Geradeaus geht es zum Weiher. Hier stehen ein paar Bänke mit schönem Blick über den Teich und es gibt einen kleinen Strand und einen guten Zugang zum Wasser. Weiter auf der Straße nach Sechshöf, noch ein kurzes Stück bergauf und dann bergab nach Gießen. Hier rechts auf den Radweg nach Wangen einbiegen. Wunderschön radelt es sich hier zwischen saftigen Wiesen durchs Tal. Kurz vor der Mündung des Hochberger Gießbaches in die Argen wird durch ein Waldstück abgekürzt. Dann erreicht das Sträßchen die Straße, die Wangen mit Eglofs verbindet. Über die Brücke, dann rechts auf den Radweg und nach 400 Metern wieder rechts. Gleich darauf nach links, über eine kleine Brücke und sehr schön durch die Flussaue nach

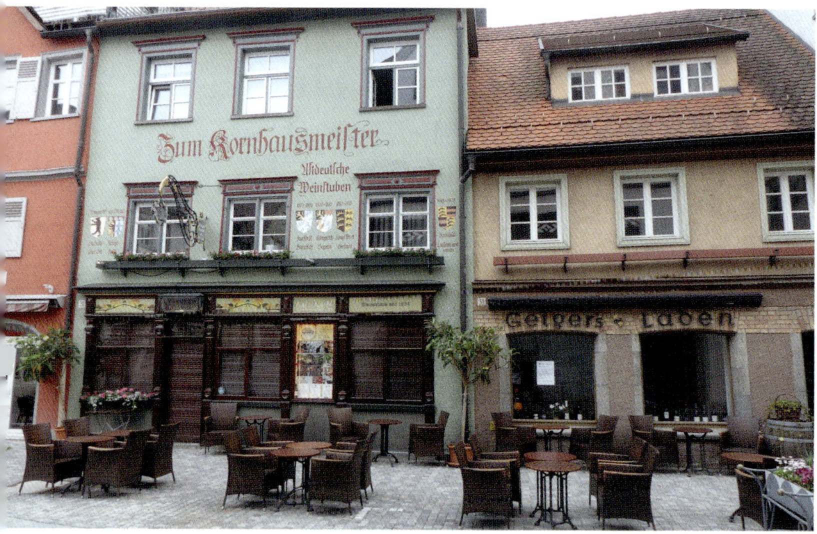

Malerisch: die Altstadt von Wangen

Wangen zurück radeln. Über den vom Hinweg schon bekannten Fußgängersteg, dann nach links an der Stadtmauer entlang und bei der nächsten Gelegenheit nach rechts mitten hinein ins Zentrum.

Wangen:
Wangen hat eine wahrhaft malerische Altstadt. Die mit bunten Wandmalereien verzierten historischen Gebäude ziehen die Blicke auf sich. Viele Brunnen erfrischen mit ihrem Wasser an heißen Tagen die Besucher. Zahlreiche Cafés, Weinstuben, Bäckereien und Restaurants laden zum Verweilen ein. Am Rande der historischen Altstadt – praktisch gegenüber von unserem Fußgängersteg – sind die Museen in die alte Stadtmauer rund um den Platz der Eselmühle integriert. Etwas ganz Besonders ist die Historische Badstube in der Langen Gasse. Eine massive, kreuzgewölbte Halle mit Kupferkessel, Waschzubern und Lichtnischen versetzt die Besucher in die Welt eines mittelalterlichen Bades. Im Käsereimuseum über dem Wehrgang kann man sich über die Geschichte der Käseherstellung informieren. Öffnungszeiten Wangener Museumslandschaft: April bis Oktober Dienstag bis Freitag 14 bis 17 Uhr, Samstag 11 bis 17 Uhr, Sonn- und Feiertag 14 bis 17 Uhr, www.wangen.de.

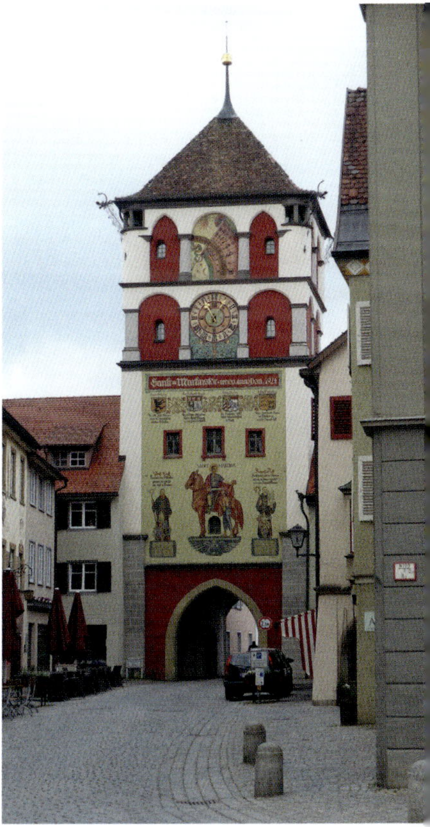

Das Martinstor, auch Lindauer Tor genannt, ist eines von drei erhaltenen Stadttoren in Wangen

Zurück zum Bahnhof: An der Kirche rechts, ein Stück geradeaus, dann nach links in die Poststraße, den Altstadtring überqueren, und am Ende der Poststraße nach rechts in die Bahnhofstraße einbiegen.

Tour 15: An den Bodensee

Vom hügeligen Allgäu an den weiten Bodensee. Unterwegs gibt es jede Menge Bergblick, romantische Täler, ruhige Weiher und nette Wirtschaften. Wer mag, kann vom Bodensee aus auch mit dem Zug zurückfahren. Die Tour ist auch mit dem Rennrad möglich.

Start- und Endpunkt: Wangen

Streckenverlauf:
Wangen – Jussenweiler – Neuravensburg – Achberg – Degersee – Schleinsee – Kressbronn – Argensteg – Laimnau – Oberrussenried – Büchel – Amtzell – Wangen

Anreise Zug: Wangen liegt an der Bahnstrecke Kißlegg – Lindau. Auskunft: www.bahn.de

: Wangen an der Gallusbrücke, am Argencenter, an der Argensporthalle

: Wangen Iglu-Camping Röhrenmoos; Amtzell Büchelwiesen; Kressbronn Iriswiese; Zeltplatz Tunau; Campingpark Gohren

Gesamtstrecke: 66 km

Schwierigkeitsgrad: ; Höhendifferenz: 522 Hm

Dauer: 4,5 Stunden

Variante: mit dem Zug von Kressbronn zurück 30 km

Die Tour ist auch von Kressbronn aus möglich.

Einkehrmöglichkeiten:
- in Neuravensburg
- „Degerseestüble" am Degersee
- Hofgut Schleinsee
- „Seegarten" in Kressbronn
- „Fischerhütte" am Jachthafen Kressbronn
- „Ritter" in Laimnau
- „Ochsen" in Pfärrich
- in Wangen

Rastplätze:
- beim Schloss Achberg
- im Argental
- am Kreuzweiher Wildpoltsweiler

Badeplätze:
- Neuravensburger Weiher
- Muttelsee
- Degersee
- Strandbad Kressbronn
- Kreuzweiher Wildpoltsweiler

Wangen beim Gästeamt und Bindstr. 10; **Kressbronn** am Strandbad; Campingpark Gohren am Schnaidter Hof; **Langenargen** am Uhlandplatz und beim Kavalierhaus

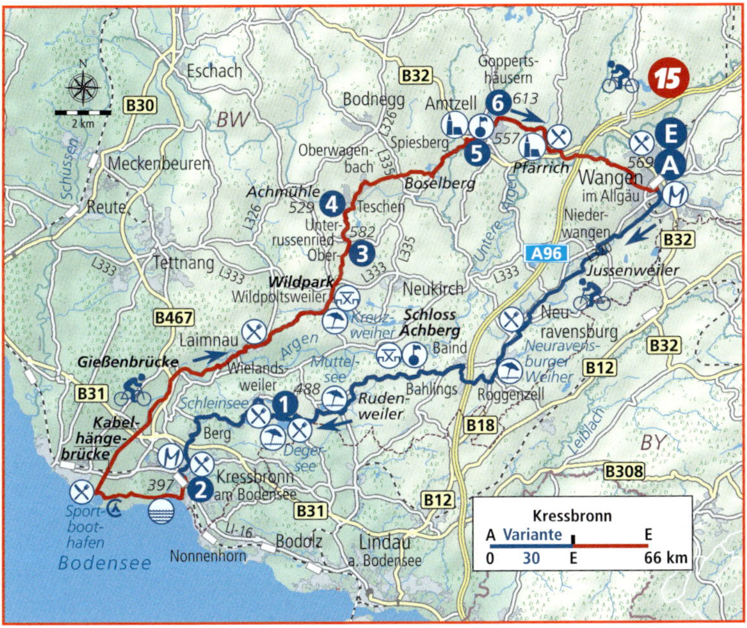
Eschach
B32
Gopperts-
häusern
15
B30
BW
Bodnegg
Amtzell
6
613
2 km
Schussen
Oberwagen-
bach
Spiesberg
557
5
E
Meckenbeuren
Pfärrich
569
A
Wangen
im Allgäu
Reute
Achmühle
529
4
Teschen
Boselberg
Unter-
russenried
582
Ober-
3
Nieder-
wangen
B32
A96
Tettnang
L333
Wildpark
Wildpoltsweiler
Neukirch
Jussenweiler
B467
Laimnau
Kreuz-
weiher
Schloss
Achberg
Neu
ravensburg
Neuravens-
burger
Weiher
Gießenbrücke
Argen
Baind
Muttel-
see
B32
B12
B31
Wielands-
weiler
488
Bahlings
Roggenzell
Schleinsee
1
Ruden-
weiler
Kabel-
hänge-
brücke
Berg
B18
Deger-
see
BY
Leiblach
Kressbronn
am Bodensee
2
397
B308
Sport-
boot-
hafen
B31
B12
Bodolz
Lindau
a. Bodensee
Bodensee
Nonnenhorn
Kressbronn
A
Variante
E
0
30
E
66 km

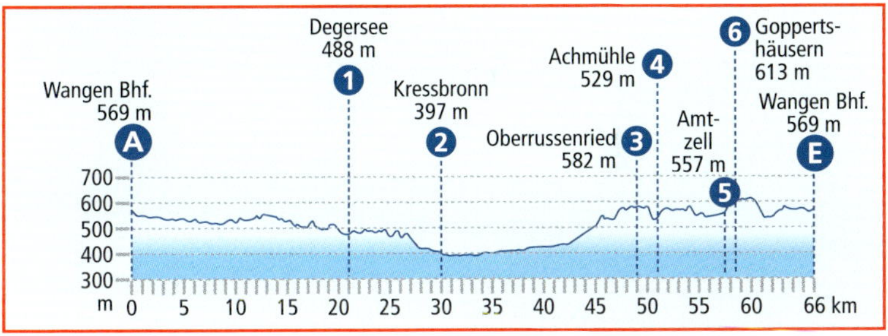
Wangen Bhf.
569 m
A
Degersee
488 m
1
Kressbronn
397 m
2
Oberrussenried
582 m
3
Achmühle
529 m
4
Amt-
zell
557 m
5
Gopperts-
häusern
613 m
6
Wangen Bhf.
569 m
E
700
600
500
400
300
m
0
5
10
15
20
25
30
35
40
45
50
55
60
66 km

Los geht's:

Vom Bahnhof Wangen nach rechts weg fahren und die Bahnhofstraße hinunterradeln. Am Lindauer Tor vorbei noch ein Stück bergab, dann rechts abbiegen – Radwegweiser „Lindau" und „Kressbronn". Zunächst durch ein Wohngebiet, vorbei an Kleingartenanlagen und danach beschaulich direkt an der Argen entlang stadtauswärts radeln. Dabei der Beschilderung nach Kressbronn folgen. Auf Höhe der Bushaltestelle „Niederwangen" neben einem Autohaus führt der Radweg bergab und biegt dann rechts ab in eine Unterführung. Hier stattdessen links abbiegen, an der nächsten Möglichkeit die Straße überqueren, dann rechts abbiegen und um das Firmengelände der „Geta" herum wieder zurück an die Argen fahren. Kurz danach geht es links über den Jussenweiler Steg über den Fluss und am anderen Ufer weiter nach Jussenweiler. Hier rechts und mehrfach auf beeindruckend überdachten Holzbrücken über die Obere Argen und an ihr entlang nach Neuravensburg radeln.

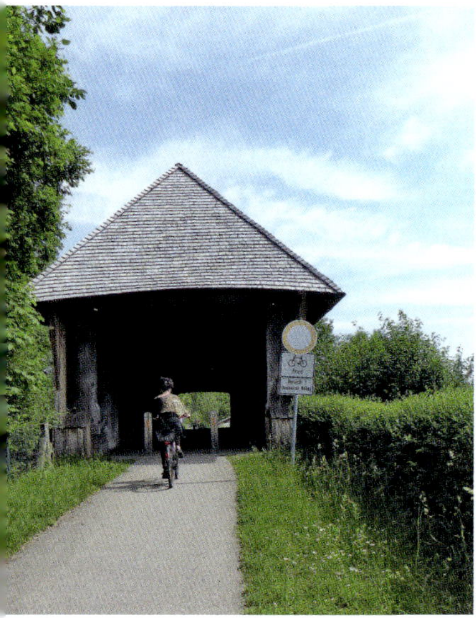

Auf einer schönen Holzbrücke radeln wir über die Argen

Gleich am Ortsbeginn geht es links und auf ruhigen Straßen durch den Ort bis zur Tankstelle. Hier links auf den Radweg wechseln, der direkt am Neuravensburger Weiher entlang führt. Um den See herum und an der L 320 entlang nach Roggenzell radeln. In der Ortsmitte rechts auf ein Sträßchen nach Hub und Bahlings abbiegen. Über die Weiler Hub und Buflings und eine Brücke über die Autobahn nach Bahlings fahren. Hier rechts nach Baind und durch den Ort vor zur Landesstraße nach Lindau fahren. Auf diese nach links einbiegen und nach 500 Metern dem Schild zum Schloss Achberg und nach Tettnang nach rechts folgen. Nach noch einmal 500 Metern kann, wer mag, den Abstecher zum Schloss Achberg nach rechts machen.

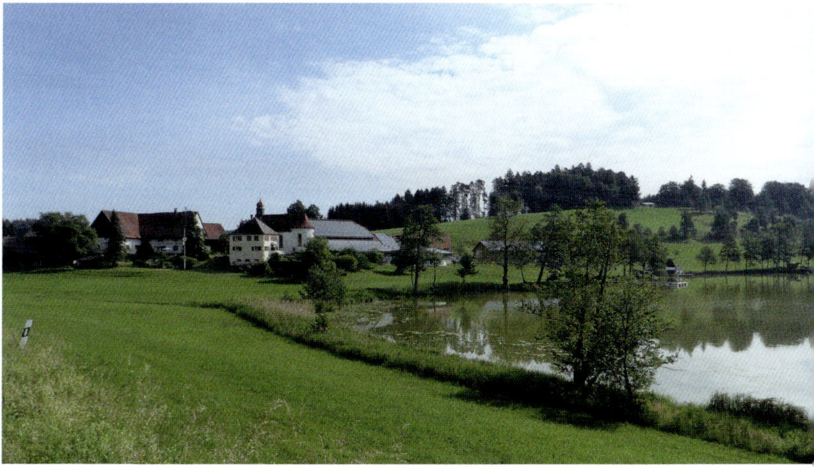

Idyllisch gelegen: das Hofgut Schleinsee

Schloss Achberg:
Achberg, ursprünglich eine mittelalterliche Wehrburg, wurde im 17. Jahrhundert für den Deutschen Orden zum Schloss ausgebaut. Innen birgt es barocke Schätze, besonders der Rittersaal sucht seinesgleichen. Heute ist Schloss Achberg im Besitz des Landkreises Ravensburg und wird als Kulturzentrum für wechselnde Ausstellungen und Veranstaltungen genutzt. Am Schloss Achberg befindet sich auch ein Rastplatz.
www.schloss-achberg.de

Nach Kressbronn:
Auf der Straße weiter Richtung Tettnang über die Weiler Duznau und Siberatsweiler nach Rudenweiler fahren. Unterwegs kann man immer mal wieder das prächtige Panorama der Berge bewundern. Kurz nach dem Ortsschild von Rudenweiler – an der Bushaltestelle – links abbiegen, nach Rudenweiler hinein fahren und dem Sträßchen bis zu seinem Ende folgen. Hier rechts und bei der nächsten Kreuzung geradeaus nach Muttelsee fahren. Der Muttelsee selbst liegt idyllisch von Schilf umstanden etwas unterhalb des Ortes. Geradeaus durch den Weiler Muttelsee fahren, dann nach links auf die Straße nach Lindau abbiegen, sie kurz darauf aber wieder nach rechts verlassen – Wegweiser „Degersee“ und „Hiltensweiler“. An der nächsten Möglichkeit links

abbiegen. Vorne an der Kurve sehen wir das „Degerseestübchen", das seinen Gästen einen Badezugang bietet. Ein paar Meter weiter befindet sich das Strandbad Degersee mit Kiosk. Direkt am Degersee entlang führt die Straße weiter nach Wielandsweiler. Hier geht es links und hinauf zum Hofgut Schleinsee, das für seine leckeren Kuchen besonders berühmt ist.

Auch hier gibt es für Gäste einen Badezugang. Von hier über Nitzenweiler nach Berg fahren, von wo aus man eine prächtige Aussicht auf Kressbronn mit seinem Zwiebelkirchturm, den Bodensee und die Berge hat. Schöner kann es nicht sein! Das finden auch die Fotografen: Gefühlt stammt jedes zweite Postkartenmotiv vom Bodensee von hier.

Die Räder in Rauschefahrt bergab nach Kressbronn rollen lassen. An besagter Kirche mit dem schönen Zwiebelturm links abbiegen, ein Stück auf der Hauptstraße radeln und kurz darauf rechts in die Seestraße abbiegen. Nach dem Überqueren der Eisenbahnlinie geht es für die, die zum Bahnhof wollen, rechts. Noch ein Stück geradeaus befindet sich das Museum Galerie Lände.

Museum Galerie Lände:
In der Seestraße liegt die „Lände". Das Museum zeigt zeitgenössische Kunst des Bodensee-Raumes. Es beherbergt Werke von Hilde Broër, Martha Hopffner, Berthold Müller-Oerlinghausen, Leo Schobinger und Otto Valentien. Öffnungszeiten in den Sommermonaten Mittwoch bis Freitag 15 bis 18 Uhr, Samstag und Sonntag 14 bis 18 Uhr. www.laende.kressbronn.info

Zum Argensteg:
Weiter auf der Seestraße bis hinunter an die Anlegestelle der Fahrgastschiffe fahren. Wer mag, kann hier einen Ausflug mit einem der Schiffe machen oder im „Seegarten" einkehren, von wo aus man einen herrlichen Blick aufs Wasser hat. Ansonsten geht es rechts und an der ehemaligen Werft der Bodenseeschiffe und später am Naturstrandbad Kressbronn vorbei zum Campingplatz Tunau. Hier links und zum Campingpark Gohren durch die Wiesen weiterfahren. Am Kreisel am Schnaidter Hof noch einmal links und zum Jachthafen fahren. Der größte Jachthafen am Bodensee entstand aus einer Kiesgrube. Heute kann man hier Segel- und Motorboote zuhauf bewundern. Die Straße, die von Gohren zum Hafen führt, überqueren und um das Hafenbecken herumradeln. Zwischen der Gaststätte

„MYCO“ und der „Fischerhütte“ geht es rechts zum Argensteg. Von der Brücke für Radler und Fußgänger kann man der Argen bei ihrem letzten Wegstück zum Bodensee zuschauen. An schönen Tagen blitzen die weißen Segel über den See und im Hintergrund grüßt schneebedeckt der Säntis.

Zur Kabelhängebrücke:
Am Argensteg rechts abbiegen und entweder links oder rechts des Ufers flussaufwärts radeln. Die Landesstraße, die von Langenargen nach Gohren führt, überqueren und zur Kabelhängebrücke fahren.

Kabelhängebrücke:
Die historische Brücke aus dem Jahr 1898 wurde unter der Regentschaft von König Wilhelm II. erbaut. Die älteste Kabelhängebrücke Deutschlands wurde auf der Weltausstellung in Paris im Jahr 1900 als Modell ausgestellt und wegen ihrer Schönheit und Funktionalität gerühmt. Heute darf man als Radler oder Fußgänger durch die steinernen Bögen und über die Brücke fahren.

Nach Wildpoltsweiler:
Weiter geht es wahlweise links oder rechts des Ufers der Argen unter schattigen Bäumen talaufwärts, immer nah am schnell fließenden Fluss und unter verschiedenen Brücken hindurch. Immer wieder gibt es Gelegenheit, direkt ans Wasser zu gehen für die, die gerne ihre Füße kühlen möchten. Ca. 3,5 km von der Kabelhängebrücke entfernt gibt es auf der flussaufwärts gesehen rechten Flussseite einen Rastplatz. Rund 5 km nach dem Argensteg erreichen beide Wege die Gießenbrücke. Hier die Straße überqueren und dem Radweg nach Laimnau weiter an der Argen entlang folgen. Dicht an im Sommer höchst beeindruckenden Hopfenfeldern und durch Obstgärten führt der Weg nach Laimnau. Hier die Brücke über-

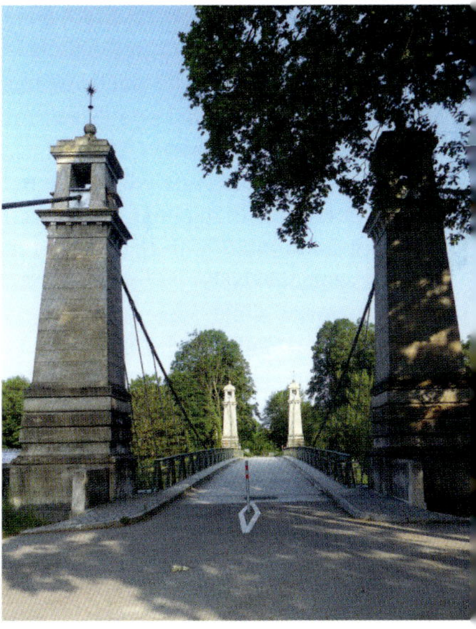

Historische Kabelhängebrücke

Tour 16: Hopfenland Tettnang

Von Ravensburg ins hügelige und fruchtbare Land rund um Tettnang führt diese Tour. Besonders schön ist sie im Sommer, wenn der Hopfen meterhoch auf den Feldern steht. Ein Besuch im Hopfengut No20 mit Gastwirtschaft und Museum oberhalb von Tettnang gehört dazu.

Start- und Endpunkt: Ravensburg

Streckenverlauf:
Ravensburg – Fidazhofen – Kemmerlang – Obersulgen – Straß – Siggenweiler – Tettnang – Bechlingen – Liebenau – Obereschach – Oberhofen – Ravensburg

Anreise Zug: Ravensburg liegt an der Bahnstrecke Friedrichshafen – Aulendorf. Auskunft: www.bahn.de

🚗: Ravensburg an der Oberschwabenhalle

🚐: Ravensburg Mühlbruckstraße; Tettnang Loretostraße

Gesamtstrecke: 37 km

Schwierigkeitsgrad: 🟥 🚴🚴

🚴; Höhendifferenz: 408 Hm

Dauer: 2,5 Stunden

Einkehrmöglichkeiten:
- Hopfengut
- in Obereschach
- in Tettnang
- im Spieleland
- in Ravensburg

Rastplätze:
- beim Hopfengut

🚲 **Ravensburg** im Museumsviertel Marktstr. 30 und beim Hallenbad Ziegelstr. 33; **Tettnang** Bike Galerie Schulstr. 6, Bikesport Spahn Kirchstr. 5 und am Hopfengut No20

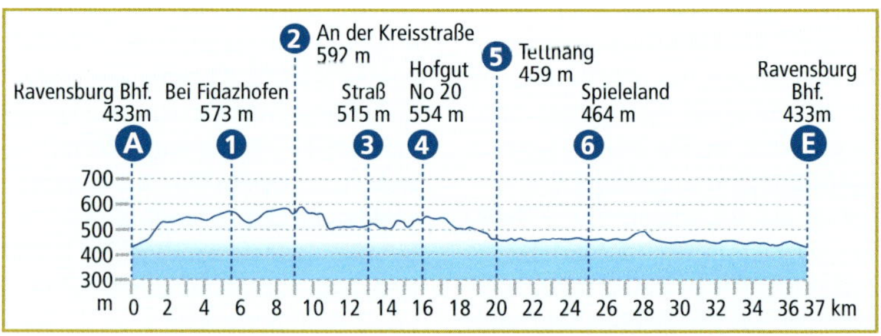

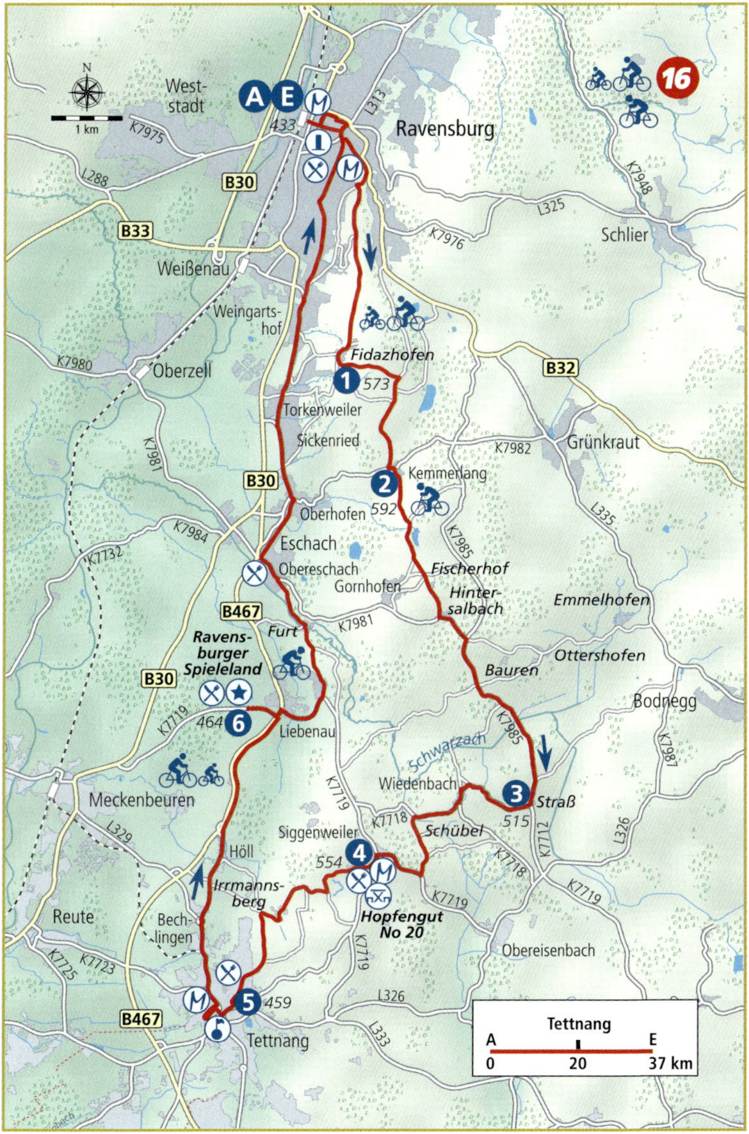
16
1 km
West-
stadt
Ravensburg
433
K7975
L288
B30
B33
L313
Weißenau
Weingarts-
hof
K7976
L325
Schlier
K7948
K7980
Oberzell
Fidazhofen
573
B32
Torkenweiler
Sickenried
K7981
K7982
Grünkraut
B30
Kemmerlang
592
Oberhofen
L335
K7984
Eschach
K7732
Obereschach
Gornhofen
K7985
Fischerhof
Hinter-
salbach
Emmelhofen
B467
K7981
Furt
Ravens-
burger
Spieleland
Ottershofen
Bauren
B30
Bodnegg
464
K7719
Liebenau
K7985
Schwarzach
K7987
Wiedenbach
Meckenbeuren
K7719
Straß
515
L329
K7718
Schübel
Siggenweiler
K7712
L326
Höll
554
K7718
Irrmanns-
berg
K7719
K7719
Hopfengut
No 20
Reute
Bech-
lingen
K7719
Obereisenbach
K7725
K7723
459
L326
B467
Tettnang
L333
Tettnang
A
E
0
20
37 km

Los geht's:

Vom Bahnhof in Ravensburg geradeaus in die Eisenbahnstraße und hinauf in die Altstadt fahren. Am Marktplatz rechts und vor dem imposanten roten Rathaus links durch die kopfsteingepflasterten Gassen bergauf radeln.

Ravensburg:
Stadt der Türme, wie es sich selbst bezeichnet. Und Tore und Türme gibt es tatsächlich zuhauf in Ravensburg. Musste die Stadt doch früher gut geschützt sein. Ihr Reichtum war geradezu legendär. Besonders die Familie Humpis hatte mit ihrem Tuchhandel ein goldenes Händchen. Die beiden Weltkriege hat die Altstadt von Ravensburg glücklich überstanden. So ist es heute eine Freude durch ihre Gassen zu flanieren, die schönen Fachwerkhäuser zu bewundern, den Kopf in den Nacken zu legen und die Türme zu bestaunen, in kleinen Fachgeschäften und Boutiquen fündig zu werden, im Café den Herrgott einen guten Mann sein zu lassen und zwischendurch im Museum Interessantes zu entdecken. Die Museen befinden sich praktischerweise nah beieinander in der Oberstadt. Im Museum Ravensburger dreht sich alles um die Welt des Spiels. Die Firma Ravensburger Spiele ist schließlich weltweit bekannt. Im Mitmach-Museum Ravensburger gehen Besucher auf eine interaktive Entdeckungsreise. Im mittelalterlichen Museum Humpis-Quartier geht's um Geschichte, auch die der berühmten Familie Humpis. Im Kunstmuseum stehen die Werke von Peter und Gudrun Selinka im Mittelpunkt. Wechselausstellungen ergänzen das Programm. Das Wirtschaftsmuseum widmet sich der Geschichte der Industrialisierung und der Veränderungen, die sie mit sich brachte, in der Region. Öffnungszeiten Dienstag bis Sonntag 11 bis 18 Uhr, Donnerstag auch länger.
www.ravensburg.de

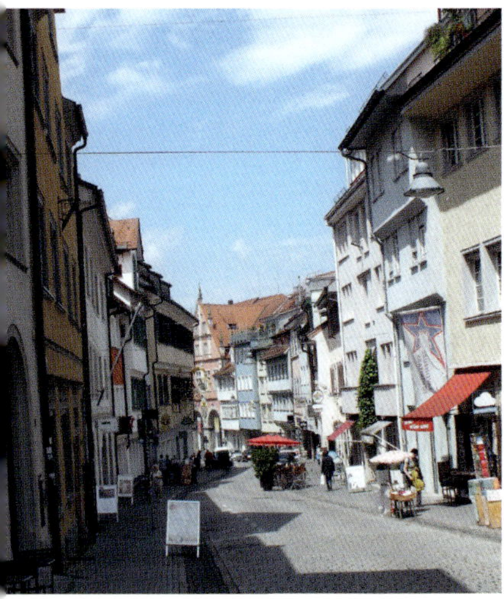

Lebendig: die Altstadt von Ravensburg

Durchs Hopfenland:
Durch das Obertor hinaus und gleich darauf nach rechts abbiegen – Wegweiser „Veitsburg" und „Fidazhofen". Auf dem Sträßchen bergauf radeln. Auf Höhe der Kirche angekommen, kann man nach rechts einen Abstecher zum Mehlsack machen, dem schönsten Aussichtspunkt Ravensburgs mit herrlichem Blick über die Stadt und das Schussental. Für die Tour geht es links und noch einmal bergauf bis zur Klinik Sankt Christina. Auf der Höhe radeln wir mit schönem Blick hinüber zum Gehrenberg und zum Höchsten auf kleinem Sträßchen nach Fidazhofen. Durch den Weiler und dann links weiter Richtung Kemmerlang. Bergab, bergauf, bergab. In Kemmerlang kurz rechts, dann gleich wieder links und steil bergauf weiter Richtung Gornhofen. Unterwegs gibt es wieder schönste Blicke übers Land. Und im Sommer, wenn der Hopfen hoch steht, ist es ein besonderes Erlebnis zwischen den hohen Pflanzen hindurchzuradeln. Kurz vor Gornhofen stoßen wir auf ein kleines Sträßchen. Hier geradeaus weiter fahren – Wegweiser „Wangen" und „Bodnegg". Hinauf zum Fischerhof, hinunter an die Straße, hier links, vorbei an Hintersalbach, bergauf bis zur Kreuzung und auf die Kreisstraße, die nach Neukirch führt, rechts ab-

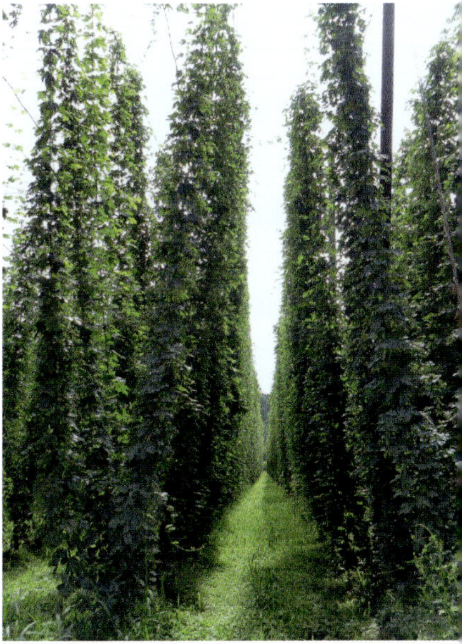

Im Sommer prägt der meterhohe Hopfen das Landschaftsbild

biegen. Vor der Abfahrt ins Tal unbedingt noch einmal Panorama schauen: Man sieht herrlich hinüber zu den Alpen! Auf der Straße hinunter ins Schwarzachtal bis zum Weiler Straß fahren. Hier rechts – Radwegweiser „Liebenau" – und auf kleinen landwirtschaftlichen Sträßchen durch Obstplantagen und Hopfenfelder durchs Hopfenland radeln. In Wiedenbach links und nach Schübel fahren. Hier noch einmal links – Wegweiser „Siggenweiler" und „Obereisenbach". Durch

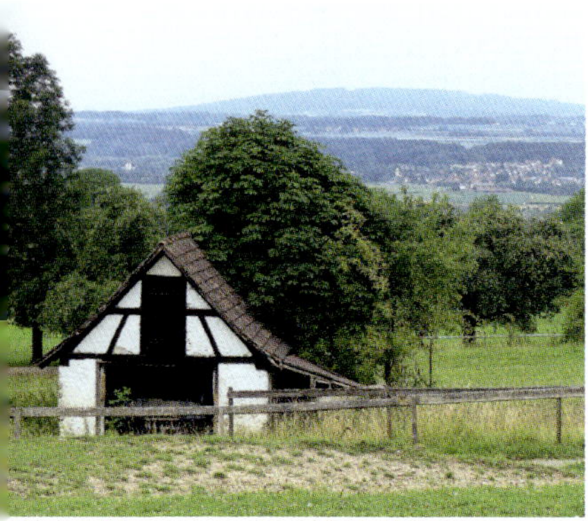

Schöne Aussicht zum Gehrenberg

Hopfenfelder bergauf, dann rechts und zur Kreisstraße fahren, auf die wir nach rechts nach Siggenweiler einbiegen. Geradeaus durch den Ort und noch ein Stück bergauf radeln. Am höchsten Punkt ist das Ziel erreicht: ein kleines Sträßchen führt nach rechts zum Hopfengut No20 samt Aussicht, Museum und Wirtschaft.

Hopfenland Tettnang und Hopfengut No20:

Die Radtour hat es gezeigt: Rund um Tettnang wächst Hopfen in Hülle und Fülle. Die Region ist eines der größten Hopfenanbaugebiete Europas. Jährlich werden rund 1700 Tonnen der federleichten Hopfendolden geerntet. Abnehmer sind nicht nur die Brauereien nebenan, sondern im Grunde die ganze Welt. In über 100 Länder – von USA bis Afrika, von Japan bis England – wird der Hopfen von Tettnang geliefert. Wer eine feine Würze für sein Bier haben möchte, kauft das „grüne Gold" Tettnangs. Hier stimmen Bodenqualität und Klima, hier geht es dem Hopfen gut, was er mit schönsten Dolden dankt. In diesen befinden sich die Aroma-, Bitter- und Gerbstoffe, die dem Bier erst seinen unverwechselbaren Geschmack geben. Hopfen ist für das Bier wie Salz und Kräuter für die Suppe! Das Hopfengut No20 – ehemals Hopfenmuseum Tettnang – vereint Hopfenanbau, Brauerei, Museum, Laden und Gaststätte. Hier wird feinster Aromahopfen produziert, und vor Ort werden besondere Bierspezialitäten gebraut, die man direkt in der Gastwirtschaft probieren kann. Im Museum kann man sich auf Zeitreise begeben und alles über den Anbau des Hopfens früher und heute erfahren. Es gibt liebevoll gestaltete Stationen zum Mitmachen und Entdecken für Kinder. Kinder dürfen während der Erntezeit sogar selbst mithelfen und Dolden pflücken! Glanzstück ist die riesige Hopfenpflückmaschine, der die Besucher nach der Hopfenernte bei der Arbeit zuschauen können. Wer vor der Ernte kommt, kann auf dem Hopfensteg in 6 Meter Höhe einen spektakulären Blick auf die Hopfengärten werfen.

Gruppen dürfen sich auch gerne zur Schaubrauerei und Bierverkostung anmelden.
Öffnungszeiten: Mitte März bis Oktober Samstag und Sonntag Laden und Museum 10.30 bis 17 Uhr, Gaststätte 11.30 bis 18 Uhr, www.hopfengut.de.

Nach Tettnang:
Vom Hopfengut aus geht es auf dem kleinen Sträßchen weiter. Gleichzeitig befinden wir uns hier auf dem Tettnanger Hopfenpfad, einem 4 km langen Wanderweg zwischen Tettnang und Siggenweiler mit 17 Stationen (zwischen der Kronenbrauerei Tettnang und dem Hopfengut No20). Das Sträßchen führt über einen herrlichen Aussichtspunkt und über verschiedene Hopfenhöfe zum Weiler Irrmannsberg und von dort hinunter nach Tettnang.

Tettnang:
Wer in die Stadt hinein will, fährt durch das Stadttor in die Altstadt und ggf. hinunter zum Schloss. Tettnang ist zwar klein, hat aber dennoch drei Schlösser zu bieten! Im Alten Schloss, mitten in der malerischen, historischen Altstadt gelegen, befindet sich heute das Rathaus. Prächtig inmitten eines Parks präsentiert sich das ehemalige Residenzschloss der Grafen von Montfort. Innen ebenfalls wunderschön ausgestattet von den bekannten barocken Künstlern Anton Feuchtmayer, Johann Georg Dirr und Andreas Brugger. In einem Teil des Neuen Schlosses befindet sich das Schlossmuseum. Die Besichtigung der gräflichen Appartements ermöglicht zusammen mit dem Bacchussaal und der Schlosskapelle eine Zeitreise in die adlige

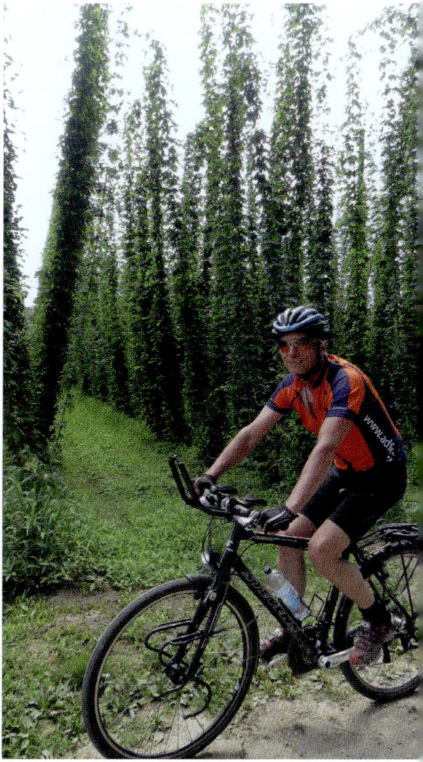

Unterwegs im Hopfenland Tettnang

Lebenswelt des 18. Jahrhunderts und gibt einen Eindruck von der originalen Raumausstattung eines Residenzschlosses. Führungen im Schlossmuseum finden jeweils zur vollen Stunde von 11 bis 17 Uhr statt. Treffpunkt: Museumsshop/Kasse 1. OG. Das Museum selbst ist Montag bis Sonntag von 11 bis 17 Uhr geöffnet (außer am Mittwoch). Elektronik wird in Tettnang groß geschrieben. Mit über 2000 Arbeitsplätzen ist die Elektronikindustrie ein wichtiger wirtschaftlicher Motor der Stadt. Das Elektronikmuseum Tettnang im Torschloss geht auf die Geschichte der Rundfunk-, Film- und Tontechnik ein. Rechenmaschinen und Bürotechnik werden ebenfalls berücksichtigt. Bill Haley singt vom Tondraht, Catharina Valente von der Schellackplatte. Öffnungszeiten April bis Oktober Dienstag bis Sonntag 14 bis 18 Uhr. Nach all diesen Sehenswürdigkeiten ist eine Einkehr in einem der zahlreichen Gasthäuser in der Altstadt gewiss kein Fehler. www.tettnang.de

Nach Liebenau:
An der Kreuzung am Bärenplatz – kurz vor dem Stadttor, das in die Altstadt hineinführt – geht es

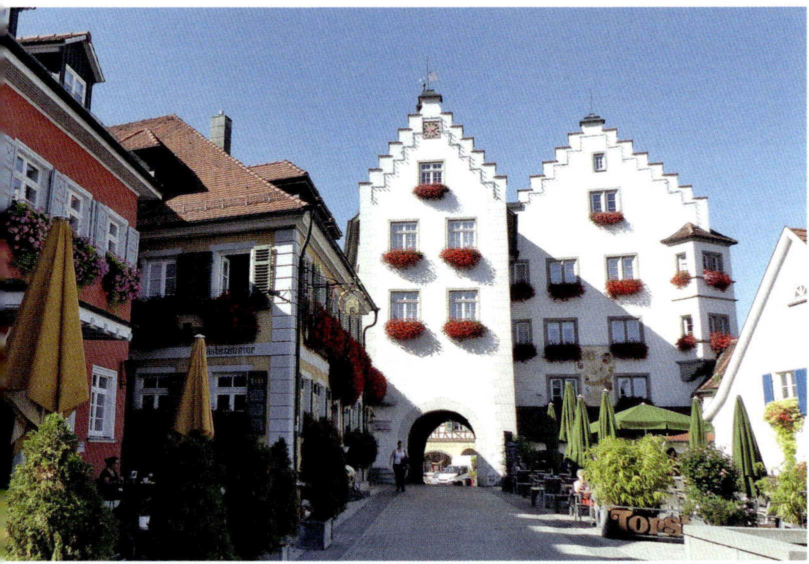

Durchs Stadttor geht es in die Altstadt von Tettnang

rechts und auf der Straße Richtung Bechtlingen wieder hinaus aus dem Ort – Wegweiser „Meckenbeuren". In Bechtlingen am Kreisverkehr rechts abbiegen – Wegweiser „Ravensburg" und „Liebenau" – und über Höll bis zur Bundesstraße fahren. Auf dem Radweg neben der B 467 bis Liebenau bleiben.

Abstecher zum Ravensburger Spieleland:
Wer dem Spieleland einen Besuch abstatten möchte, fährt in Liebenau links und nach dem Besuch auf demselben Weg zurück. Es ist nicht weit. Das Ravensburger Spieleland ist Freizeitpark und Feriendorf. Es wurde 2018 als familienfreundlichster Themenpark Deutschlands ausgezeichnet. In der BRIO World kann man mit dem BRIO Wellenreiter Achterbahn fahren, im wilden Hühnerstall toben und Hein Blöds Barfußpfad erkunden. Auf der Schwäbischen Eisenbahn im Miniaturformat kann man durch den Park reisen. In den Genius Wissens-Pavillons können Besucher sich mit Naturwissenschaft und Technik befassen und neues Wissen erwerben. Beim Goldwaschen wird man zwar nicht reich, aber nass. Im Freizeitpark kann man gut und gerne auch einen ganzen Tag oder mehrere zubringen. Öffnungszeiten April bis Oktober täglich 10 bis 17 Uhr, www.spieleland.de.

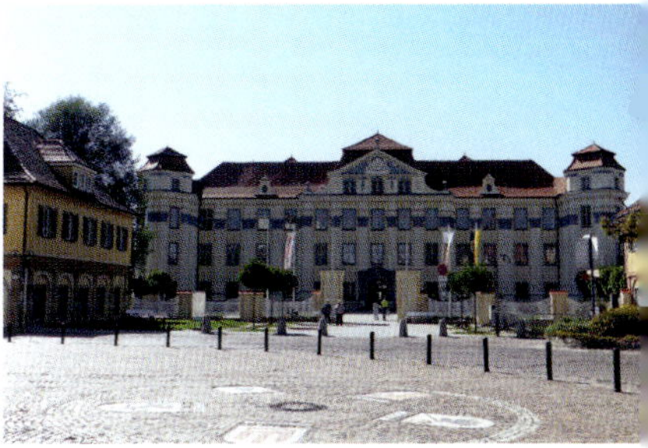

Neues Schloss Tettnang mit Schlossgarten

Zurück nach Ravensburg:
In Liebenau kurz nach dem Abzweig zum Spieleland rechts abbiegen und an der psychiatrischen Klinik vorbei rund 500 Meter auf einer Kreisstraße fahren. An einer Rechtskurve der Straße links auf ein kleines Sträßchen nach Furt abbiegen. Wunderschön durch Obstwiesen zum kleinen Weiler Furt radeln, dann hinauf nach Obereschach. In Obereschach geht es rechts und längs der Kreisstraße über Oberhofen und Torkenweiler auf halber Höhe mit Blick übers Schussental zurück nach Ravensburg. Hier geradeaus hinein in die Altstadt. Nach dem Marktplatz links und hinunter zurück zum Bahnhof fahren.

Tour 17: Bodnegg, Waldburg und Rößler Weiher

Von Ravensburg ins Grenzland zum Allgäu mit viel Bergblick und Natur führt diese Tour. Zunächst durchs Hopfenland, dann nach Bodnegg mit seiner schön gelegenen Kirche und von dort hinüber nach Waldburg. Das Museum in der Waldburg führt ins Mittelalter der Ritter, der Rößler Weiher ins Mittelalter der Mönche und die Kunst der Wasserbautechnik. Baden kann man da auch.

Start- und Endpunkt: Ravensburg

Streckenverlauf:
Ravensburg – Fidazhofen – Gornhofen – Bodnegg – Hargarten – Waldburg – Schlier – Rößler Weiher – Weingarten – Ravensburg

Anreise Zug: Ravensburg liegt an der Bahnstrecke Friedrichshafen – Aulendorf. Auskunft: www.bahn.de

: Ravensburg an der Oberschwabenhalle; Oberzell Wanderparkplatz

: Ravensburg Mühlbruckstraße; Weingarten Festplatz

Gesamtstrecke: 44 km

Schwierigkeitsgrad: ■ ;
Höhendifferenz: 624 Hm

Dauer: 3,5 Stunden

Einkehrmöglichkeiten:
- in Bodnegg
- in Waldburg
- „Zur frohen Aussicht" in Köpfingen
- in Weingarten
- in Ravensburg

Rastplätze:
- Am Rößler Weiher

Ravensburg im Museumsviertel Marktstr. 30 und beim Hallenbad Ziegelstr. 33; **Weingarten** am Stadtgarten

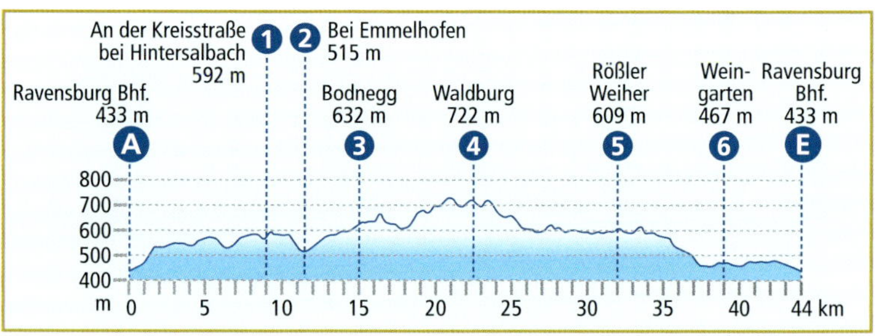

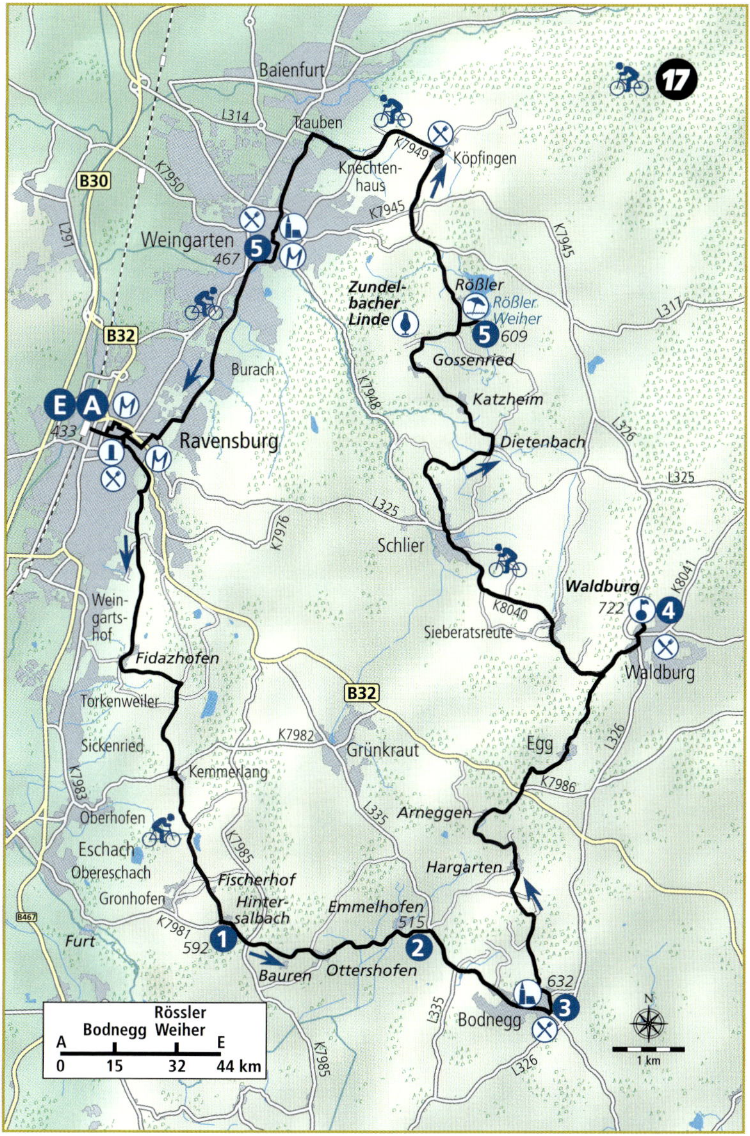
17
Baienfurt
L314
Trauben
K7949
Köpfingen
Knechtenhaus
K7950
B30
K7945
L291
Weingarten
467
5
Zundelbacher Linde
Rößler
Rößler Weiher
5
609
L317
B32
Burach
Gossenried
K7948
Katzheim
E
A
433
Ravensburg
Dietenbach
L326
L325
L325
K7976
Schlier
Waldburg
722
4
K8041
K8040
Weingartshof
Sieberatsreute
Waldburg
Fidazhofen
B32
Torkenweiler
K7982
Grünkraut
Egg
L326
Sickenried
Kemmerlang
K7986
K7983
L335
Arneggen
Oberhofen
K7985
Eschach
Obereschach
Hargarten
Fischerhof
Gronhofen
Hintersalbach
Emmelhofen
B467
K7981
515
Furt
1
592
2
Bauren
Ottershofen
632
L335
3
Bodnegg
K7985
L326
Rössler Weiher
Bodnegg
A
E
0
15
32
44 km
N
1 km

Los geht's:

Vom Bahnhof in Ravensburg wie bei Tour 16 geradeaus in die Eisenbahnstraße und hinauf in die Altstadt fahren. Am Marktplatz rechts und vor dem roten Rathaus links durch die kopfsteingepflasterten Gassen bergauf radeln.

Durch das Obertor hinaus und gleich darauf nach rechts abbiegen – Wegweiser „Veitsburg“ und „Fidazhofen“. Auf dem Sträßchen bergauf radeln. Auf Höhe der Kirche angekommen geht es links und noch einmal bergauf bis zur Klinik Sankt Christina. Von dort auf der Höhe auf kleinem Sträßchen nach Fidazhofen. Durch den Weiler und dann links weiter Richtung Kemmerlang. In Kemmerlang kurz rechts, dann gleich wieder links und steil bergauf weiter Richtung Gornhofen. Kurz vor Gornhofen stoßen wir auf ein kleines Sträßchen. Hier geradeaus weiterfahren – Wegweiser „Wangen“ und „Bodnegg“. Hinauf zum Fischerhof, hinunter an die Straße, hier links, vorbei an Hintersalbach, bergauf bis zur Kreuzung und geradeaus über die Straße. Die Landschaft weitet sich, man sieht herrlich hinüber zu den Alpen. Über die Weiler Bauren, Ottershofen und Emmelhofen geht es bergab und zur Landesstraße, auf die wir nach rechts nach Bodnegg abbiegen. An der Straße und wechselweise auf dem Radweg geht es nach Bodnegg.

Bodnegg:

Bodnegg hat eine beeindruckend gelegene Kirche auf dem höchsten Hügel des Fleckens. Die Kirche Sankt Ulrich und Magnus steht auf einem Drumlin, der aus der Eiszeit stammt und seine Umgebung um 50 Meter überragt. Eine fantastische Aussicht hat man von dort auch: Vom Kirchberg aus eröffnet sich ein faszinierender Blick auf die oberschwäbische Hügellandschaft und die Alpenkette! Hierher kamen und kommen am Sonntag all die Bauern von den verstreut gelegenen Bauernhöfen. Zu Fuß ein ordentlicher Marsch teilweise. Für die, die lesen konnten, gab es am Sonntag dann auch noch ein Buch aus der Gemeindebücherei, das man die Woche über wie einen Schatz hütete. Nach dem Kirchgang traf man sich auch gern noch auf einen Schwatz im Gasthof – schließlich sah man sich nur sonntags und hatte sich allerlei zu erzählen. Einladend sind die Gasthäuser in der Nähe der Kirche heute noch. Auch Radler sind hier höchst willkommen. Und man kommt immer noch gerne zusammen. Das fängt schon mit den Kindern in der Schule an. Hat Bodnegg doch geradezu rekordverdächtig viele Weiler – fast hundert an der Zahl. Von überall her kommen die Schüler hier ins Schulzentrum. www.bodnegg.de

Nach Waldburg:
Oberhalb des Schulzentrums geht es links – Wegweiser „Ravensburg" und „Grünkraut". Noch ein Stück bergauf – linker Hand sehen wir die Kirche – und oben rechts. Über kleine Weiler, auf schmalen Straßen mit prächtiger Aussicht auf grüne Hügel und Weiden, manchmal den Bodensee und manchmal die Berge, führt der Radweg hügelauf, hügelab nach Hargarten und Arneggen. In Arneggen verlassen wir den Radweg nach Ravensburg und biegen rechts ab – Wegweiser „Schlier" und „Waldburg". Geradeaus über die B 32 und einen Hügel hinauf nach Egg. Wieder bergab und durch einen Wald bis zur Kreisstraße, die Waldburg mit Sieberatsreute verbindet. Wer zur Waldburg möchte, biegt hier rechts ab – man sieht die Burg nach ein paar Metern auf der Straße schon hoch über dem Ort thronen (Infos s. Tour 11). Hinunter und hinauf zur Burg und auf demselben Weg später wieder zurück und geradeaus weiter auf der Straße nach Schlier fahren.

Zum Rößler Weiher:
An der Kreisstraße fährt gleich links, wer nicht zur Waldburg

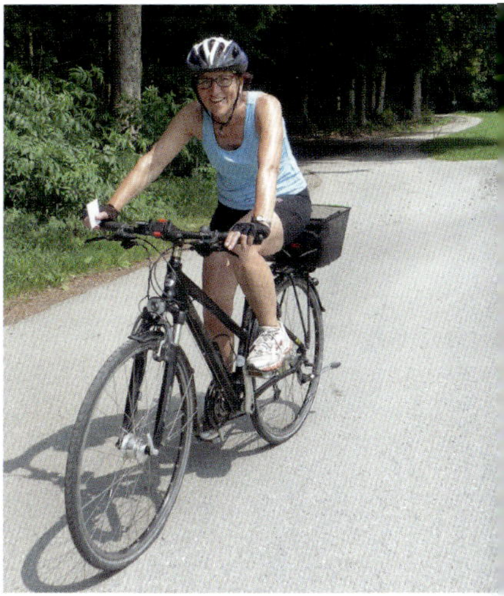

Im hügeligen Allgäu macht Radeln Spaß

möchte. Ein kurzes Stück durch den Wald bergauf und dann bergab, bergab, bergab über Sieberatsreute nach Schlier. In Schlier zur Ortsmitte radeln, kurz nach links auf die Straße nach Ravensburg einbiegen und gleich wieder rechts – Wegweiser „Albisreute". Auf einem kleinen, ruhigen Sträßchen, das gleichzeitig ein Pilgerweg für die Jakobspilger ist, aus dem Ort hinaus und durch einen Wald radeln. Am Waldrand angekommen, nach rechts auf ein Sträßchen mit Verbotsschild für mehr als 6-Tonner abbiegen – Wanderwegweiser „Dietenbach". Zweimal über einen Bach. Wer in der entsprechenden Jahreszeit unterwegs ist, kann Schwertlilien bewundern. Vorne an der Straße geht es links. Durch den Weiler Dietenbach, danach rechts wiederum auf kleinem Sträßchen nach Katzheim und Gossenried. In Gossenried macht die Straße eine Kurve und man kann schon von Weitem die Zundelbacher Linde sehen, einen markanten Aussichtspunkt, den man zu Fuß erklimmen kann. Weiter auf dem Sträßchen Richtung Rößler.

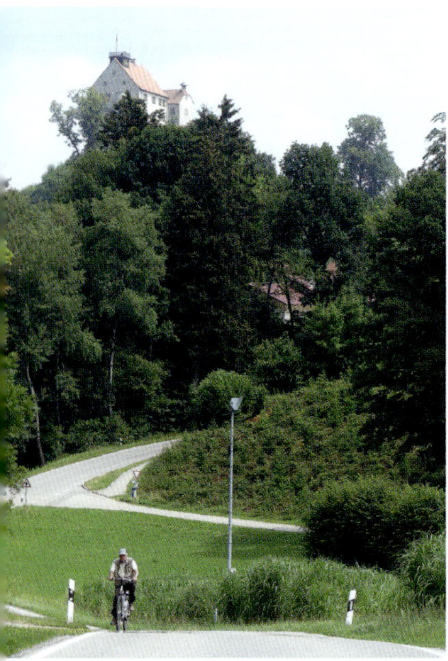

Stolz thront die Waldburg über dem gleichnamigen Ort

Abstecher zum Rößler Weiher: Kurz vor Rößler weist ein Schild den Weg zum Rößler Weiher nach rechts. Es ist nicht weit und der Abstecher lohnt sich. Ob für eine Badepause, eine Vesperpause, einen Blick über Wasser, Schwertlilien, Wollgras und Röhricht: Es ist ein schönes Plätzchen. Der Weiher ist einer der ältesten Stauseen Süddeutschlands. Ein weit verzweigtes Kanalsystem wurde bereits im 12. Jahrhundert von den technisch versierten Benediktinermönchen angelegt und diente der Wasserversorgung des Klosters Weingarten. Das Gewässernetz umfasst 10 Kanäle und rund 20 künstlich angelegte Weiher. Da es nahezu vollständig erhalten ist, gibt es uns heute einen wunderbaren Einblick in die Wasserbautechnik des Mittelalters, schreibt Doris Pichel im Kalender Schwäbisches Land von 2018. Ein wasserbauhistorischer Wanderpfad mit Informationstafeln erklärt Wissenwertes. Er führt vom Parkplatz am Rößler Weiher bis hinunter ins Freibad von Weingarten.

Nach Weingarten:
Weiter durch Rößler radeln und vor zur Landesstraße, die nach Weingarten führt. Auf sie nach links einbiegen und gleich darauf rechts Richtung Köpfingen und Baienfurt abbiegen. Ein Radweg

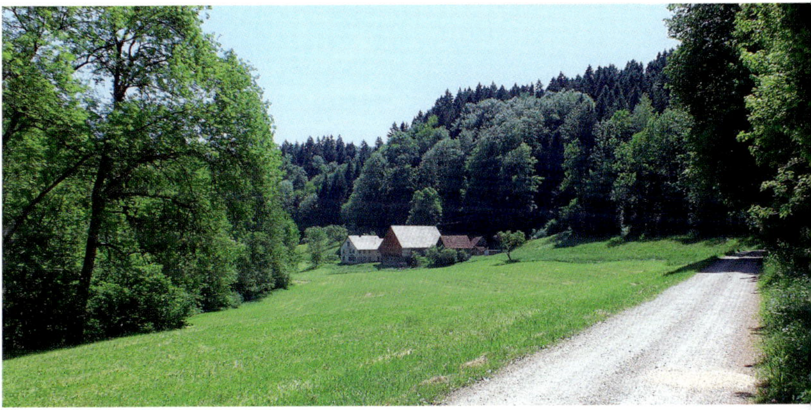

Romantisches Rotachtal

Whiskeyfassrollen, Mostschöpfen und dergleichen mehr sorgen für kurzweiliges Spektaktel. Auch für Blasmusikliebhaber ist Wilhelmskirch im Sommer ein Muss: Dann findet das große „BOSF – BrassOnStageFestival" mit renommierten Blaskapellen aus ganz Europa statt. Schmetternde Bläser und pulsierender Beat von traditionell bis Rock elektrisieren dann das Publikum. www.bosf-festival.de, www.highlandgames.com

Ins Rotachtal:
Auf Höhe des Gasthauses Wilhelmshöhe nach links abbiegen – Wanderwegweiser „Gossetsweiler". Das kleine Sträßchen führt zunächst schön durch die Felder. An der Landesstraße wird es dann laut. Auf den Radweg an der Landesstraße links einbiegen, nach Horgenzell hineinfahren, und an der Hauptkreuzung im Ort geradeaus weiter. An der Landesstraße entlang nach Ringgenweiler fahren. Hier links und über den Weiler Buggenhausen hinunter ins Rotachtal radeln. Kurz vor der Haslachmühle geht es links – Wegweiser „Marktdorf". Durch den Wald auf kleinem Sträßchen zur Buchmühle. Hier ist für die Autos Schluss. Über einen Wanderparkplatz und kurz darauf über die Rotach radeln.

Rotachtal:
Eindrucksvolle Zeugen eiszeitlicher Gletscherbewegungen sind die vielen Tobel, die der Radweg im Rotachtal kreuzt. Harttobel, Jonistobel, Benistobel und einige mehr münden ins Rotachtal. Viele

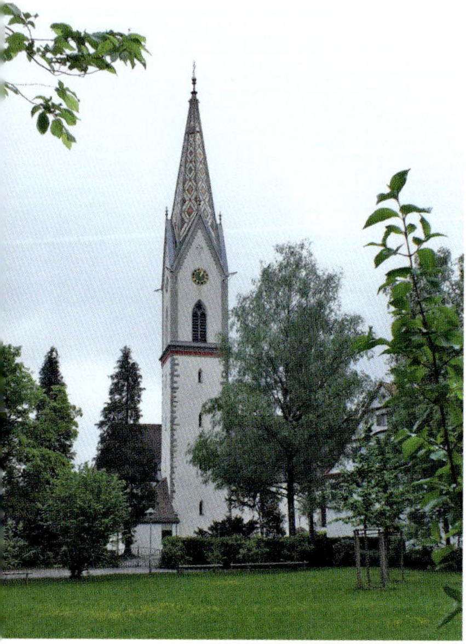

Oberteuringens Kirchturm ist der höchste der Region

bringen Wasser vom Höchsten herunter, dem ehemaligen Grenzberg zwischen Württemberg und Baden. Wildromantisch schlängelt sich der Bach und mit ihm der Radweg durch das Tal. Vereinzelt stehen Gehöfte im Tal. Hier haben die Bauern dem Wald ein Stück Weideland abgetrotzt. Im Frühjahr und Sommer stehen die Wiesen voller Blumen und setzen bunte Farbtupfer vor den grünen Wald. Dazwischen schäumt der Bach. Das Rotachtal ist wahrlich eins der schönsten Täler der Region!

Nach Oberteuringen:
Auf befestigtem Weg durchs Tal radeln. Kurz vor dem Benistobel geht es steil bergauf und dann wieder hinab zu einem Gehöft.
Ab hier ist der Weg geteert und wir radeln mal mehr, mal weniger nah am Bach talwärts. An der Schönemühle geht es links auf eine Kreisstraße, kurz darauf noch einmal links auf die Landesstraße, die von Salem nach Oberteuringen führt.
Nach Urnau hinein und auf der Straße und später dem Radweg durch den Ort radeln.
Rund 500 Meter nach dem Ortsende führt der Weg nach rechts zum Fuchstobel. Am Fuchstobel geht es rechts Richtung Stadel und bergauf bis zu einem Gehöft mit Baum und Wegkreuz. Hier links und das Rad wieder bergab über Bitzenhofen nach Oberteuringen rollen lassen. In Oberteuringen links in die Ortsmitte Richtung Kirche fahren. Der Kirchturm, der höchste zwischen Ulm und Bodensee, leitet uns. Kurz hinter der Kirche kann, wer sehr gute Gastlichkeit schätzt, nach links zum Gasthaus „Die Post“ abbiegen.
Ansonsten geht es geradeaus weiter und an der nächsten Möglichkeit rechts – Wegweiser „Taldorf“ und „Ravensburg“. Der Weg führt direkt ins Naturschutzgebiet Altweiherwiesen und Wammeratswatt.

Naturschutzgebiet Altweiherwiesen und Wammeratswatt: Das Naturschutzgebiet wurde im Grunde bereits im Mittelalter von den Mönchen von Sankt Gallen begründet. Diese legten im Talgrund zwischen Taldorf und Teuringen einen großen Weiher an. Nachdem die Mönche die Gegend wieder verlassen hatten und keiner sich mehr für dessen Pflege zuständig fühlte, verlandete der Teich und wurde dann von den umliegenden Bauern als Streuwiese genutzt. Heute sind in diesem Naturschutzgebiet seltene Tiere und Pflanzen zu finden. Im Frühling schmückt die Schwertlilie mit ihren weithin leuchtenden Blüten das Tal.

Nach Brochenzell:
Nach dem Durchqueren der Feuchtwiesen rechts abbiegen zum Weiler Wammeratswatt. Durch das Gehöft radeln und ins Naturschutzgebiet Wammeratswatt hineinfahren. Dann geht es bergauf auf dem Wanderweg nach Krehenberg. Auf der Höhe rechts, nach Krehenberg hinein, hier links und über Zillisbach Richtung Ettenkirch radeln. An der Kreisstraße rechts, am Ortsbeginn von Ettenkirch links, bergab durch den Ort und an der Landesstraße noch einmal links auf den Radweg nach Brochenzell abbiegen. Das Rad bergab rollen lassen. In der Ortsmitte geht es zum Humpisschloss nach rechts

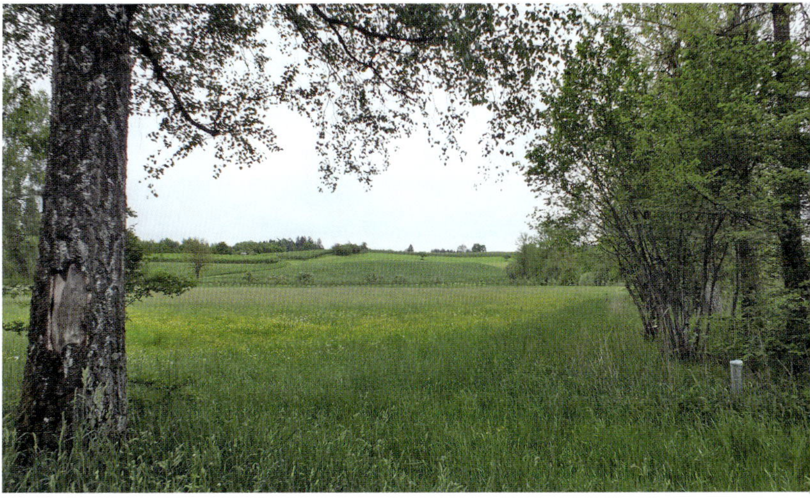

Naturschutzgebiet Altweiherwiesen

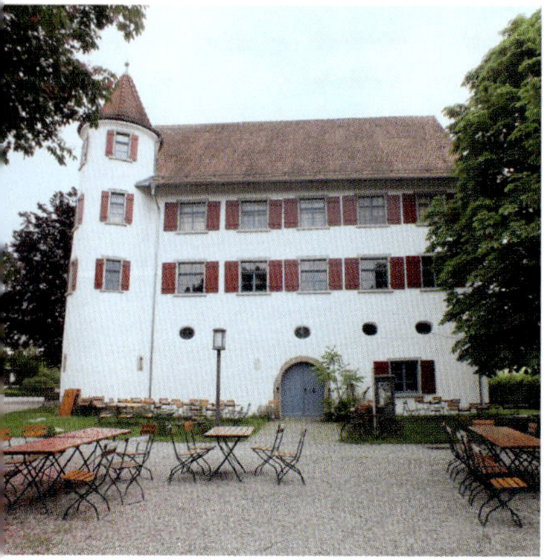

Das Humpisschloss in Brochenzell

und gleich wieder links; für die weitere Tour nach links auf die Kreisstraße nach Taldorf und Untereschach.

Humpisschloss:
„Um den drückenden Mangel an Wirtshäusern und Gaststätten zu begegnen, haben wir zum Wohle der dürstenden und hungernden Menschheit am 1. Juli 2000, fünf Minuten nach Sonnenuntergang, unser Wirtshaus im Humpisschloss in Brochenzell eröffnet. Wirtshaus, Kellner, wir und sonstige Utensilien bilden ein harmonisches Ganzes, welches nur noch von der Reinheit der Getränke und unseren Grundsätzen übertroffen wird. Nur um sich von der Wahrheit zu überzeugen, laden wir unsere Mitbürger zum fleißigen Besuch unseres Wirtshauses ein. Im Biergarten wird der prompten Bedienung wegen mit berittenen Kellnern serviert; im Wirtshaus dagegen zu Fuß." So die Homepage des Wirtshauses. Im 15. Jahrhundert kaufte die Familie Humpis aus Ravensburg, die mit dem Tuchhandel reich geworden ist, die 170 Jahre alte Burg und baute sie nach und nach zum Schloss um. Heute gehört das Humpisschloss der Gemeinde Meckenbeuren und ist ein herausragendes Beispiel für gelungene Denkmalsanierung. Unter dem Dach ist ein Museum untergebracht, das sich mit der Geschichte des kaufmännischen Treibens früherer Jahrhunderte befasst. Öffnungszeiten Museum Mittwoch bis Freitag 17 bis 19 Uhr, Samstag 16 bis 19 Uhr, Sonntag 11 bis 17 Uhr, www.meckenbeuren.de. Öffnungszeiten Wirtshaus: Dienstag bis Samstag 17 bis 23 Uhr, Sonntag 11.30 bis 21.30 Uhr, www.schloss-brochenzell.de.

Zurück nach Ravensburg:
Wer nach dem opulenten Wirtshausbesuch keine Lust mehr zum Radeln hat, fährt von der Wirtschaft zurück zur Straße, hier links und auf der Straße nach Meckenbeuren und zum Bahnhof. Wer die Kilos lieber abstrampelt, fährt an der Straße rechts und dann an der

Linkskurve geradeaus auf die Kreisstraße nach Taldorf und Untereschach. Über die Weiler Reuter und Hungersberg auf der Straße radeln. Nach Hungersberg, an einer Linkskurve der Straße, die Straße verlassen und geradeaus in den Wald hinein fahren. Schön radelt es sich auf befestigtem Weg durch den Wald nah der Schussen nach Unterklöcken und Oberzell. Hier an der Straße rechts und entweder wie auf dem Hinweg zurück zum Bahnhof radeln oder am Bahnhaltepunkt Weißenau rechts abbiegen.

Ansonsten kurz nach dem Abzweig zum Kloster links und dann im Grunde immer geradeaus bis ins Zentrum und die Altstadt hinein. Nach dem Marktplatz links und durch die Gassen der Altstadt zurück hinunter zum Bahnhof fahren.

Klosterkirche Sankt Peter und Paul Weißenau:
Wer die Kirche besichtigen will, fährt kurz darauf rechts und durch das Tor aufs Klostergelände. Die barocke Klosterkirche Sankt Peter und Paul gehörte zum Kloster Weißenau, das nach Weingarten einst das mächtigste und kulturell bedeutendste Reichskloster im südlichen Oberschwaben war. Von dieser Vergangenheit zeugt die prächtige Innenausstattung der Klosterkirche: der 1631 geschaffene Hochaltar, das Chorgestühl von 1635 und vor allem die berühmte Heiligblut-Reliquie. Heute ist das ehemalige Kloster ein Zentrum für Psychiatrie. Die prachtvolle Kirche jedoch kann besichtigt werden. www.ravensburg.de

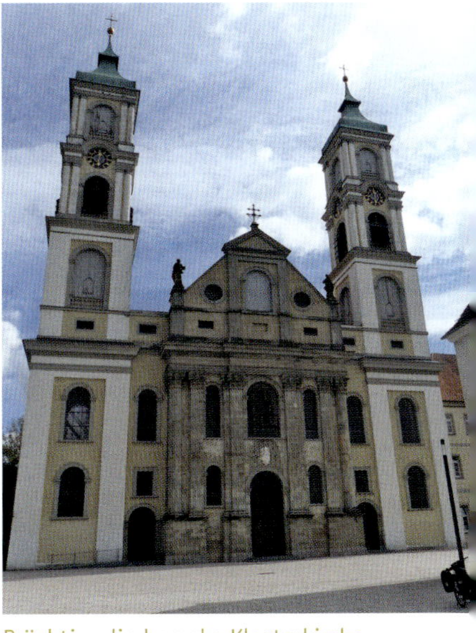

Prächtig: die barocke Klosterkirche in Weißenau

Tour 19: Basilika Weingarten und Eisenbahndenkmal Durlesbach

„Auf dr Schwäb'sche Eisebahne…" – Zu einem ganz besonderen Denkmal der Eisenbahn quer durch den Wald führt diese Tour. Vorher gibt es noch die gewaltige Basilika von Weingarten zu bewundern. Familien können auch nur die Tour bis zur Freizeitanlage Grüner Berg samt Badesee machen.

Start- und Endpunkt: Ravensburg

Streckenverlauf:
Ravensburg – Weingarten – Baienfurt – Baindt – Grüner Berg – Reute – Durlesbach – Mochenwangen – Staig – Ravensburg

Anreise Zug: Ravensburg liegt an der Bahnstrecke Friedrichshafen – Aulendorf. Auskunft: www.bahn.de

: Ravensburg an der Oberschwabenhalle; Weingarten am Festplatz; Wanderparkplatz Grüner Berg

: Ravensburg Mühlbruckstraße; Weingarten am Festplatz

Gesamtstrecke: 40 km

Schwierigkeitsgrad: ; Höhendifferenz: 289 Hm

Dauer: 3 Stunden

Varianten:
Start- und Endpunkt Bad Waldsee: 50 km

bis Freizeitanlage Grüner Berg und zurück: 20 km

Einkehrmöglichkeiten:
- in Ravensburg
- in Weingarten
- in Reute
- in Durlesbach

Rastplätze:
- am Grünen Berg
- am Eisenbahndenkmal in Durlesbach

Badeplätze:
- Baindter Bädle am Grünen Berg
- Egelsee

Ravensburg im Museumsviertel Marktstr. 30 und beim Hallenbad Ziegelstr. 33; **Weingarten** am Stadtgarten; **Bad Waldsee** am Bahnhof und neben der Tourist-Info

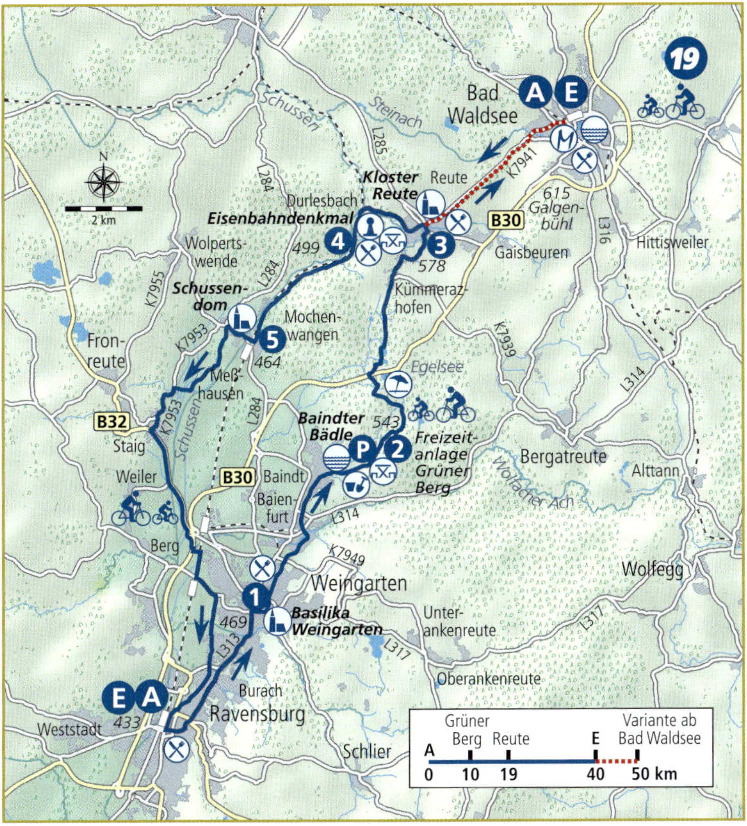
19
Bad Waldsee
A
E
Schussen
Steinach
L285
L284
K7941
615
Galgen-bühl
B30
Kloster Reute
Reute
Durlesbach
Eisenbahndenkmal
499
4
3
578
Gaisbeuren
L316
Hittisweiler
Wolperts-wende
2 km
Schussen-dom
Mochen-wangen
5
464
Kümmeraz-hofen
K7939
K7955
K7953
Fron-reute
Meß-hausen
Egelsee
L314
B32
Staig
Baindter Bädle
543
P
2
Freizeit-anlage Grüner Berg
Bergatreute
Alttann
Wolfacher Ach
Weiler
B30
Baindt
Baien-furt
L314
Berg
K7949
Weingarten
1
Wolfegg
469
Basilika Weingarten
Unter-ankenreute
L317
L313
Oberankenreute
Burach
E
A
433
Weststadt
Ravensburg
Schlier
Grüner Berg
Reute
Variante ab Bad Waldsee
A
E
0
10
19
40
50 km

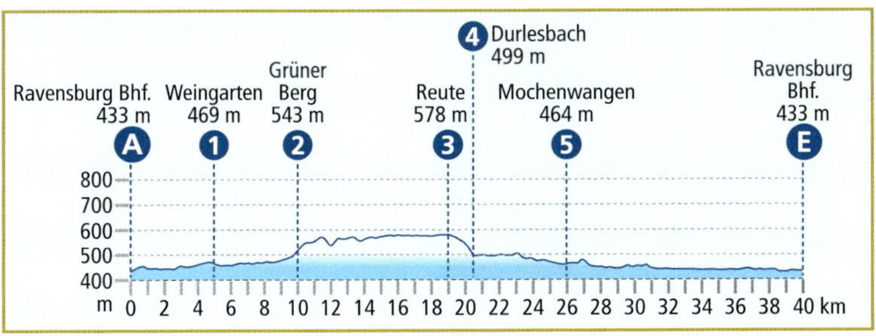
Ravensburg Bhf. 433 m
A
Weingarten 469 m
1
Grüner Berg 543 m
2
Reute 578 m
3
4 Durlesbach 499 m
Mochenwangen 464 m
5
Ravensburg Bhf. 433 m
E
800
700
600
500
400
m
0 2 4 6 8 10 12 14 16 18 20 22 24 26 28 30 32 34 36 38 40 km

Los geht's:

Vom Bahnhof in Ravensburg geradeaus weg und auf der Eisenbahnstraße zur Altstadt fahren. Am Marienplatz links und an der Liebfrauenkirche wieder aus der Altstadt hinausfahren. Den Altstadtring überqueren und auf dem Radweg an der Gartenstraße, vorbei am Kinozentrum am Frauentor, stadtauswärts und nach Weingarten radeln. In Weingarten nach rechts in die Abt-Hyler-Straße fahren und gleich noch einmal rechts mitten hinein ins Zentrum. Erhöht über dem alten Stadtkern liegt die Basilika Weingarten.

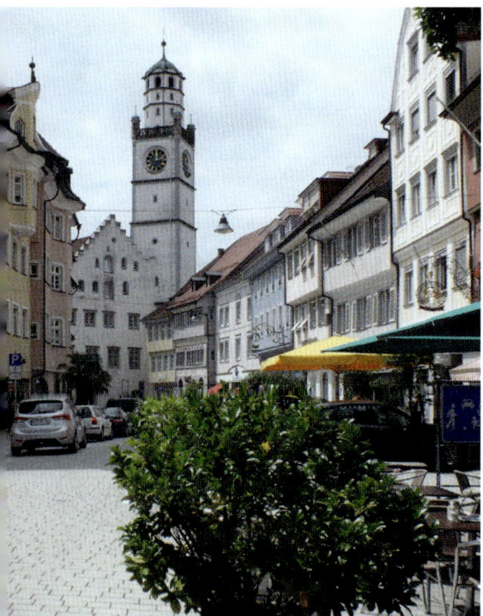

Stadt der Türme: Ravensburg

Basilika Weingarten:
Imposant ist gar kein Ausdruck: Die Basilika in Weingarten ist die größte Barockkirche nördlich der Alpen. Sie zählt zu den bedeutendsten Kirchenbauwerken des Hochbarock an der Oberschwäbischen Barockstraße. Sie ist zwar nur halb so groß wie der Petersdom in Rom, aber das reicht völlig aus, um den Betrachter mit ihrer schieren Größe und Pracht zu beeindrucken. Viele Stufen führen zum „Schwäbischen Sankt Peter" hinauf. Vom Vorplatz der Kirche hat man das Panorama der Stadt und des Schussentales zu Füßen. Zwischen 1715 und 1724 wurde die Basilika im Auftrag des Abtes Sebastian Hyler, der dem Benediktinerkloster vorstand, erbaut. Für die Gestaltung der Fassade, der Fresken und des Stucks wurden namhafte Künstler jener Zeit verpflichtet. Die Fresken sind von Cosmas Damian Asam, das Chorgestühl stammt von Josef Anton Feuchtmayer. Prächtigst ausgestattet, zieht die Basilika jährlich Tausende Besucher in ihren Bann. Herzstück der Kirche ist die Gabler-Orgel. Mit ihrer monumentalen Klangfülle verzaubert sie ihre Zuhörer. Außerdem rankt sich eine Sage um ihre Entstehung: Der Legende nach soll Joseph Gabler 6666 Pfeifen – entsprechend der Peitschenhiebe Jesu – und einen Geheimhebel

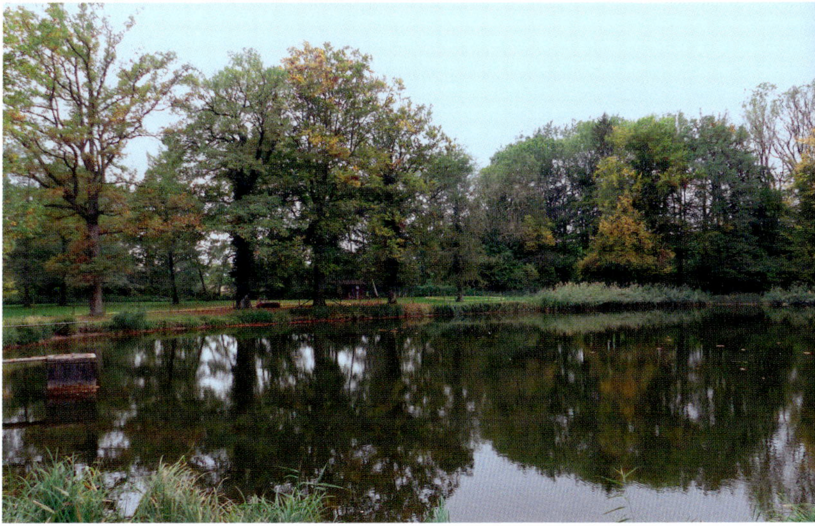

Das Baindter Bädle

verbaut haben. Mit diesem Hebel konnte er die Orgel mit einem Griff untauglich machen und so seinen noch ausstehenden Lohn einfordern.
www.weingarten-online.de

Zum Grünen Berg:
Von der Basilika zurück an die Abt-Hyler-Straße und hier rechts fahren. Über Postplatz und Bahnhofsstraße durch Weingarten und weiter nach Baienfurt radeln. Von dort weiter nach Baindt – Wegweiser „Bad Waldsee". In Baindt geradeaus durch den Ort, die Straße an einer Rechtskurve verlassen und geradeaus weiter die Gartenstraße und später die „Grünenbergstaße" bergauf radeln. An einem Parkplatz angekommen, lohnt es sich, sich umzudrehen und die Aussicht zu genießen.

Freizeitanlage Grüner Berg und Baindter Bädle:
Die Freizeitanlage wurde von der Gemeinde Baindt gemeinsam mit dem Forstamt Bad Waldsee angelegt. Ein Spielplatz, ein Rastplatz, Trimm-dich-Pfade, Wanderwege, ein Ballspielplatz und eben das Baindter Bädle sollen der Erholung und dem Durchatmen dienen. Ein richtig nettes Plätzchen. Der kleine Weiher ist auch im Herbst schön.

Nach Reute:
Vom Parkplatz am Grünen Berg geht es praktisch geradeaus in den Wald hinein und auf einem breiten befestigten Waldweg stetig bergauf. Nichts mehr vom Trubel des Schussentales ist hier zu hören oder zu sehen. Nach rund 2 km angenehmen Radelns durch den grünen Wald ist eine Kreuzung erreicht. Der Wanderweg mit rotem Punkt verläuft geradeaus. Hier links und nach einem weiteren Kilometer rechts und noch ein kurzes Stück bergauf. Wer zum Egelsee und baden will, fährt auf der Höhe geradeaus. Ansonsten geht es links, unter der Bundesstraße (B 30) hindurch und an einem Blinden See entlang weiter durch den Wald. Nach weiteren 2 km öffnet sich die Landschaft. Bald nachdem wir den Weiler Kümmerazhofen durchquert haben, sehen wir das Kloster Reute, ein von Franziskanerinnen bewohntes Kloster, vor uns liegen.

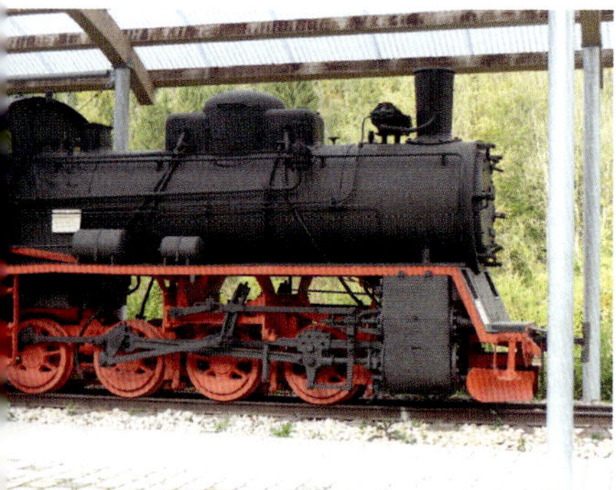

Historische Dampflok in Durlesbach

Nach Durlesbach:
In Reute an der Straße links abbiegen und kurz darauf, an der zentralen Kreuzung im Ort, noch einmal links – Wegweiser „Durlesbach". Die Räder hinunter ins Schussental rollen lassen. Unten geht es links und nach ein paar Metern kommt auch schon der ehemalige Bahnhof Durlesbach, heute eine Gaststätte, in Sicht.

Eisenbahndenkmal Durlesbach:
Hier in Durlesbach steht eine alte Dampflok samt Waggons. Der Unternehmer Alfons Walz, der als Kind das Lied von der Schwäb'sche Eisebahn gelernt hat, hat diesem ein Denkmal gesetzt. Der Bauer, der seinen Ziegenbock hinten an den Zug anbinden möchte, ist hier genauso verewigt wie der Kondukteur, der wohl Alfons Walz' Züge trägt. Das Durlesbacher Bähnle mit den Bronzefiguren des Künstlers René Auer ist heute eine touristische Attraktion. Bänke aus Holz und das Café nebenan laden zur Rast ein.

Zurück nach Ravensburg:
Auf dem Weg an der Bahnlinie entlang weiterradeln. Nach rund 2 km kommt eine Infotafel in

Sicht. Hier stand einst ein Haus: Das Storchenhaus. Es war der Treffpunkt der oberschwäbischen Räuberbanden. Weiter geht es noch einmal rund 2 km sehr ruhig an der Schussen und der Bahnlinie entlang. Ab und zu kommt ein Zug vorbei – die Strecke der Schwäbischen Eisenbahn von Stuttgart über Ulm und Biberach nach Ravensburg und Friedrichshafen ist nach wie vor gut frequentiert. In Mochenwangen rechts abbiegen – Wegweiser „Bad Saulgau“ – und die Bahnlinie überqueren. Geradeaus durch den Ort auf die Kirche zuhalten.

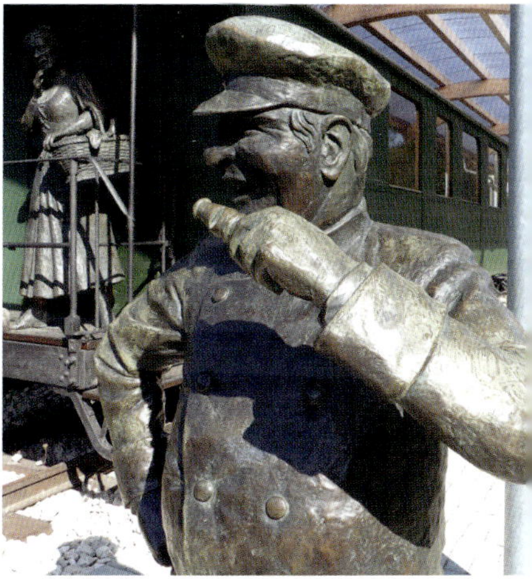

Alfons Walz in der Rolle des Schaffners

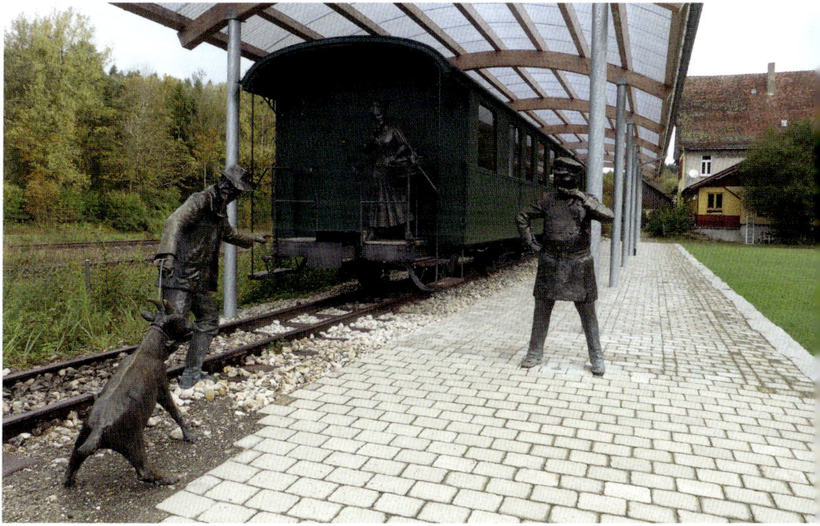

Eisenbahndenkmal Durlesbach

Schussendom Mochenwangen: Das kleine Dorf Mochenwangen erhielt durch eine prosperierende Papierfabrik im Zuge der Industrialisierung enormen Zulauf. Die vorhandene Kapelle reichte an Sonntagen hinten und vorne nicht aus. Anfang des 20. Jahrhunderts gab man sich dann einen Ruck und ließ vom renommierten Stuttgarter Architekten Joseph Cades eine Kirche im neuromanischen Stil errichten. Weil sie für Mochenwangener Verhältnisse doch recht groß geraten war, erhielt die Kirche Mariä Geburt bald darauf den Spitznamen „Schussendom". Der blieb ihr bis heute erhalten. Innen zieren Jugendstilgemälde und Art Déco die Kirche. Eine prächtige Orgel mit 38 klingenden Registern, auf der regelmäßig Konzerte gegeben werden, macht die Ausstattung komplett.
www.westliches-schussental.de

Am Schussendom vorbei noch ein paar Meter auf der Straße bleiben. Dann geht es links und idyllisch durchs Schussental über Meßhausen nach Staig.

Hier an der B 32 links und auf dem Radweg parallel zu ihr weiter den Schildern Richtung Ravensburg folgen. Der Trubel hat uns wieder. Auf die andere Seite der autobahnähnlichen B 30 und am Bahnhaltepunkt Weingarten/Berg vorbeifahren. Durch eine Unter-

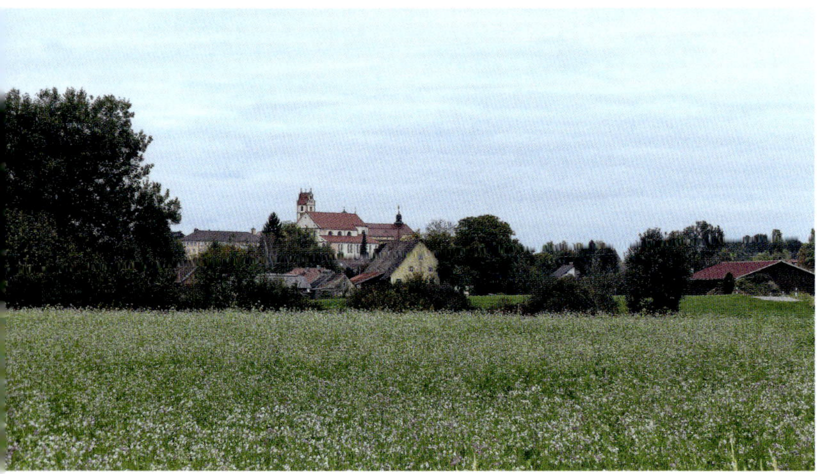

Blick aufs Kloster Reute

führung, danach rechts und schön durch Sportanlagen, Wiesen und Park zurück nach Ravensburg radeln. Die Ulmer Straße überqueren und über Schützenstraße und Parkstraße zurück zum Bahnhof fahren.

Variante von Bad Waldsee:
Vom Bahnhof in Bad Waldsee nach rechts weg fahren und zunächst geradeaus, dann nach links den Beschilderungen nach Reute folgen. Der Radweg verläuft direkt parallel zur Straße, die nach Reute führt. Ab Reute wie im Tourverlauf beschrieben. Von Reute geht es nach Bad Waldsee auf demselben Weg zurück.

Auf der schwäb'sche Eisebahne
gibt's gar viele Haltstatione.
Schtuagart, Ulm und Biberach,
Meckebeure, Durlesbach!
Trulla, trulla, trullala,
Trulla, trulla, trulla
Schtuagart, Ulm und Biberach,
Meckebeure, Durlesbach!

Auf der schwäb'sche Eisebahne
wollt amal a Bäuerle fahre,
goht an d' Kass und lupft de Hut:
„Oi Billettle, seid so gut!"
Trulla, trulla, trullala,
Trulla, trulla, trulla
goht an d' Kass und lupft de Hut:
„Oi Billettle, seid so gut!"

Einen Bock hat er gekaufet
und dass der ihm nit entlaufet,
bindet sie de gute Ma
hinte an de Wage a.

„Böckli, tu nur wacker springe,
,s Futter werd i dir scho bringe."
Also spricht dr guate Ma,
und setzt sich dann im Waga na.

Auf de nächste Haltstatione,
wo er will sei Böckle hole,
find't er bloß no Kopf und Soil
an dem hintre Wagetoil.

Do kriegt er en große Zorne,
nimmt de Kopf mitsamt dem Horne,
schmeißt en, was er schmeiße ka,
den Konduktör an Schädel na:

„So, du kannst de Schade zahle,
warum bisch du so schnell gefahre!
Du alloi bischd schuld dadra,
dass i da Bock verlaure ha!"

So, jetzt wär das Lied gesunge,
,s hätt' euch wohl in d'Ohre
geklunge.
Wer's no nit begreife ka,
fangt no mal von vorne a!

Quelle: www.lieder-archiv.de und eigene Erinnerungen.

Tour 20: Zu den Quellen der Riß und nach Bad Waldsee

Diese schöne und gemütliche Tour führt durch das Rißtal und zu den Quellen der Riß. Von dort geht es weiter ins zauberhafte Bad Waldsee oder in einer Variante durch das Wilde Ried. Auf dem Donau-Bodensee-Weg führt die Tour durch das Umlachtal über Eberhardzell zurück nach Biberach.

Start- und Endpunkt: Biberach

Streckenverlauf:
Biberach – Ummendorf – Unteressendorf – Winterstettenstadt – Winterstettendorf – Michelwinnaden – Bad Waldsee – Haisterkirch – Osterdorf – Mühlhausen – Eberhardzell – Ummendorf – Biberach

Anreise Zug: Biberach liegt an der Bahnstrecke Ulm – Aulendorf. Auskunft: www.bahn.de

: Biberach Stadthalle; Ummendorf Badesee

: Ummendorf Bräuhaus; Bad Waldsee Therme

Gesamtstrecke: 62 km

Schwierigkeitsgrad:
Höhendifferenz: 330 Hm

Dauer: 4 Stunden

Varianten:
Mit der Bahn vom Bahnhof Bad Waldsee zurück – 30 km

Durchs Wilde Ried 41 km

Einkehrmöglichkeiten:
- in Biberach
- in Bad Waldsee
- am Badesee in Ummendorf
- und überhaupt in jedem Ort unterwegs

Rastplätze:
- Tannenbühl bei Bad Waldsee

Badeplätze:
- Bad Waldsee Stadtsee
- Ummendorf Badesee

Biberach Alter Postplatz 4 (Nähe Bahnhof), am Schadenhof hinter der Kirche, an der Stadtbücherei; **Bad Waldsee** am Bahnhof und neben der Tourist-Info

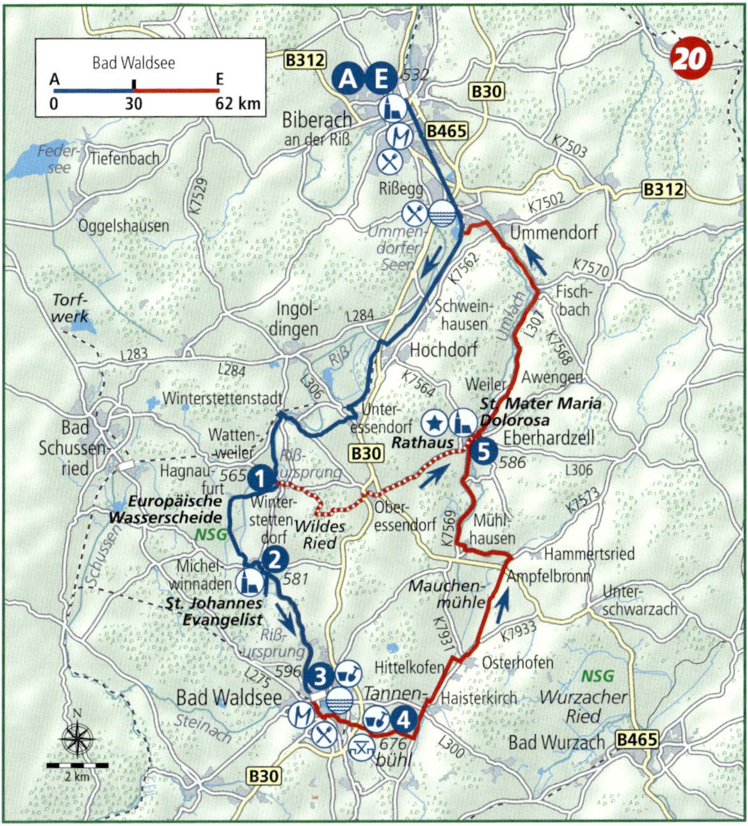
Bad Waldsee
A
E
0
30
62 km
20
A
E
532
B312
B30
B465
B312
Biberach
an der Riß
Feder-
see
Tiefenbach
K7503
K7529
Rißegg
K7502
Oggelshausen
Ummen-
dorfer
Seen
Ummendorf
K7562
K7570
Torf-
werk
Ingol-
dingen
L284
Schwein-
hausen
Umlach
L307
Fisch-
bach
K7568
L283
L284
Hochdorf
Riß
L306
K7564
Weiler
Awengen
Winterstettenstadt
Unter-
essendorf
St. Mater Maria
Dolorosa
Bad
Schussen-
ried
Watten-
weiler
B30
Rathaus
Eberhardzell
5
586
Riß-
ursprung
Hagnau-
furt
565
1
L306
Europäische
Wasserscheide
NSG
Winter-
stetten
dorf
Wildes
Ried
Ober-
essendorf
K7569
Mühl-
hausen
K7573
2
581
Michel-
winnaden
Hammertsried
Ampfelbronn
Schussen
St. Johannes
Evangelist
Mauchen-
mühle
Unter-
schwarzach
K7931
K7933
Riß-
ursprung
L275
596
3
Hittelkofen
Osterhofen
NSG
Bad Waldsee
Tannen-
Haisterkirch
Wurzacher
Ried
4
Steinach
676
bühl
L300
Bad Wurzach
B465
N
2 km
B30

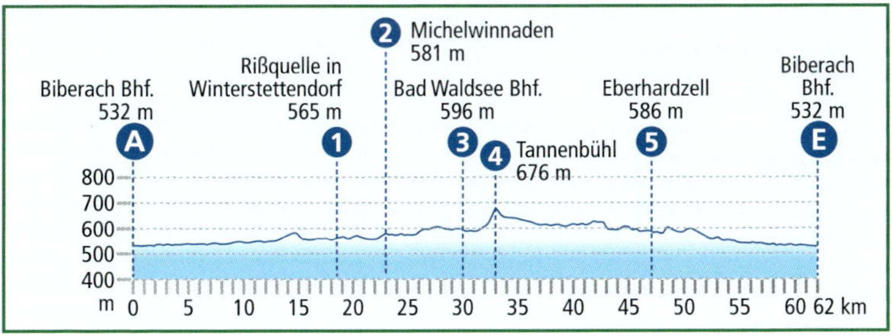
2 Michelwinnaden
581 m
Rißquelle in
Winterstettendorf
565 m
Biberach Bhf.
532 m
Bad Waldsee Bhf.
596 m
Eberhardzell
586 m
Biberach
Bhf.
532 m
A
1
3
4 Tannenbühl
676 m
5
E
800
700
600
500
400
m
0
5
10
15
20
25
30
35
40
45
50
55
60 62 km

Los geht's:

Vom Bahnhof in Biberach nach links fahren und den Wegweisern nach Bad Waldsee und Ummendorf immer direkt an der Bahnlinie entlang stadtauswärts folgen. Es wird mal die eine oder andere Straße gequert, mal schiebt sich das eine oder andere Gelände dazwischen, aber im Grunde bleibt man immer an der Bahnlinie.
Nach rund 5 km sind die Ummendorfer Seen erreicht. Der erste See ist ein Badesee mit Gasthaus und Freibadbetrieb. Der zweite See ist Naturschutzgebiet. Der Radweg führt an beiden Seen – dem Badesee und dem Natursee – entlang. Immer mal wieder gibt es einen schönen Blick aufs Wasser. Nach der Seenlandschaft führt der Weg weiterhin nah an der Bahnlinie durchs weite Tal der Riß mit Schilf und Ried, Weiden und Wiesen, vorbei an Schweinhausen und Hochdorf, nach Unteressendorf. Kurz vor Unteressendorf geht es links, unter der Bahnlinie hindurch und in den Ort hinein. An der Bushaltestelle „Gemeindehaus", auf Höhe der Kirche, den Radweg nach Bad Waldsee verlassen und nach rechts in den Winterstetter Weg abbiegen. Die Landesstraße überqueren und auf einem alten Pilgerweg, der nach Santiago de Compostela in Spanien führt, geradeaus weiterfahren. Bildstöcke

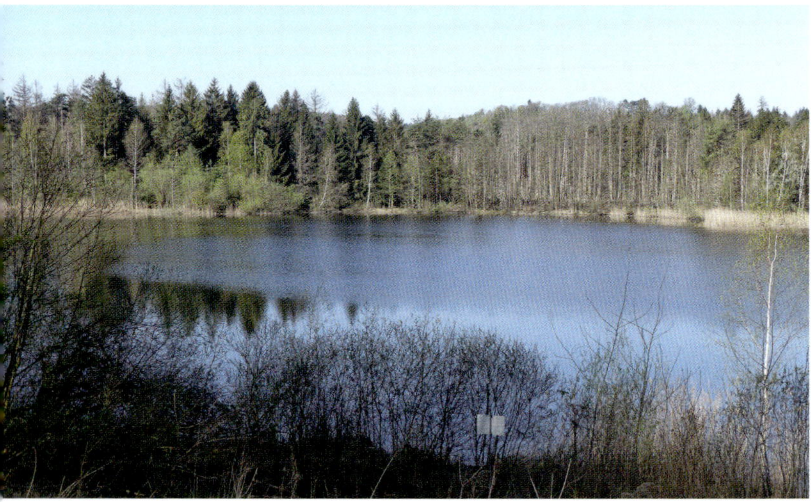

Naturschutzgebiet Ummendorfer See

säumen den Wegesrand. An einem Wegkreuz den asphaltierten Weg überqueren und geradeaus am Waldrand weiter bis zu einer Kreisstraße fahren. Hier rechts abbiegen und bergab nach Winterstettenstadt fahren. In der Ortsmitte befindet sich ein markanter Fachwerkbau – das Riefhaus. Der Straße weiter durch den Ort Richtung Ingoldingen folgen. Nach der Brücke über die Riß links nach Wattenweiler und gleich darauf noch einmal links in die Weiherhalde abbiegen – Radwegweiser „Aulendorf". Den Radwegweiser muss man allerdings fast mit der Lupe suchen. Wunderschön geht es durch das mit Wasserkanälen durchzogene Tal, einem Gletschertor der Eiszeit, weiter nach Winterstettendorf.

Kurz vor dem Erreichen der Straße wird die Riß überquert. Gleich am Ortseingang auf den Radweg nach Hagnaufurt nach rechts abbiegen. Hier an der Winterstetter Mühle befindet sich ein großer Weiher – der Ursprung der Riß. Zumindest einer davon.

Rißquelle:
Der Quellsee in Winterstettendorf liegt idyllisch unmittelbar an der Dorfkirche. Er bekommt sein Wasser zum einen aus den Quellen der „Kalten Riß" und zum anderen

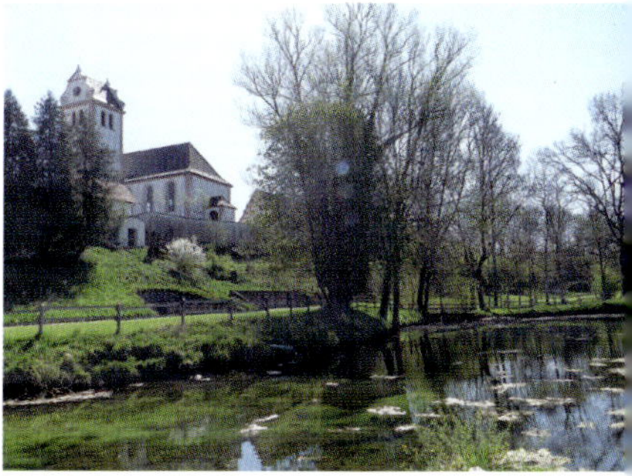

Am Quelltopf der Riß
in Winterstettendorf

durch einen Zufluss aus dem Wilden Ried, einem Feuchtgebiet etwas oberhalb von Winterstettendorf. Ein paar Kilometer weiter südlich bei Michelwinnaden entspringt in einer Wiese die „Warme Riß" oder auch „Alte Riß" – ebenfalls ein schönes Plätzchen. Sie fließt in einem schmalen Bachlauf von Michelwinnaden in einem Bogen um Winterstettendorf herum und vereinigt sich mit dem Wasser des Quelltopfes ungefähr an der Stelle, an der wir vorhin über die Riß gefahren sind. Die Mühle neben dem Quellsee wurde 1296 erstmals erwähnt. Sie ist heute eine Genossenschaftsmühle mit historischer Einrichtung und Turbine. Öffnungszeiten der Mahlmühle Winterstettendorf: Montag bis Freitag 8 bis 12 und 13 bis 17 Uhr, Samstag 8 bis 12 Uhr, www.muehlenstrasse-oberschwaben.de.

Nach Michelwinnaden:
Weiter auf dem Radweg nach Aulendorf bleiben und nach Hagnaufurt radeln. In Hagnaufurt auf ein Sträßchen mit Verbotsschild für 6-Tonner nach links abbiegen; auf einem Stein wird das nächste Ziel „Michelwinnaden" schon angezeigt. Wir befinden uns hier an der europäischen Wasserscheide. Rechts fließt das Wasser in die Schussen und damit in den Rhein. Links in die Warme oder Alte Riß und damit in die Donau. Geradeaus präsentieren sich bei entsprechendem Wetter die schneebedeckten Gipfel der Berge. Wir radeln geradewegs auf die Alpenkette zu. Ein herrliches Panorama! Dann führt der Weg wieder ein Stück bergab, an einem Naturschutzgebiet vorbei, über die Alte Riß und zum Sportplatz von Michelwinnaden. An diesem vorbei vor zur Straße radeln. Hier links durch den Ort und oben rechts Richtung Kirche.

Pfarrkirche Sankt Johannes Evangelist:
Burg und Kirche prägen den Ort seit vielen Jahrhunderten. Eine Zeit lang war Michelwinnaden Wallfahrtsort. Innen ist die Kirche prächtig ausgestattet. Ein besonderer Hingucker sind die Deckengemälde. Das Deckengemälde im Chor „Die Verehrung der Muttergottes auf der Säule" von Euchstachius Gabriel verweist auf die Tradition der Wallfahrt. Das große Deckenbild im Kirchenschiff zeigt die Vision aus der Offenbarung des Johannes: „… eine Frau, mit der

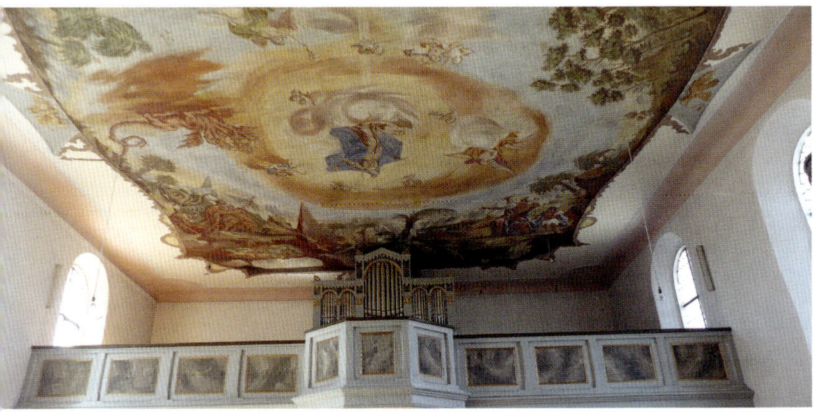

Prächtiges Deckengemälde in Michelwinnaden

Sonne bekleidet; der Mond war unter ihren Füßen und ein Kranz von zwölf Sternen auf ihrem Haupt…" (Offb. 12.1–2). In den Ecken sind aus den damals bekannten vier Kontinenten kommende Vertreter zu sehen, darunter Kaiserin Maria Theresia und Kaiser Josef II. für Europa. Die Fresken stammen aus dem 18. Jahrhundert. www.seelsorgeeinheit-badwaldsee.de

Zum Ursprung der Alten Riß:
An der Kirche vorbei zum Burgweiher fahren. Kurz nach dem Burgweiher, am Ende des Ortes, zeigt ein Wanderwegweiser nach rechts zum Rißursprung. Dem Weg bis zum Waldrand folgen. Hier das Rad abstellen und auf wildromantischem Pfad über schmale Holzbrückchen bis zur Quelle wandern. Es ist nicht weit. Ein schmales Bächle sucht sich von der Quelle seinen Weg durch die Wiesen. Weit bescheidener als der große Quelltopf in Winterstettendorf.

Nach Bad Waldsee:
Auf demselben Weg zurück zur Straße fahren. Hier rechts und am Ortsende auf den Radweg nach Bad Waldsee auf die linke Straßenseite wechseln. Der Radweg begleitet die Straße hügelauf, hügelab bis Bad Waldsee. In Bad Waldsee geht es nach der Unterführung der Bahnlinie für die, die mit dem Zug

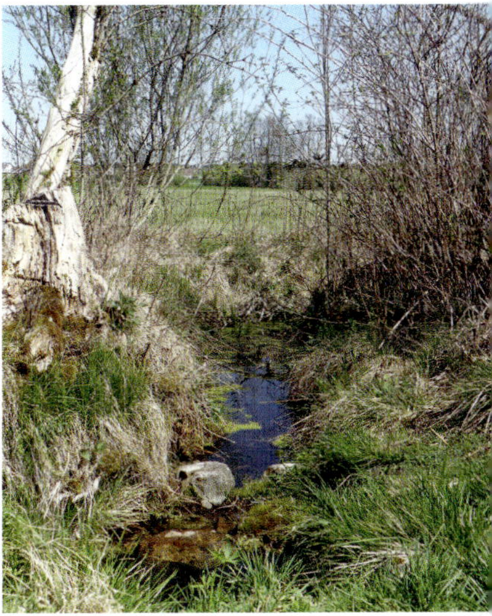

Die Quelle der Alten Riß

zurückfahren wollen, nach links zum Bahnhof. In die schöne Altstadt und zum See hingegen geradeaus. Wir fahren mitten hinein ins Zentrum der Altstadt von Bad Waldsee (Infos zu Bad Waldsee s. Tour 8).

Nach Eberhardzell:
Durch das Wurzacher Tor – Wegweiser „Biberach" und „Haisterkirch" – geht es aus dem mittelalterlichen Stadtkern wieder hinaus und kurz darauf nach rechts Richtung Kurzentrum. Der Hittisweiler Straße bergauf ein Stück folgen, dann nach links zum Tannenbühl abbiegen. Ein Naherholungsgebiet

mit Rast- und Spielplätzen, Kletterpark und Wildtiergehege (Infos s. Tour 9). Geradeaus am Kletterpark vorbei und teilweise unter den Kletterkonstruktionen hindurch auf einem befestigten Waldweg bergauf radeln. Am Ende des Waldes geht es bergab, an einer kleinen Kapelle links und nach Haisterkirch. In Haisterkirch geradeaus über die Landesstraße fahren, danach halb links in den Öschweg, an der Schule rechts und am Haisterbach links. Am mit Weiden und Birken gesäumten Haisterbach entlang nach Osterhofen fahren. Hier geht es rechts über den Haisterbach und an der Straße links nach Osterhofen hinein. Auf der Straße geradeaus durch den Ort fahren und rund 500 Meter nach dem Ortsende nach links auf ein kleines Sträßchen zur Mauchenmühle abbiegen – ein idyllischer Ort. Von der Mühle weiter nach Ampfelbronn und dort geradeaus auf der Straße Richtung Hammertsried fahren.

Nach ca. 500 Metern nach links auf ein Sträßchen nach Mühlhausen abbiegen. In Mühlhausen bergab zur Landesstraße fahren, hier rechts und auf dem sie begleitenden Radweg nach Eberhardzell radeln. In Eberhardzell rechts, über die Umlach und danach links zur Kirche und zum Rathaus fahren.

Eberhardzell:
Das prächtigste Gebäude in Eberhardzell ist das heutige Rathaus. Die Verwaltung von Eberhardzell residiert nämlich in der ehemaligen Sommerresidenz des Abtes von Schussenried. Schussenried war ein reiches Kloster und dementsprechend fürstlich wurde auch die Sommerresidenz erbaut und ausgestattet. Gemeinsam mit Zehntscheuer und Margarethenhaus untersteht das Ensemble des ehemaligen Pfarrhofes heute dem Denkmalschutz. Das Rathaus, das innen auch Fresken an den Wänden aufweist, kann während dessen Öffnungszeiten besichtigt werden. Das architektonisch mutigste Gebäude von Eberhardzell hingegen ist die Kirche. Die Pfarrkirche Sankt Mater Maria Dolorosa stammt aus dem 10. Jahrhundert, wurde jedoch mehrfach neu und umgebaut. Und der letzte Umbau ist noch gar nicht lange her. Ein modernes Querschiff und ein barocker Chorraum verbinden Moderne und Barock. Da Schönheit im Auge des Betrachters liegt, möge jeder Besucher selbst entscheiden, wie und ob diese Verbindung gelungen ist. Öffnungszeiten Rathaus Eberhardzell: Montag bis Freitag 8 bis 12 Uhr, Montag und Mittwoch 14 bis 18 Uhr, www.eberhardzell.de.

Zurück nach Biberach:
Auf der Straße weiter und am Ortsende halb links auf den Radweg nach Weiler einbiegen. Mit schönem Blick über das Tal der Umlach durch Obstwiesen über Weiler nach Awengen fahren. Auf den Radweg längs der Landesstraße wechseln und an der Umlach entlang über Fischbach nach Ummendorf fahren. Durch Ummendorf radeln und rund 300 Meter nach der Kirche nach links zum See abbiegen – Wegweiser „Biberach“ über „Ummendorfer Badesee“. Um eine Firma herum und über die Bahngleise zum Ummendorfer See radeln. Hier rechts und zum Badesee fahren, wo man ins kühle Nass springen oder im Biergarten einkehren kann. Vom See wie auf dem Hinweg an der Bahnlinie entlang nach Biberach hinein und zurück zum Bahnhof radeln.

Variante Wildes Ried:
Bis Winterstettendorf wie oben beschrieben radeln. In Winterstettendorf auf der Straße geradeaus bergauf in die Ortsmitte fahren. Oben an der Straße links und aus dem Ort hinaus Richtung Oberessendorf radeln. Rund 500 Meter nach dem Ortsende nach rechts auf ein Sträßchen abbiegen – Wegweiser „Wildes Ried“.
Durch das Riedgebiet zur ehemaligen Torfstechersiedlung Wildes Ried fahren. Hier links und durch den Wald bergauf und dann wieder bergab nach Oberessendorf radeln. Hier links, dann über die Bundesstraße und geradeaus an der Kirche vorbei radeln. Danach längs der Landesstraße nach Eberhardzell radeln.
Von Eberhardzell weiter wie oben beschrieben zurück nach Biberach radeln.

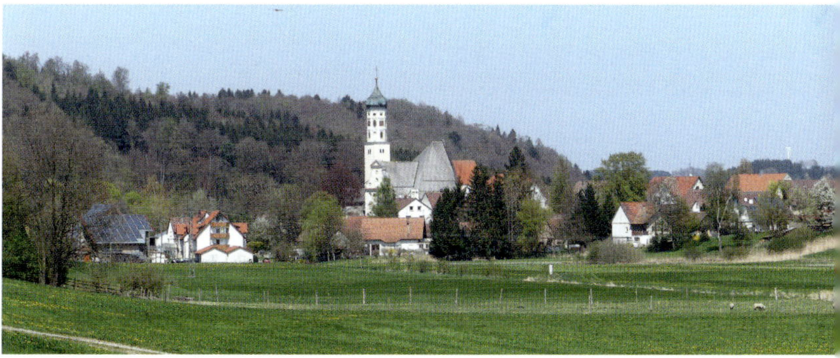

Blick auf Eberhardzell

Tour 21: Auf dem Öchsle-Radweg nach Ochsenhausen

Entlang der romantischen Schmalspurbahn, dem „Öchsle", verläuft ein Radweg, der Radler sicher und landschaftlich reizvoll übers Land nach Ochsenhausen bringt. Hier beeindrucken die imposante Klosteranlage samt Klostermuseum, das Museum der Waschfrauen direkt am Bahnhof des „Öchsle" und das Muschelmuseum. Gastfreundliche Wirtshäuser laden zur Einkehr ein. Wer mag, fährt gemütlich mit der Nostalgiebahn zurück – die fährt allerdings nicht immer.

Start- und Endpunkt: Biberach

Streckenverlauf:
Biberach – Warthausen – Äpfingen – Maselheim – Reinstetten – Ochsenhausen – Hattenburg – Ringschnait – Ummendorf – Biberach

Anreise Zug: Biberach liegt an der Bahnstrecke Ulm – Aulendorf. Auskunft: www.bahn.de

🚗: Biberach Stadthalle; Warthausen Öchsle-Bahnhof; Ummendorf Badesee

🚐: Ochsenhausen Jahnstraße; Ummendorf Bräuhaus

Gesamtstrecke: 41 km

Schwierigkeitsgrad: ■; Höhendifferenz: 317 Hm

Dauer: 2,5 Stunden

Variante: Mit der Öchsle-Bahn von Ochsenhausen zurück – 24 km ■

Einkehrmöglichkeiten:
- in Biberach
- in Ochsenhausen

Rastplätze:
- beim Öchsle-Bahnhof in Warthausen
- in Reinstetten
- am Neuweiher bei Hattenburg

Badeplätze:
- Freibad Ziegelweiher Ochsenhausen
- Neuweiher
- Badesee Ummendorf

Biberach Alter Postplatz 4 (Nähe Bahnhof), am Schadenhof hinter der Kirche, an der Stadtbücherei; **Ochsenhausen** am Öchsle-Bahnhof

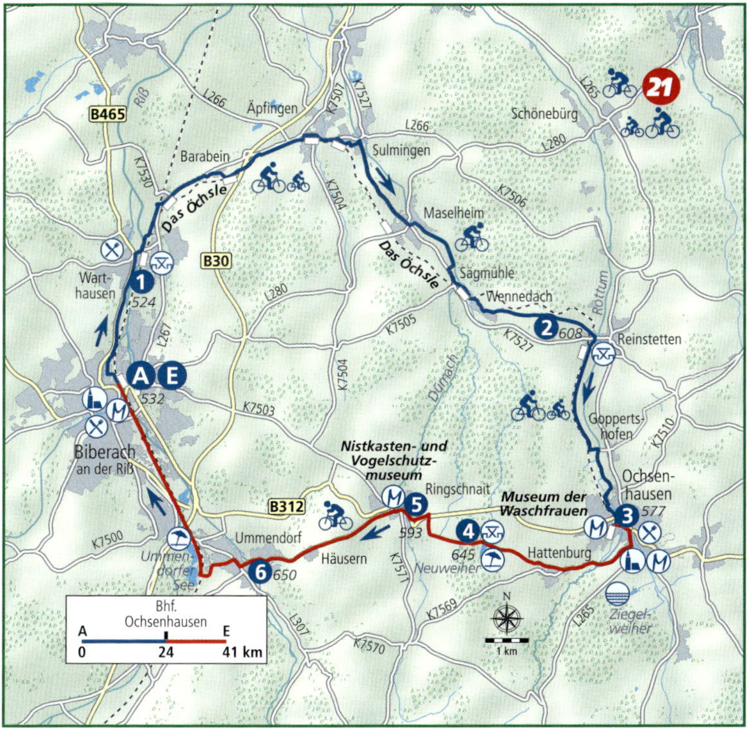
B465
Riß
L266
Äpfingen
K7507
K7527
L265
21
Schönebürg
L266
Sulmingen
L280
Barabein
K7530
Das Öchsle
B30
K7504
K7506
Maselheim
Das Öchsle
Sägmühle
Wennedach
Wart-
hausen
1
524
L280
L267
K7505
2
608
K7527
Rottum
Reinstetten
A
E
532
K7504
Dürnach
K7503
Biberach
an der Riß
Gopperts-
hofen
K7510
Nistkasten- und
Vogelschutz-
museum
Ochsen-
hausen
Ringschnait
Museum der
Waschfrauen
B312
5
3
577
593
K7500
Ummendorf
4
645
Hattenburg
Ummen-
dorfer
See
6
650
Häusern
K7571
Neuweiher
Bhf.
Ochsenhausen
A
E
0
24
41 km
L307
K7569
N
L265
Ziegel-
weiher
K7570
1 km

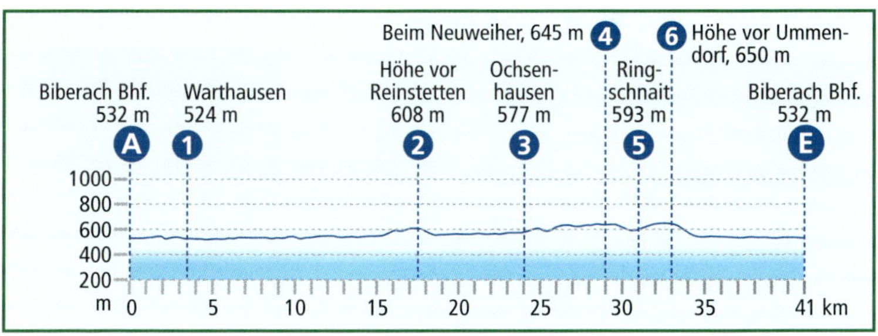
Beim Neuweiher, 645 m 4
6 Höhe vor Ummen-
dorf, 650 m
Biberach Bhf.
532 m
A
Warthausen
524 m
1
Höhe vor
Reinstetten
608 m
2
Ochsen-
hausen
577 m
3
Ring-
schnait
593 m
5
Biberach Bhf.
532 m
E
1000
800
600
400
200
m
0
5
10
15
20
25
30
35
41 km

Los geht's:

Vom Bahnhof in Biberach nach rechts weg fahren und durchs Industriegebiet und an der B 465 nach Warthausen fahren. Gleich am Ortsbeginn am Kreisel geht es rechts zum Öchsle-Bahnhof.

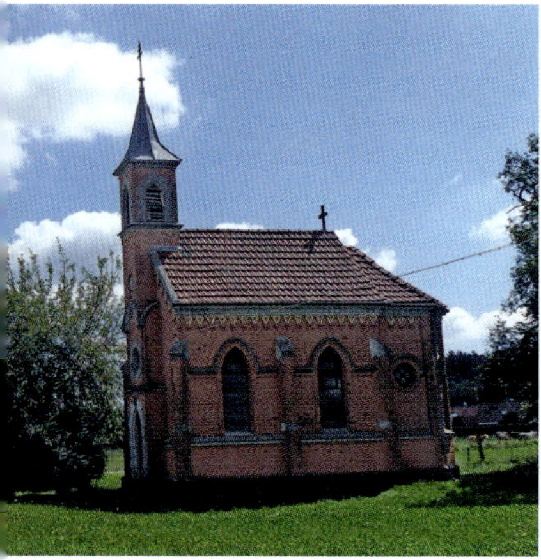

Die Barabein-Kapelle in Warthausen-Barabein

Öchsle-Bahn:

Das „Öchsle" ist eine Schmalspurbahn, die an ausgewählten Tagen Wanderer und Radler vom kleinen Bahnhof in Warthausen über kleine Weiler nach Ochsenhausen und zurück bringt. Früher gab es viele Schmalspurbahnen wie diese – heute zeugt nur noch das „Öchsle" von dieser vergangenen Zeit und Eisenbahntechnik. Eine historische Dampflok, die die alten Waggons zieht, macht die Eisenbahnromantik perfekt. Mit zwanzig Stundenkilometern dampft sie gemütlich durchs Land. Karten gibt es – auch wie früher – direkt beim Schaffner im Zug bzw. am Bahnhof. Die Fahrradmitnahme ist kostenlos. Mit der Öchsle-Bahn unterwegs zu sein, ist auf jeden Fall ein Erlebnis! Aber auch schon an ihren kleinen Bahnhöfle vorbeizuradeln macht großen Spaß. Die Öchsle-Bahn fährt zweimal am Tag

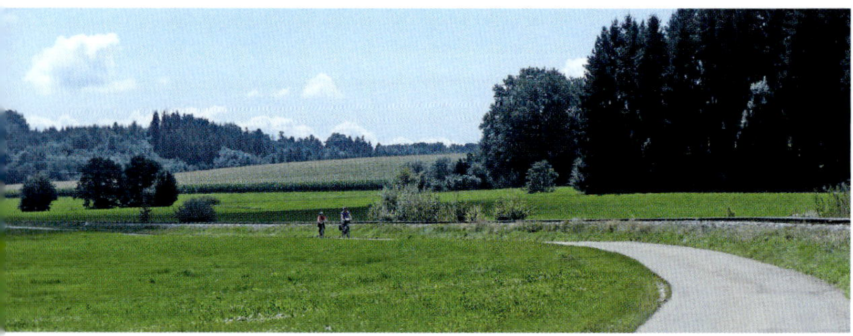

Idyllisch radelt es sich entlang der Öchsle-Bahn

an Donnerstagen und Sonntagen und jeden 1. und 3. Samstag im Monat, www.oechsle-bahn.de.

Nach Ochsenhausen:
Vor dem Bahnübergang (am Drogeriemarkt Müller) geht es links – Wegweiser „Laupheim". Der Weg führt zum Sportplatz und dann an der Bahnlinie entlang. Dann trennen sich die Wege nach Laupheim. Wir fahren rechts – Wegweiser „Laupheim, Barabein", unterqueren die Bahnlinie und fahren zunächst auf der Straße und dann auf dem Radweg nach Barabein. In den kleinen Ort hinein, an einer Kapelle aus Backstein rechts und am „Bahnhof" Barabein auf dem Radweg längs der Schmalspurbahn weiter nach Äpfingen radeln. Am Ortseingang links und nach rechts auf die Straße wechseln und auf ihr durch den Ort und weiter nach Sulmingen fahren. Am Ortseingang von Sulmingen rechts und wieder an einem kleinen Bahnhof des „Öchsle" vorbeiradeln. Danach geht es links, über die Gleise und hinter den Häusern zur Straße nach Maselheim. In Maselheim in der Ortsmitte nach links zum Bach radeln und idyllisch an der Dürnach durchs Tal fahren. An der Sägmühle geht es kurz an die Straße, dann auf kleiner Brücke über die Dürnach und ein Stück bergauf nach Wennedach. Übers

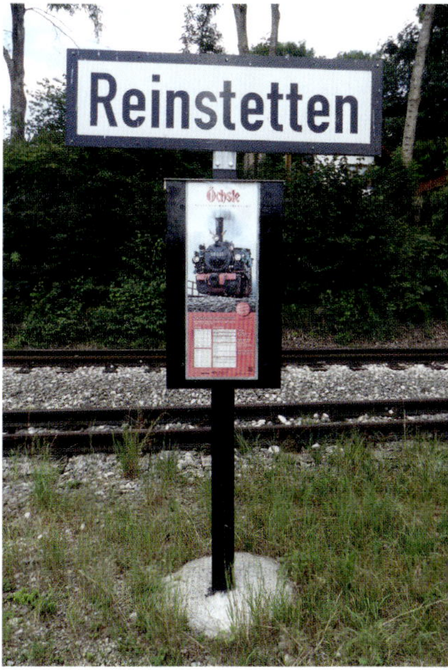

Bahnhof Reinstetten mit Fahrplan auf historischem Schild

Feld und durch den Wald mit schönem Blick auf die Kirche von Reinstetten und das Rottumtal nach Reinstetten hinunterfahren. Hier rechts, am kleinen Bahnhof vorbei und durch das offene weite Tal der Rottum radeln. Schon von Weitem ist die prächtige, imposante Klosteranlage von Ochsenhausen zu sehen. Der Öchsle-Radweg endet am Bahnhof in Ochsenhausen – von hier fährt auch das „Öchsle" zurück nach Warthausen.

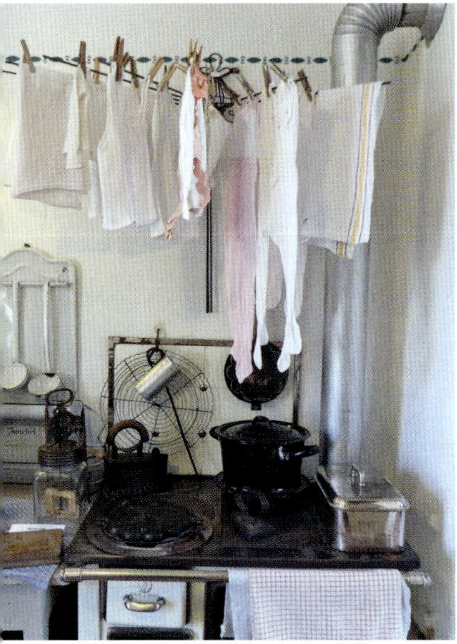

Museum der Waschfrauen
am Öchsle-Bahnhof

Museum der Waschfrauen:
Direkt am Bahnhof befindet sich das Museum der Waschfrauen. Es gewährt ganz besondere Einblicke in die Geschichte der Hauswirtschaft – hier wird das Waschen wie vor hundert Jahren lebendig. Jede Menge Mangeln, Waschbretter, Waschmaschinen, Bügeleisen, Waschkörbe stehen und liegen hier kunterbunt in dem kleinen Nebengebäude des „Öchsle"-Bahnhofes. Wie mühevoll Waschen früher war, erschließt sich den Besuchern mühelos. Haben wir es da heute gut! Wer jedoch alte Gerätschaften liebt, kann hier so manchen Schatz entdecken. Immer wieder sonntags, wenn auch die Bahn fährt, sind die Waschfrauen und ihre engagierten Männer vor Ort und bewirten nicht selten mit leckerem selbst gebackenem Kuchen. Öffnungszeiten Mai bis Mitte Oktober Sonntag 11.30 bis 16 Uhr, www.ochsenhausen.de.

Zum Kloster Ochsenhausen:
Am Bahnhof geht es links und auf der Bahnhofsstraße Richtung Zentrum. Unterwegs kommen wir noch am „Muschelmuseum" vorbei, einem privaten Museum, das eine riesige Sammlung von Muscheln und Schnecken beherbergt. In der Ortsmitte lädt Gastronomie wie zum Beispiel das mit Malereien aufwendig verzierte Gasthaus „Zum Adler" zur Einkehr ein.

Auf der Schloßstraße geht es bergauf und zum Kloster.

Kloster Ochsenhausen:
Die prächtige, ehemalige Klosterkirche wurde ursprünglich als gotische Pfeilerbasilika erbaut, hat im Zuge der barocken Umgestaltung jedoch ordentlich an Schmuck und Ausstattung dazu bekommen. Berühmt ist sie für die Konzerte auf der Gabler-Orgel, die mit vier Manualen, fünfzig Registern und

3333 Pfeifen für großartige Klangerlebnisse in der Kirche Sankt Georg sorgt. Von Juli bis Ende Oktober gibt es jeden Sonntag um 12 Uhr nach dem Angelus-Läuten ein kleines Orgelkonzert auf dieser berühmten, klangvollen Orgel. Der Eintritt ist frei. Neben der Kirche befindet sich das Klostermuseum, das Einblick in die Geschichte des Klosters Ochsenhausen gibt. Von der Weihe der ersten Klosterkirche der Benediktiner-Abtei im Jahr 1093 bis zur Auflösung des Klosters bei der Säkularisation im Jahr 1803 und dem späteren Verkauf an den König von Württemberg spannt das Museum den geschichtlichen Bogen. In den früheren Konventgebäuden des Klosters befindet sich heute die Landesakademie für die musizierende Jugend in Baden-Württemberg. Mit ihrem umfangreichen Fortbildungsangebot für musikalische Ensembles aller Art und ihrer Kapazität von 146 Betten ist die Akademie die größte Bildungseinrichtung ihrer Art in Deutschland. Und die schönste dazu, wie viele Gäste meinen. Denn die barocken Räume des ehemaligen Klosters bieten den Kursteilnehmern eine einmalige und unverwechselbare Atmosphäre. Und die Besucher Ochsenhausens kommen dadurch immer wieder in den Genuss hochkarätiger Konzerte. www.ochsenhausen.de

Nach Ringschnait:
Vom Kloster an der Klostergaststätte vorbei weiter auf und neben der Straße nach Hattenburg fahren. Am Ortseingang halb rechts auf eine kleines Sträßchen – „Ringschnaiter Straße“ – abbiegen und rund 2 km über Land zum Neuweiher fahren. Der Neuweiher ist ein kleines Paradies mitten im Wald mit Rastplatz, Spazierweg und verschwiegenen Badebuchten. Vom Neuweiher noch einmal rund 1,5 km durch den Wald und übers

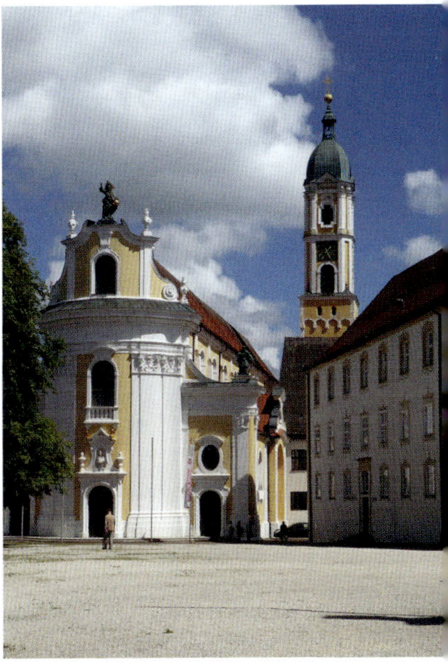

Prachtvoller Barock im Kloster Ochsenhausen

Feld radeln, dann an einem geteerten Sträßchen rechts und vor zu Bundesstraße 312 fahren. Diese überqueren und auf den Radweg nach Ringschnait nach links einbiegen. In der Ortsmitte links nach Ummendorf abbiegen.

Nistkasten- und Vogelschutzmuseum:
Gerhard Föhr, engagierter Vogelschützer und NABU-Freund, hat hier in Ringschnait ein einmaliges Museum geschaffen. Über 500 verschiedene Nistkästen für Vögel und Fledermäuse sowie Futterhäuser hat er zusammengetragen. Der älteste Nistkasten ist bereits 100 Jahre alt. Das Museum zeigt die Entwicklung der Nistkästen und des Vogelschutzes. Gleichzeitig ist es auch eine Vogelschutzinformationsstelle. Öffnungszeiten nach Vereinbarung, Telefon 07352/2579, www.nistkastenmuseum.de.

Zurück nach Biberach:
Auf der wenig befahrenen Kreisstraße über Häusern nach Ummendorf fahren. Auf der Höhe bei Häusern gibt es noch eine herrliche Aussicht hinüber zum Bussen, dem heiligen Berg Oberschwabens, und zur Schwäbischen Alb. Das Rad bergab durch Ummendorf rollen lassen, unten an der Straße rechts

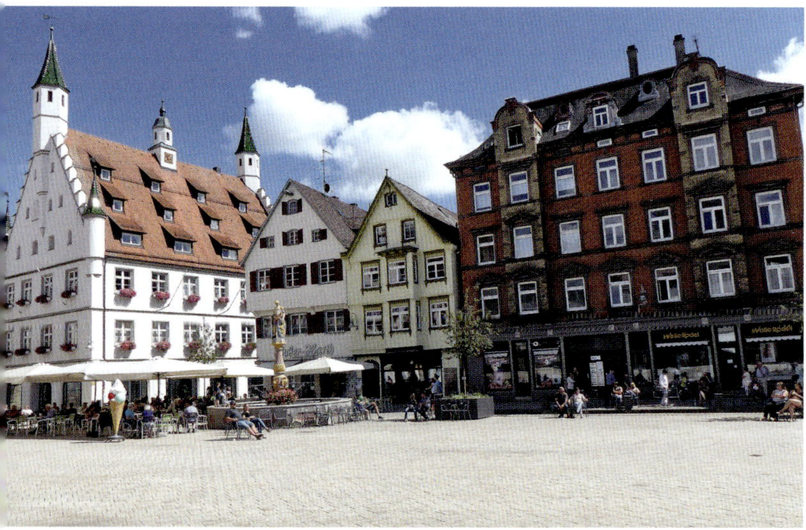

Großzügig: der Marktplatz in Biberach

und kurz darauf wieder links, um eine Firma herum und über die Eisenbahn zum Ummendorfer See fahren. Der Radweg führt direkt an seinem Ufer entlang. Am Ende des Sees befindet sich das Freibad Ummendorf, wo man noch schnell ins kühle Nass springen oder im Biergarten einkehren kann. Vom See weiter an der Bahnlinie entlang nach Biberach hinein und zurück zum Bahnhof oder wahlweise in die Innenstadt hineinradeln.

Biberach:
Das pulsierende Wirtschafts- und Bildungszentrum ist sicherlich eine der Hauptstädte Oberschwabens. Weltweit bekannte Unternehmen wie Boehringer Ingelheim oder Liebherr haben hier ihren Standort. Auszubildende unterschiedlichster Berufe besuchen die Fachschulen, die teilweise für ganz Baden-Württemberg zuständig sind. Als ehemalige Reichsstadt vom großen Kaiser Friedrich Barbarossa gegründet, glänzt die Innenstadt mit alten Patrizierhäusern und einem großzügigen Marktplatz mit vielen Läden und Cafés. Die Stadtpfarrkirche Sankt Martin, in der ein leuchtend buntes Deckenfresko des Malers Johann Zick zu bewundern ist, beherrscht den Stadtkern. Einzigartig ist sie in ihrer Nutzung. Seit 1548, also seit rund 500 Jahren, wird diese Kirche sowohl von Katholiken als auch von Protestanten gemeinsam zum Gottesdienst genutzt. Sie ist damit wahrscheinlich die älteste Simultankirche weltweit. Biberach zeigt, dass Mitglieder zweier unterschiedlicher Konfessionen friedlich miteinander umgehen können. Das darf man sich gerne als Vorbild nehmen. Im städtischen Museum Biberach kann man der Stadtgeschichte auf die Spur gehen. Die vier Ausstellungsabteilungen Naturkunde, Archäologie, Geschichte und Kunst präsentieren bedeutende Sammlungen. Mit interaktiven Modellen, Experimentierstationen, Filmen und Inszenierungen wird die Entstehung und Besiedlung der oberschwäbischen Landschaft nachgezeichnet. Standesgemäß ist das Museum im ehemaligen „Hospital zum Heiligen Geist“ untergebracht, einem beeindruckenden, mittelalterlichen Gebäudekomplex.
Öffnungszeiten Dienstag bis Sonntag 10 bis 18 Uhr, www.biberach-riss.de.
Ein berühmter Sohn der Stadt ist der Dichter Christoph Martin Wieland. Ihm wird schon seit 1905 in einem eigens konzipierten Museum gedacht. Das Wieland-Museum im Gartenhaus ist nur nach Voranmeldung zu besichtigen. Kontakt Telefon 07351/51-161, wieland-museum@biberach-riss.de.

Tour 22: Baltringer Haufen und Schloss Großlaupheim

Zu einer Gedenkstätte der Bauern, die als Erste so etwas wie Demokratie in der Region wagten, zum Schloss Großlaupheim mit einem Museum für Christen und Juden und einer Hommage an den Hollywood-Schöpfer Carl Laemmle und zu einem der schönsten Badeseen der Gegend führt diese gemütliche Tour. Die Tour ist auch von Laupheim aus möglich.

Start- und Endpunkt: Biberach

Streckenverlauf:
Biberach – Barabein – Äpfingen – Sulmingen – Baltringen – Mietingen – Baustetten – Laupheim – Laupheimer Badesee – Schemmerhofen – Warthausen – Biberach

Anreise Zug: Biberach und Laupheim liegen an der Bahnstrecke Ulm – Aulendorf.
Auskunft: www.bahn.de

: Biberach Stadthalle; Warthausen Öchsle-Bahnhof; Laupheim Badesee und am Schloss Großlaupheim

: Laupheim am Schloss Großlaupheim

Gesamtstrecke: 43 km

Schwierigkeitsgrad: ; Höhendifferenz: 178 Hm

Dauer: 2,5 Stunden

Variante: Mit der Bahn vom Bahnhof Laupheim zurück – 27 km

Die Tour ist auch von Laupheim aus möglich.

Einkehrmöglichkeiten:
- in Biberach
- in Laupheim
- am Badesee Laupheim

Rastplätze:
- am Badesee Laupheim
- beim Öchsle-Bahnhof in Warthausen

Badeplätze:
- Parkbad Laupheim
- Badesee Laupheim

Biberach Alter Postplatz 4 (Nähe Bahnhof), am Schadenhof hinter der Kirche, an der Stadtbücherei; **Laupheim** am Marktplatz beim Rathaus

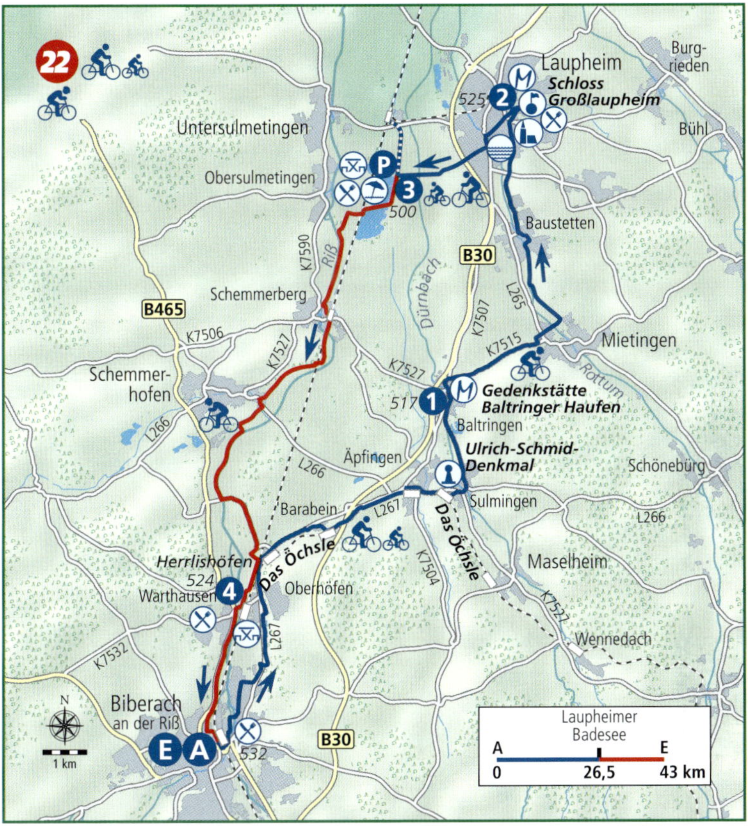
22
Laupheim
Schloss Großlaupheim
525
2
Burg-rieden
Bühl
Untersulmetingen
Obersulmetingen
3
500
Baustetten
B30
K7590
Riß
Dürnbach
L265
Schemmerberg
B465
K7506
K7521
K7507
K7515
Mietingen
Schemmer-hofen
K7527
Rottum
517
1
Gedenkstätte Baltringer Haufen
Baltringen
L266
Ulrich-Schmid-Denkmal
Äpfingen
L266
Schönebürg
Sulmingen
Barabein
L267
L266
Das Öchsle
Herrlishöfen
Das Öchsle
Maselheim
524
4
Warthausen
Oberhöfen
K7504
K7527
L267
Wennedach
K7532
Biberach an der Riß
N
1 km
E
A
532
B30
Laupheimer Badesee
A
E
0
26,5
43 km

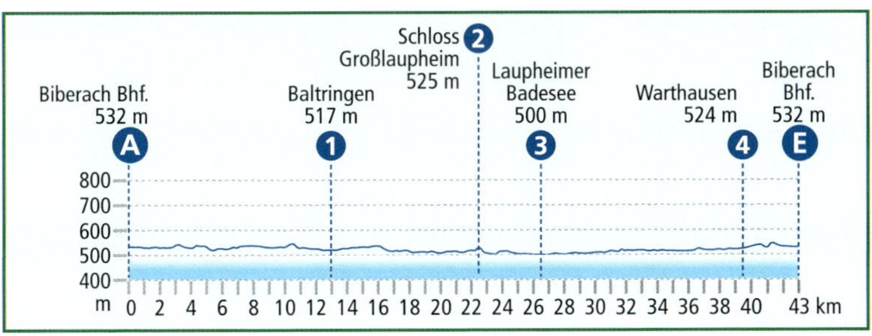
Biberach Bhf. 532 m
A
Baltringen 517 m
1
Schloss Großlaupheim 525 m
2
Laupheimer Badesee 500 m
3
Warthausen 524 m
4
Biberach Bhf. 532 m
E
800
700
600
500
400
m
0 2 4 6 8 10 12 14 16 18 20 22 24 26 28 30 32 34 36 38 40 43 km

Los geht's:

Vom Bahnhof in Biberach nach links weg fahren, über die Bahnlinie und dann nach links an der Riß entlang stadtauswärts radeln. Der Weg führt zunächst sehr schön durchs Grüne, dann aber an die viel befahrene L 267 und auf dem Radweg an ihr entlang nach Herrlishöfen und Barabein. In den kleinen Ort hinein, an einer Kapelle aus Backstein rechts und am „Bahnhof" Barabein auf dem Radweg längs der Schmalspurstrecke der „Öchsle"-Bahn weiter nach Äpfingen radeln. Am Ortseingang links und nach rechts auf die Straße wechseln und auf ihr durch den Ort und weiter nach Sulmingen fahren. Am Ortseingang von Sulmingen rechts und wieder an einem kleinen Bahnhof des „Öchsle" vorbeiradeln. Danach geht es links, über die Gleise und dann geradeaus hinunter in den Ort.

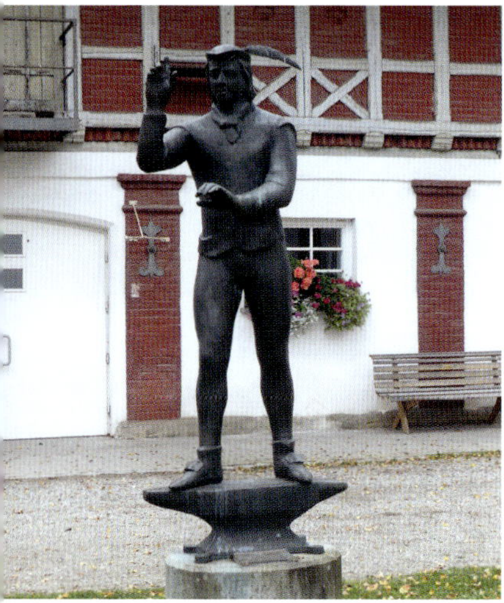

Denkmal für den Bauernführer Ulrich Schmid

Denkmal Ulrich Schmid:
In der Ortsmitte steht auf einem Sockel der wohl berühmteste Mann Sulmingens: Ulrich Schmid. Er war der Anführer des Baltringer Haufens und vertrat die Anliegen der Bauern als Unterhändler im Schwäbischen Bund.

Nach Baltringen:
Am Denkmal vorbei auf die Kreisstraße nach Baltringen fahren und auf ihr hinüber nach Baltringen radeln. Direkt an die Kreisstraße in Baltringen befindet sich das Rathaus, in dem die Gedenkstätte Baltringer Haufen untergebracht ist.

Erinnerungsstätte Baltringer Haufen:
Im Bauernkrieg kämpften 1525 oberschwäbische Bauern gegenüber Adligen und Klöstern für mehr Rechte und Freiheiten – dazu gehörte auch der „Baltringer Haufen". Als „Bauernkriegsstube" wurde die Dokumentation der Geschichte des Baltringer Haufens 1984 auf Beschluss des Ortschaftsrates ins Leben gerufen. Damit war

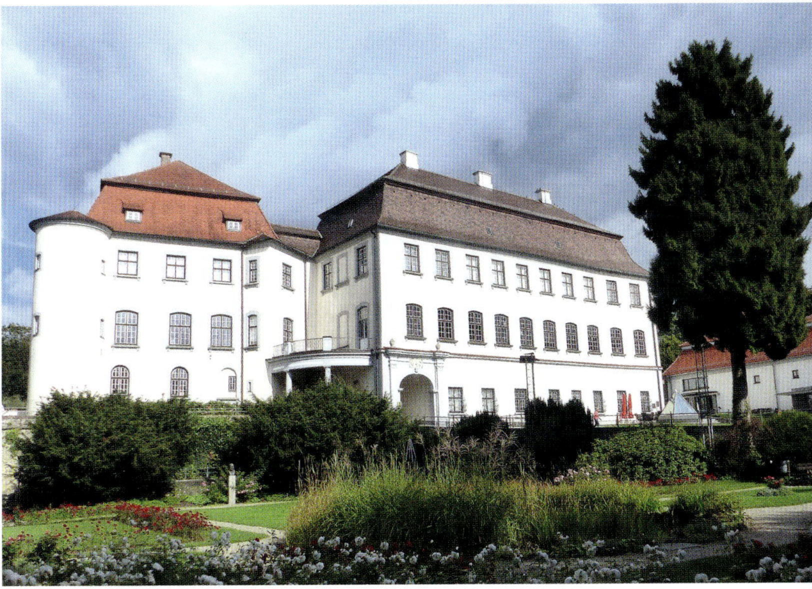

Schloss Großlaupheim

Baltringen der erste Ort in Westdeutschland mit einem Bauernkriegsmuseum. Am Heiligabend des Jahres 1524 kamen nach Angaben eines zeitgenössischen Chronisten in einem Baltringer Wirtshaus Bauern aus dem Dorf zusammen, um über ihre Lage Klage zu führen. Der Hufschmied Ulrich Schmid, dessen Denkmal in Sulmingen steht, wurde zum Anführer und Sprecher gewählt. Gemeinsam schrieben sie die erste Menschenrechtserklärung und forderten Freiheit statt Leibeigenschaft. Mit Zitaten aus der Bibel untermauerte der wortgewaltige Schmid das Recht auf Freiheit. Der Bauernkrieg war die erste bedeutende Freiheitsbewegung in Deutschland. Sie wurde entsprechend blutig von den Herrschenden niedergeschlagen. Dennoch war der Samen der Demokratie gelegt – auch wenn es noch viele Jahre dauern sollte, bis das Pflänzchen aufgehen sollte. Öffnungszeiten: Montag, Dienstag, Donnerstag, Freitag 8.30 bis 12 Uhr, Mittwoch 16.30 bis 18 Uhr und gerne auf Anfrage, Telefon 07356/2578, info@baltringer-haufen.de.

Nach Laupheim:
Von Baltringen auf dem Radweg an der Kreisstraße nach Mietingen fahren. Vor dem Ortseingang links, kurz darauf rechts und an einem Supermarkt vorbei die Straße nach Laupheim überqueren und hinunter an die Rottum fahren. Nach der Brücke links und schön über die Felder mehr oder weniger nah am Fluss nach Baustetten. Etwas verschlungen durch den Ort – Radwegweiser „Laupheim" – und dann längs der Kreisstraße nach Laupheim radeln. Geradeaus zur Kirche und zum Schloss fahren.

Schloss Großlaupheim:
Im Schloss Großlaupheim ist ein Museum zur Geschichte von Christen und Juden untergebracht. Vor dem Hintergrund der Geschichte des oberschwäbischen Landjudentums zeigt das Museum Beispiele des Zusammenlebens von christlicher Mehrheit und jüdischer Minderheit. Im Museum ist dem Begründer der Filmstadt Hollywood, Carl Laemmle, ein eigener Bereich gewidmet. Öffnungszeiten Samstag und Sonntag 13 bis 17 Uhr, www.schloss-laupheim.de. Außerdem befinden sich das Kulturhaus,

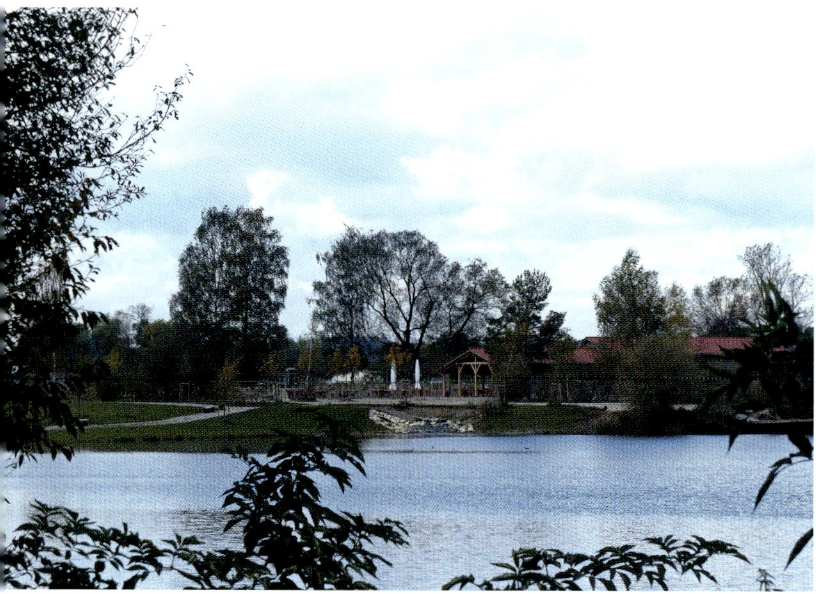

Badesee Laupheim

das Stadtarchiv und das Schlosscafé, in dem man stilvoll einkehren kann, im Schloss. Vor dem Schloss ist ein öffentlich zugänglicher reizvoller Rosengarten, der besonders zur Blütezeit der Rosen alle Sinne betört.

Zum Badesee:
Vom Schloss geradeaus bergab an einer Brauerei vorbeifahren. Unten an der Straße rechts und gleich wieder links – Radwegweiser „Biberach“. Diesem Radweg durch die Stadt und aus ihr hinaus folgen, die B 30 unterqueren und durchs Tal der Dürnach bis zum Parkplatz am Badesee radeln. Wer zum Bahnhof Laupheim möchte, um mit dem Zug zurückzukehren, fährt hier rechts. Es ist ca. 1 km bis zum Bahnhof. Ansonsten geht es links und kurz darauf ist rechts schon die erste Gastwirtschaft – ein Bistro – samt Bademöglichkeit erreicht. Surfen kann man hier auch. Der Radweg führt am Ufer des Sees entlang und dann nach rechts. Jetzt befinden wir uns zwischen zwei Seen. Rechts Wasser, links Wasser. Rechts Surfer, links Enten. An der Spitze des Badesees gibt es ein Restaurant samt Bademöglichkeit.

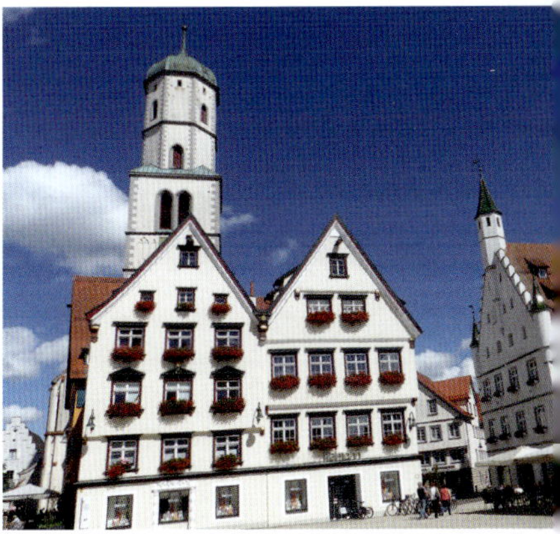

Patrizierhäuser und der Turm der Kirche St. Martin in Biberach

Nach Biberach:
Am Ende der Seen wird die Bahnlinie gequert. Danach geht es links und an der Riß entlang nach Schemmerberg. An der Straße links, erneut über die Bahnlinie und gleich darauf rechts und weiter nach Schemmerhofen radeln. Die Straße überqueren und ein Stück bergauf nach Eichelsteig fahren. Dann über Warthausen und entlang der Bundesstraße B 465 auf dem Radweg zurück nach Biberach fahren. Am Ortseingang geht es links, weg von der Straße, und etwas ruhiger weiter zurück zum Bahnhof.

Tour 23: An Rot und Rottum – Kunst und Klosterpracht

Die Villa Rot mit ihren sehenswerten Kunstausstellungen, das Kloster Rot an der Rot mit der Galerie HAP Grieshaber im Rathaus und das prächtige Kloster Ochsenhausen sind die kulturellen Höhepunkte dieser Radtour. Landschaftlich ist es sowohl an der Rot als auch an der Rottum schön.

Start- und Endpunkt: Laupheim

Streckenverlauf:
Laupheim – Hochstetten – Rot (Burgrieden) – Schwendi – Gutenzell – Rot – Steinhausen an der Rottum – Ochsenhausen – Reinstetten – Schönebürg – Mietingen – Laupheim

Anreise Zug: Laupheim liegt an der Bahnstrecke Ulm – Aulendorf. Auskunft: www.bahn.de

: Laupheim am Bahnhof, am Badesee und beim Schloss Großlaupheim

: Laupheim am Schloss Großlaupheim; Ochsenhausen Jahnstraße

Gesamtstrecke: 80 km

Schwierigkeitsgrad: ; Höhendifferenz: 432 Hm

Dauer: 6 Stunden

Varianten:
An der Rot bis Schwendi und nach Schönebürg ins Rottumtal 34 km

An der Rot bis Gutenzell und über Goppertshofen nach Ochsenhausen 58 km

Einkehrmöglichkeiten:
- Museum Villa Rot in Rot (Burgrieden)
- Gaststätte „Alte Klostermühle“ in Rot (Mönchsroth)
- in Ochsenhausen
- in Laupheim

Badeplätze:
- Sankt Anna Weiher bei Steinhausen an der Rottum
- Freibad Ziegelweiher bei Ochsenhausen
- Badesee Laupheim

Laupheim am Marktplatz beim Rathaus; **Rot an der Rot** an der Gaststätte „Alte Klostermühle“; **Ochsenhausen** am Öchsle-Bahnhof

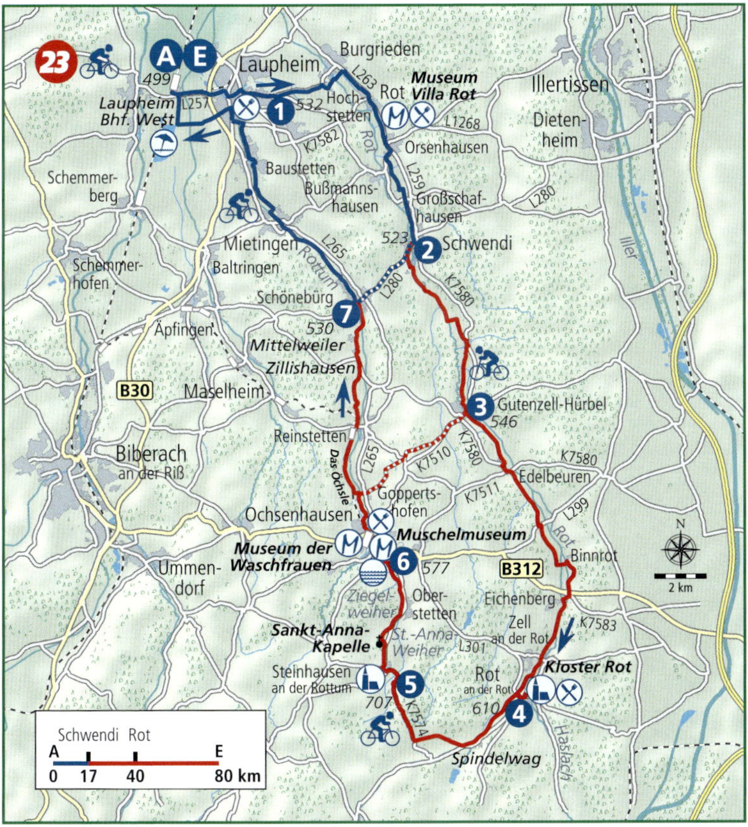
23
A E
499
Laupheim
Laupheim Bhf. West
L257
532
1
Burgrieden
L263
Hoch-stetten
Rot
Museum Villa Rot
L1268
Illertissen
Dieten-heim
K7582
Orsenhausen
Baustetten
Bußmanns-hausen
L259
Großschaf-hausen
L280
Schemmer-berg
Iller
Mietingen
Baltringen
L265
523
2
Schwendi
Schemmer-hofen
Rottum
L280
K7580
Schönebürg
7
Äpfingen
530
Mittelweiler
Zillishausen
B30
Maselheim
3
Gutenzell-Hürbel
546
Reinstetten
K7510
K7580
Biberach an der Riß
Das Öchsle
L265
K7580
Edelbeuren
Gopperts-hofen
K7511
L299
Ochsenhausen
Muschelmuseum
Rot
Museum der Waschfrauen
6
577
Binnrot
N
Ummen-dorf
B312
2 km
Ziegel-weiher
Ober-stetten
Eichenberg
Zell an der Rot
K7583
Sankt-Anna-Kapelle
St.-Anna-Weiher
L301
Kloster Rot
Steinhausen an der Rottum
5
Rot an der Rot
707
K7574
610
4
Haslach
Spindelwag
Schwendi Rot
A E
0 17 40 80 km

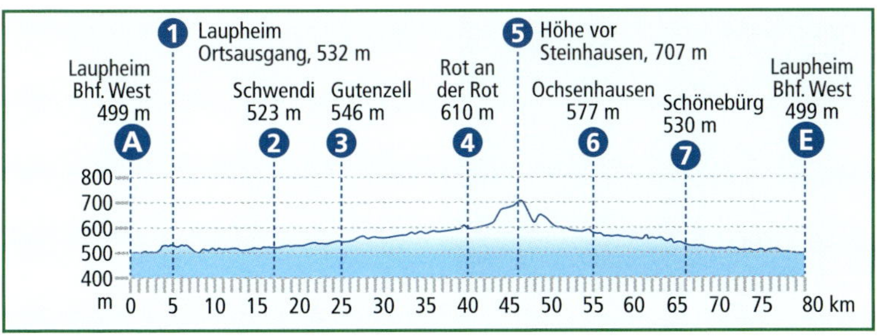
1 Laupheim Ortsausgang, 532 m
5 Höhe vor Steinhausen, 707 m
Laupheim Bhf. West 499 m A
Schwendi 523 m 2
Gutenzell 546 m 3
Rot an der Rot 610 m 4
Ochsenhausen 577 m 6
Schönebürg 530 m 7
Laupheim Bhf. West 499 m E
800
700
600
500
400
m
0 5 10 15 20 25 30 35 40 45 50 55 60 65 70 75 80 km

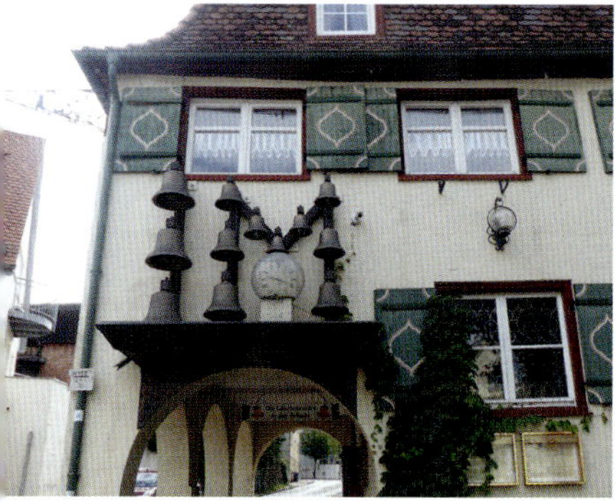

Glockenstube in Laupheim

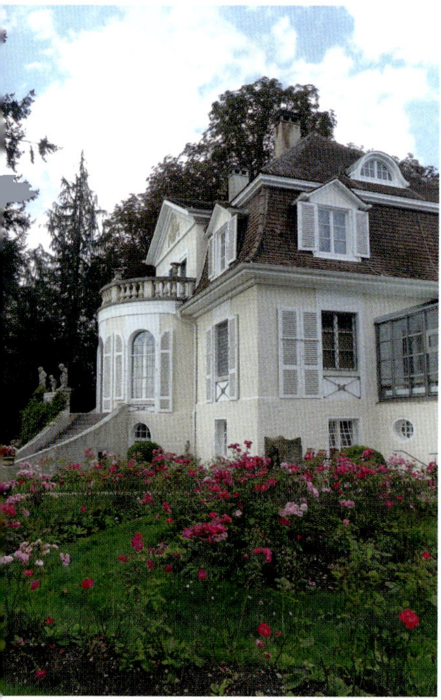

Die Villa Rot mit Kunstmuseum

Los geht's:

Vom Bahnhof West bei Laupheim auf dem Radweg längs der Landesstraße nach Laupheim hineinfahren. Nach dem Überqueren der Rottum geht es zunächst rechts (Wegweiser „Biberach"), dann links und mitten durch die Innenstadt zur Kreuzung an der Glockenstube. Hier geradeaus bergauf – Wegweiser „Schloss". Der Wegweiser zum Schloss zeigt kurz darauf nach links zum Schloss (Infos s. Tour 22). Hier geradeaus weiterfahren – Radwegweiser „Burgrieden". Nach einem guten Kilometer stößt der Weg an eine Kreisstraße. Diese überqueren und nach links auf den sie begleitenden Radweg einbiegen und bis zum Ortseingang von Hochstetten fahren. Nach rechts abbiegen, Wegweiser „Rot" und „Orsenhausen", am Rande eines Wohngebiets entlangradeln und dann nach links in die Steigstraße abbiegen. Hinunter an die Rot, über die Brücke und hinauf zur Kreisstraße fahren. Hier nach rechts abbiegen und längs der Straße nach Rot fahren. An der Kreuzung in Rot links abbiegen und bis zum Ortsende radeln.

Zum Museum Villa Rot/Fuggervilla:
Wer zur Villa Rot hinauf möchte, biegt am Ortsende links ab und radelt geradeaus und dann rechts

bergauf bis zur Villa. Nach der Besichtigung geht es auf dem selben Weg wieder hinunter. Die Villa wurde 1912 von Raymund von Fugger, der einer Nebenlinie der berühmten Augsburger Familie entstammte, erbaut. Es entstand ein prächtiger Landsitz im Jugendstil, der auch mit ein paar klassizistischen und barocken Elementen spielt. Die Lage ist wunderschön, der Blick ins Tal herrlich. Um das Fuggerschlösschen herum wurde ein Park angelegt, der den alten Baumbestand mit einband. Heute ist das Museum Villa Rot ein Ausstellungshaus für internationale zeitgenössische Kunst mit interkultureller Programmatik. Immer wieder werden dort ganz besondere Kunststücke ausgestellt. Öffnungszeiten Mittwoch bis Samstag 14 bis 17 Uhr, Sonntag 11 bis 17 Uhr. Das Museumscafé ist samstags und sonntags geöffnet, www.villa-rot.de.

Von Rot nach Rot:
Am Ortsende von Rot auf den Radweg wechseln, der die Kreisstraße nach Orsenhausen begleitet. In Orsenhausen am Ortsende rechts Richtung Bußmannshausen abbiegen und kurz darauf links. Am Ende dieses Weges links, gleich wieder rechts und geradeaus durch die Felder weiter nach Schwendi fahren. In Schwendi in der Ortsmitte rechts auf die Landesstraße nach Schönebürg abbiegen, am Ortsende die Straße überqueren und auf den Radweg wechseln. Vor einer Brücke geht es links. Wer hier schon den Rückweg antreten will, fährt stattdessen geradeaus weiter nach Schönebürg und von dort längs der Rottum zurück nach Laupheim. Der Rot-Radweg führt im Tal weiter zunächst an einem schmalen Bachlauf entlang und dann durch weite Feuchtwiesen,

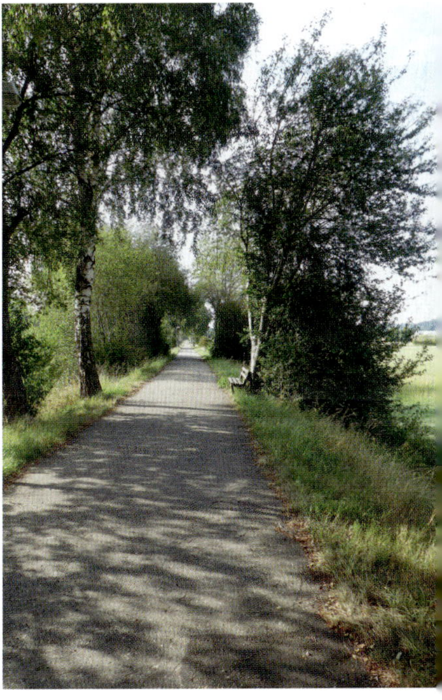

Idyllischer Radweg im Rot-Tal

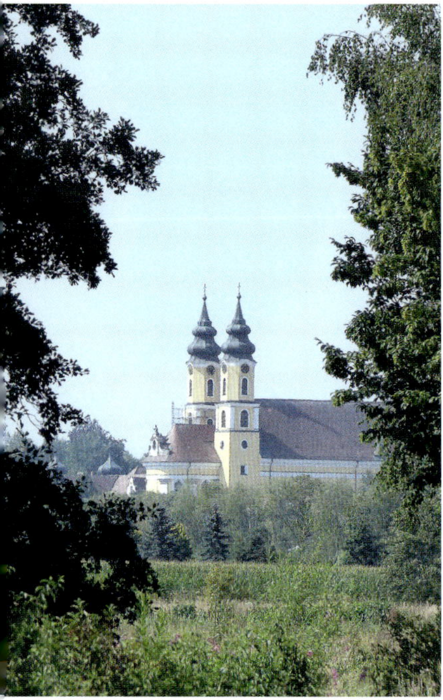

Die Klosterkirche Rot an der Rot

auf denen auch mal der eine oder andere Storch oder Reiher zu sehen ist. In Gutenzell kann über die nächste Abkürzungsvariante nachgedacht werden. Hier führt der Weg über die Rot und gleich nach der Brücke links weiter durchs Tal. Wer direkt nach Ochsenhausen möchte, kann geradeaus nach Goppertshofen und Ochsenhausen fahren. Ansonsten geht es weiter durchs immer ruhiger werdende Tal nach Edelbeuren und durch ein schönes Riedgebiet nach Binnrot. Vor Binnrot rechts, am Waldrand entlang und hinauf auf die Brücke über die B 312. An der Kreisstraße rechts, kurz hinunter nach Eichenberg und gleich wieder links ans Ufer der Rot. In der Ferne ist schon die Klosterkirche von Rot zu sehen. Idyllisch am Bach entlang auf das Kloster zu radeln, ein Stück an ihm vorbei – es befindet sich auf anderen Seite des Wassers – und bis zur Straße an der Brücke fahren. Wer nicht zum Kloster möchte, fährt geradeaus weiter.

Kloster Rot an der Rot:
Nach links und über die Brücke fahren, oben an der Rechtskurve der Straße links – Wegweiser „Ortsmitte" – und zum Kloster radeln. 1126 wurde am Zusammenfluss von Rot und Haslach die Klosteranlage Mönchsroth erbaut. Die noch junge Ordensgemeinschaft der Prämonstratenser, die sich nach ihrem französischen Ursprungsort Premontré nennt, entsandte schon sechs Jahre nach ihrer Entstehung Mönche nach Rot. Norbert von Xanten gilt als der Gründer des Klosters. Unterstützt vom reichen Mutterkloster gedieh Mönchsroth schnell und gewann an Einfluss. Weitere Klöster wurden gegründet, unter anderem die Weißenau bei Ravensburg und Kloster Obermarchtal an der Donau. 1179 er-

hielt Rot kaiserlichen Schutz, was die Machtfülle des Klosters weiter ausbaute. Ds äußerst wohlhabende Kloster weckte natürlich auch Begehrlichkeiten. So wurde Rot im Dreißigjährigen Krieg über 200mal geplündert! Dass danach nicht mehr viel übrig war, kann man sich denken. Am Ende des 17. Jahrhunderts wurde das Kloster im Überschwang des Schwäbischen Barock neu aufgebaut – und so präsentiert es sich heute. Die Klosterkirche Sankt Verena prunkt innen mit viel Barock und zwei wundervollen Orgeln von Johann Nepomuk Holzhey aus Ottobeuren. Im Kloster selbst ist ein Jugend- und Bildungshaus der Diözese Rottenburg untergebracht. In den Nebengebäuden befinden sich das Rathaus mit einer Galerie mit Werken von HAP Grieshaber, die Bücherei und das Haus der Vereine von Rot, die Gaststätte „Alte Klostermühle“ mit leckerem Essen, erfrischenden Getränken und einer Ladestation für eBikes. Im über und über bemalten Obertor gibt es eine Ausstellung mit Werken von Alois Springer zu sehen, www.rot.de.

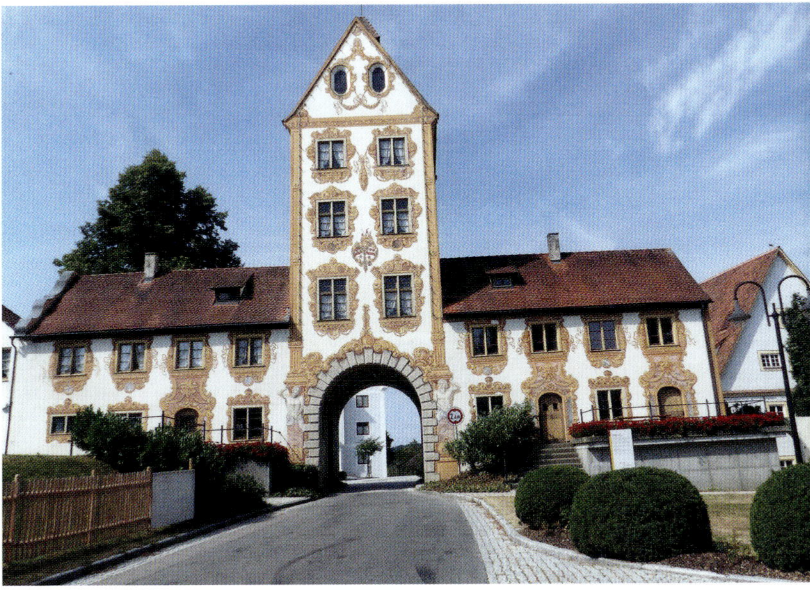

Reich geschmückt: das Obertor

Nach Ochsenhausen:
Vom Kloster zurück an die Straße, über die Brücke fahren und nach links auf den Radweg längs der Rot nach Bad Wurzach einbiegen. Nach rund 3 km ist der kleine Weiler Spindelwag erreicht. Am Ententeich rechts abbiegen und hinauf nach Bürken strampeln. Auf kleinem Sträßchen mit weitem Blick über das Tal radeln wir bergauf bis zur Kreisstraße, die nach Steinhausen führt. Hier rechts, hinein in den Wald und rasant hinunter an die Rottum.

Diese überqueren, nach Steinhausen mit seiner schönen Kirche hinaufradeln, oben rechts und längs der Kreisstraße weiter Richtung Oberstetten fahren. Auf halbem Wege kommt die Kapelle Sankt Anna in Sicht. Nach der Kapelle links abbiegen und hinunter an den Sankt Anna Weiher fahren. Wer mag, kann hier ein Bad nehmen. Ansonsten weiter geradeaus wieder bis zur Kreisstraße fahren, diese kurz begleiten, dann jedoch, noch vor Oberstetten, dem Radweg nach halb links folgen. Gemütlich an der Rottum entlang durchs Tal radeln. Kurz vor Ochsenhausen zeigt ein Schild nach links zum Freibad am Ziegelweiher. Wer mag, biegt ab. Es ist nicht weit.

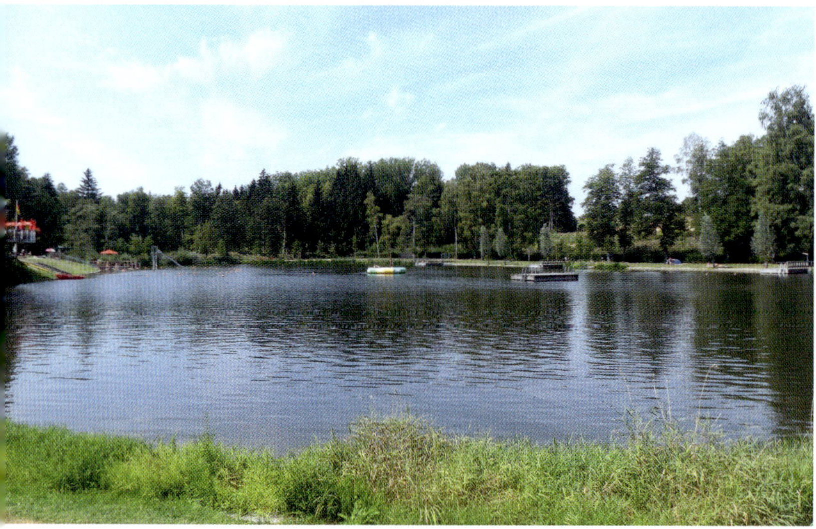

Freibad am Ziegelweiher

Ansonsten die Räder weiter talwärts rollen lassen. Am Ortseingang von Ochsenhausen, vor einem Firmengelände links und gleich wieder rechts und vor an die Straße fahren. Auch hier links und gleich wieder rechts Richtung Ortsmitte. Mitten hinein nach Ochsenhausen (Infos s. Tour 21), am Gasthaus „Adler“ links, vorbei am Muschelmuseum und noch einmal links zum Öchsle-Bahnhof und zum Museum der Waschfrauen.

Zurück nach Laupheim:
Dann auf dem Öchsle-Radweg wechselweise längs der Schmalspurbahn und der Rottum nach Reinstetten radeln. An der Straße rechts, gleich wieder links und kurz darauf noch einmal rechts halten – Wegweiser „Laupheim“. Kurz darauf bergauf nach Freyberg radeln, oben rechts und auf kleinem Sträßchen hügelab, hügelauf, hügelab, hügelauf durch die Felder nach Zillishausen, Mittelweiher und Schönebürg fahren. Ab Schönebürg verläuft der Radweg wieder im Tal und nahe an der Rottum. Über Mietingen geht es nach Baustetten. Hier rechts und etwas verschlungen durch den Ort auf den Radweg nach Laupheim. Wer nach Laupheim hinein möchte, fährt einfach geradeaus weiter und kommt auf Höhe des Schlosses

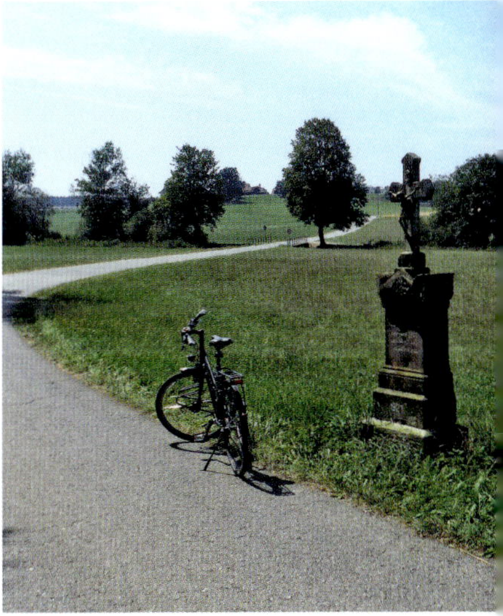

Die heimlichen Wahrzeichen Oberschwabens: Wegkreuze

heraus. Zum Bahnhof West geht es am Kreisel rund 1,5 km nach Baustetten links, am nächsten Kreisel rechts und an der nächsten Kreuzung wieder links auf den Donau-Bodensee-Weg Richtung Biberach. Unter der B 30 hindurch, geradeaus durch die Felder bis zum Laupheimer Badesee – Freizeitanlagen Rißtal. Wer noch ein Bad im See und ein kühles Getränk im Bistro am See genießen möchte, biegt hier links ab. Zum Bahnhof geht es rechts.

Tour 24: Idyllische Iller, Villa Rot, Laupheim und Donautal

Von Ulm nach Laupheim und zurück führt diese Tour idyllisch an der Iller und ruhig im Wald zu einer Kunstperle im Tal der Rot, der Villa Rot. Über Schloss Großlaupheim, das Tal der Rot und später der Donau wird zurück nach Ulm geradelt – oder wahlweise in den Zug gestiegen.

Start- und Endpunkt: Ulm

Streckenverlauf:
Ulm – Wiblingen – Regglisweiler – Weihungszell – Rot – Laupheim – Achstetten – Dellmensingen – Gögglingen – Ulm

Anreise Zug: Ulm ist Verkehrsknotenpunkt. Auskunft: www.bahn.de

🚗: Ulm am Donaubad; am Kloster Wiblingen; Laupheim am Schloss Großlaupheim; Gögglingen am Sportplatz

🚐: Ulm am Donaubad; Laupheim am Schloss Großlaupheim

Gesamtstrecke: 69 km

Schwierigkeitsgrad: ■
Höhendifferenz: 338 Hm

Dauer: 4,5 Stunden

Variante: mit dem Zug von Laupheim zurück 43 km

Einkehrmöglichkeiten:
- in Wiblingen
- Villa Rot
- in Laupheim
- „Gasthof zum Ritter" mit Biergarten in Gögglingen

Rastplätze:
- an der Iller
- Spiel- und Rastplatz am Ziegelhof oberhalb von Regglisweiler
- an der Donau

Badeplätze:
- Badesee bei Vöhringen
- Badesee bei Erbach
- Donaufreibad Ulm

Ulm Sterngasse 13, am Landratsamt Schillerstr. 30, am Donaufreibad; **Wiblingen** bei der Post Am Pranger 9; **Laupheim** am Marktplatz beim Rathaus; **Gögglingen** am Sportplatz

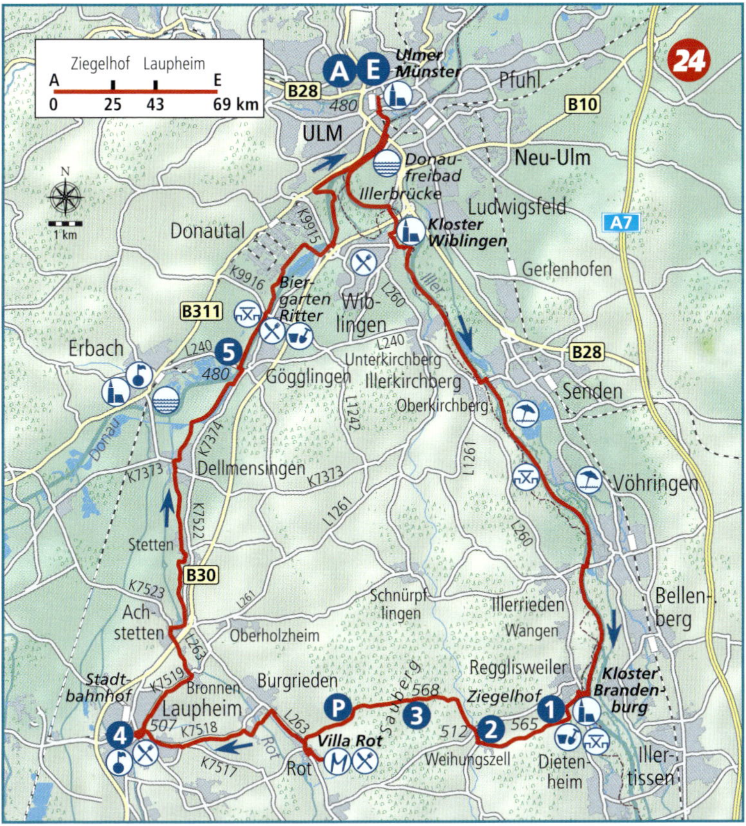
Ziegelhof
Laupheim
A
E
0
25
43
69 km
Ulmer Münster
Pfuhl
24
B28
480
B10
ULM
Donau-freibad
Neu-Ulm
Illerbrücke
Ludwigsfeld
Donautal
K9915
Kloster Wiblingen
A7
1 km
Gerlenhofen
K9916
Bier-garten Ritter
Wib-lingen
L260
Iller
B311
L240
Erbach
Unterkirchberg
5
480
Gögglingen
Illerkirchberg
B28
Senden
Oberkirchberg
L1242
K7374
Donau
K7373
Dellmensingen
K7373
L1261
Vöhringen
L1261
K7522
L260
Stetten
B30
K7523
L261
Schnürpf-lingen
Illerrieden
Bellen-berg
Ach-stetten
Oberholzheim
Wangen
L263
Sauberg
Regglisweiler
Kloster Branden-burg
Stadt-bahnhof
K7519
Bronnen
Burgrieden
568
Ziegelhof
Laupheim
P
3
1
507
K7518
L263
512
2
565
4
Villa Rot
Rot
K7517
Rot
Weihungszell
Dieten-heim
Iller-tissen

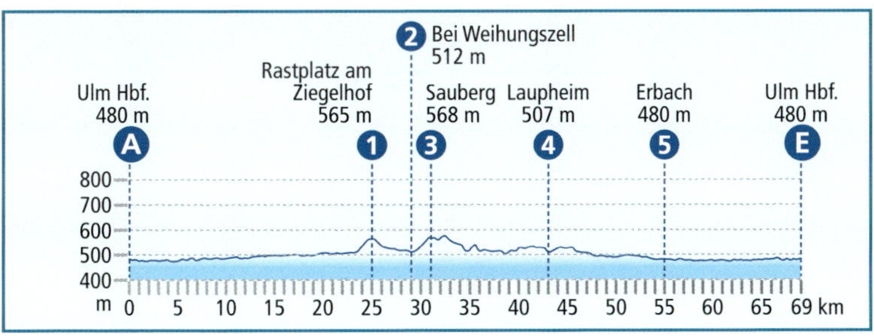
Ulm Hbf.
480 m
A
Rastplatz am Ziegelhof
565 m
1
2
Bei Weihungszell
512 m
Sauberg
568 m
3
Laupheim
507 m
4
Erbach
480 m
5
Ulm Hbf.
480 m
E
800
700
600
500
400
m
0
5
10
15
20
25
30
35
40
45
50
55
60
65
69 km

Los geht's:

Am Bahnhof in Ulm nach rechts weg und am Ende des ZOB rechts zu den Gleisen, hier links und auf dem Radweg neben der Eisenbahnlinie über eine Brücke und ein Stück geradeaus fahren. Danach das Rad bergab und zur Donau rollen lassen. Hier rechts auf den Donau-Radweg einbiegen und zwischen Donau und Eisenbahn dem breiten Fluss stromaufwärts bis zur nächsten Brücke folgen. Über die Brücke radeln, von deren Mitte aus man einen unverstellten Blick auf das Ulmer Münster hat, und am anderen Ufer der Donau weiter radeln – Wegweiser „Donaufreibad", „Illerbrücke".

Rund 1,5 km nach der Brücke ist die Mündung der Iller in die Donau erreicht. Ab hier begleiten wir die rasch fließende Iller, die auch mal das eine oder andere Schaumkrönchen aufblitzen lässt. An der Illerbrücke geht es über die Brücke und entweder in einem U-Turn wieder unter dieser hindurch und am anderen Ufer weiter oder wahlweise geradeaus weiter und hinein nach Wiblingen zum sehr sehenswerten Kloster (Infos s. Tour 25). Wer den Abstecher nach Wiblingen macht, fährt nach der Klosterbesichtigung links Richtung Unterkirchberg und fädelt sich kurz davor wieder auf dem Iller-Radweg ein.

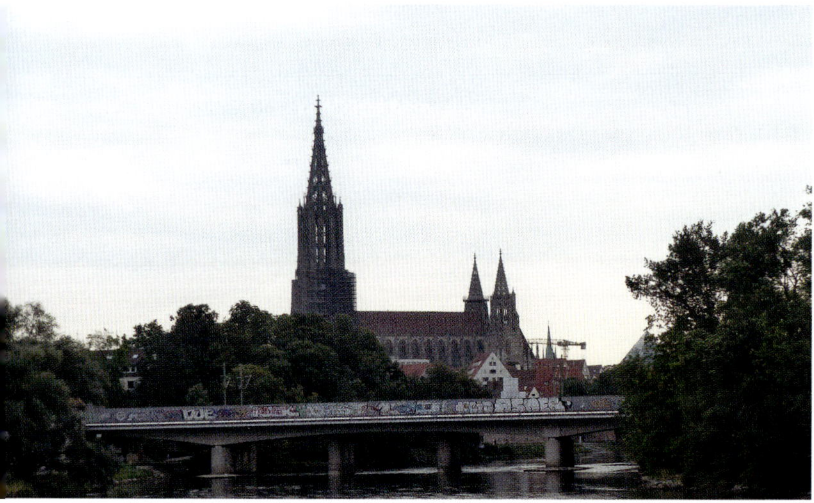

Schöner Blick von der Radlerbrücke aufs Ulmer Münster

Bei der Brücke zwischen Oberkirchberg und Senden geht es wieder auf die andere Seite, ebenfalls in einem U-Turn unter der Brücke hindurch und weiter bis zu einem Wehr. Kurz darauf kann man entscheiden, ob man am Uferweg oder auf dem Damm weiterfahren will. Wer zum Badesee möchte, nimmt den Dammweg – der See liegt unmittelbar neben dem Weg –, ansonsten ist es am Ufer idyllischer. Beide Wege treffen sich wieder an einem Rastplatz direkt am Fluss kurz vor Vöhringen. Nicht weit nach dem Rastplatz geht es hinauf an die Brücke, die Vöhringen mit Illerrieden verbindet und auf dieser auf die andere Flussseite. Hier links und weiter an der Iller nach Regglisweiler. Unterwegs rauscht es besonders laut, eine hohe Staustufe kommt in Sicht. Rund 3,5 km nach der Brücke bei Illerrieden weist ein Schild den Weg nach rechts nach Regglisweiler und zum Kloster Brandenburg.

Nach Rot:
Wir verabschieden uns von der Iller, fahren nach rechts Richtung Regglisweiler, an der Straße noch einmal rechts und dann nach links hinauf durch den Ort bis zu einer Schnapsbrennerei. Hier nach links abbiegen und auf der Höhe aus dem Ort hinausfahren. Nach rund 500 Metern weist ein Schild nach links zum Ziegelhof. Hier abbiegen, am Ziegelhof vorbei radeln und am schön gelegenen Spiel- und Rastplatz rechts. Auf kleinem Sträßchen geht es über Land nach Weihungszell. Geradeaus hindurch, nach der Brücke an der Kreisstraße rechts und an der nächsten Kreuzung geradeaus auf landwirtschaftlichem Weg durchs Tal bis zum Waldrand. Hier links, Wegweiser „Rot“, kurz darauf rechts und an der Gabelung links halten und auf befestigtem Waldweg durch lichten Mischwald den Sauberg hinauf radeln. Außer Vogelgezwitscher ist hier nichts zu hören. Auf der Höhe zweigt ein Wanderweg nach Schnürpflingen ab. Es geht geradeaus weiter durch den grünen Wald. Nach einem guten Kilometer quert ein breiter befestigter Weg. Hier links, an einem Wanderparkplatz vorbei und aus dem Wald herausradeln. Quer über die Felder kann man im Tal schon die Kirchturmspitze von Rot sehen. Dann geht es bergab ins Tal der Rot.

Abstecher zur Villa Rot:
An der Straße kurz vor dem Ortseingang von Rot angekommen, links abbiegen, bis zur Hauptkreuzung im Ort fahren, hier links Richtung Orsenhausen fahren, am Ortsende links abbiegen und am Ende der Straße rechts bergauf bis

zur Villa fahren (Infos s. Tour 23) – Wegweiser „Villa Rot“. Zurück fahren wir zur Kirche, hier links, an der Straße rechts und zurück an die Straße nach Burgrieden.

Nach Laupheim:
Auf der Straße nach Burgrieden fahren, am Ortseingang links, an der Feuerwehr vorbei und zur Brücke über die Rot. Danach geht's die Steigstraße bergauf, oben rechts und am Ortsende links auf den Radweg, der die Straße nach Laupheim begleitet. An der nächsten Kreuzung die Straße überqueren und rechts abbiegen. Nach einem guten Kilometer weist ein Schild zum Schloss nach rechts. Wer zum Schloss, ins Schlosscafé oder in den Schlosspark möchte, biegt hier ab (Infos s. Tour 22). Ansonsten das Rad bergab in die Ortsmitte rollen lassen, wo es natürlich allerlei Möglichkeiten zur Einkehr gibt. Unten rechts abbiegen und kurz darauf noch einmal rechts – Wegweiser „Ulm“ und „Achstetten“ – und am unteren Teil des Schlossparks vorbeifahren. Wer genug hat und zum Bahnhof möchte, fährt an der Abzweigung Ulm – Achstetten vorbei und die nächste Möglichkeit links. Dann rechts in die Schillerstraße und geradeaus zum Stadtbahnhof.

Ins Donautal:
Nach dem Schlosspark steigt die Straße an und führt bergauf hinaus aus Laupheim und hinüber nach Bronnen. In Bronnen links und über die Felder an einer kleinen Kapelle vorbei auf die Autobahn zu fahren. Diese überqueren und nach Achstetten hineinradeln. Hier an der Kirche vorbei radeln, dann rechts auf die Straße nach Oberholzheim fahren und nach der Brücke links abbiegen. Zunächst an einer Kreisstraße und dann schön durch ein Riedgebiet nach Stetten und von dort weiter nach Dellmensingen fahren. In Dellmensingen auf der Straße an der Kirche vorbeifahren, dann an einer Linkskurve der Straße, noch vor der Brücke über die Rot, rechts halten. Gleich darauf links abbiegen und an der Gabelung rechts halten. Nach einem knappen Kilometer wird auf einer Radlerbrücke ein Arm der Donau überquert.

Abstecher zum Badesee und nach Erbach:
Wer nach Erbach hinein oder zum Badesee möchte, fährt nach der Radlerbrücke links. Es sind 2 km bis zum See und zum Bahnhof und ein kleines bisschen weiter bis zum Städtle. Schloss und Kirche auf dem Schlossberg sind schon von Weitem zu sehen. Das Schloss ist auch heute noch bewohnt. In

der Stadtmitte findet seit 2015 gemeinsam mit dem Bildhauer Jürgen Knubben aus Rottweil ein Kunstprojekt statt. „Platzhalter" ist der Titel. Große Skulpturen wurden an Orten in der Innenstadt aufgestellt, an denen sich städtebaulich etwas verändern sollte. Wird tatsächlich gebaut, wird die Skulptur wieder entfernt. Jahr für Jahr kann man also schauen, wie fleißig Erbach an der Umsetzung zur Verschönerung der Stadt ist. www.erbach-donau.de

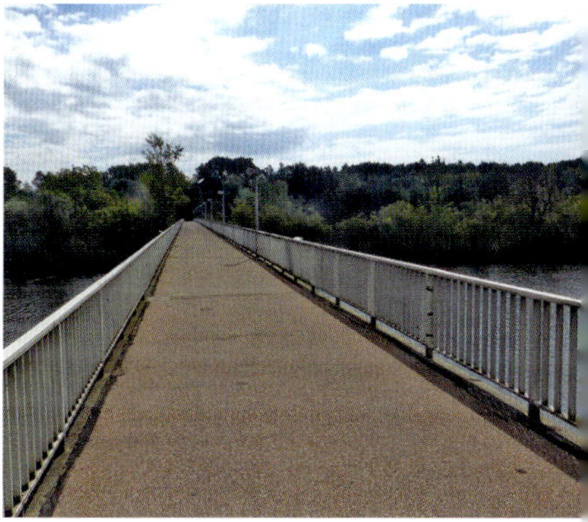

Auf schmaler Brücke geht es durchs Ried

Zurück nach Ulm:
Zurück nach Ulm geht es an der Radlerbrücke rechts und direkt am Ufer entlang an der Donau weiter. Immer wieder gibt es Bänke, auf denen man schön verschnaufen und übers Wasser blicken kann. An der Donaubrücke bei Gögglingen befindet sich auch ein Rastplatz. Und wer zum schönen Biergarten in Gögglingen möchte, fährt über die Brücke und dann rechts. Ansonsten geht es geradeaus weiter an der Rückseite der Firmen des Gewerbegebietes Donautal entlang, dann über eine schmale Brücke durch ein Riedgebiet. Hier ist der Fluss eine weite Wasserfläche, auf der sich allerlei Wasservögel tummeln. Der Weg endet an einer Kreisstraße. Hier links, geradeaus über die nächste Straße und durch den Auwald am Ufer der Donau weiter. Noch einmal über eine Brücke, vor zur Bahnlinie, hier rechts und zwischen Bahnlinie und Donau zurück nach Ulm radeln.
Wer zum Abschluss der Tour in die Altstadt von Ulm möchte, bleibt einfach noch ein bisschen an der Donau und nutzt dann eins der kleinen Stadttore, um in die Altstadt mit dem weltbekannten Ulmer Münster und den zahlreichen Cafés und Gaststätten zu kommen.
Wer direkt zum Bahnhof zurück möchte, folgt zunächst der Beschilderung nach Blaubeuren und fährt dann an der Bahnlinie entlang wie auf dem Hinweg zum ZOB und zum Hauptbahnhof.

Tour 25: An Donau und Iller

Eine nette kleine Sonntagstour zwischen Donau und Iller zu einer imposanten Klosteranlage vor den Toren Ulms, dem Kloster Wiblingen. Ein gemütlicher Biergarten samt Spielplatz liegt auch am Weg.

Start- und Endpunkt: Ulm

Streckenverlauf:
Ulm – Donautal – Gögglingen – Wiblingen – Ulm

Anreise Zug: Ulm ist Verkehrsknotenpunkt. Auskunft: www.bahn.de

: Ulm am Donaubad; Kloster Wiblingen; Gögglingen am Sportplatz

: Ulm am Donaubad

Gesamtstrecke: 25 km

Schwierigkeitsgrad: ;
Höhendifferenz: 78 Hm

Dauer: 1,5 Stunden

Einkehrmöglichkeiten:
- „Gasthaus zum Ritter" mit Biergarten in Gögglingen
- in Wiblingen

Rastplätze:
- an der Iller

Spielplätze:
- beim „Ritter" in Gögglingen

Badeplätze:
- Donaufreibad Ulm

Ulm Sterngasse 13, am Landratsamt Schillerstr. 30, am Donaufreibad; **Gögglingen** am Sportplatz; **Wiblingen** bei der Post Am Pranger 9

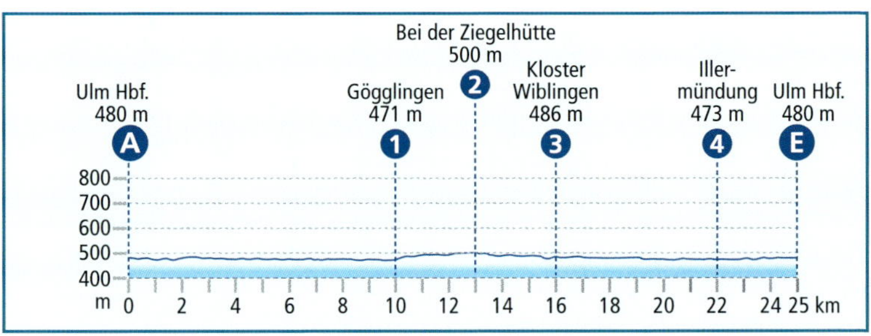

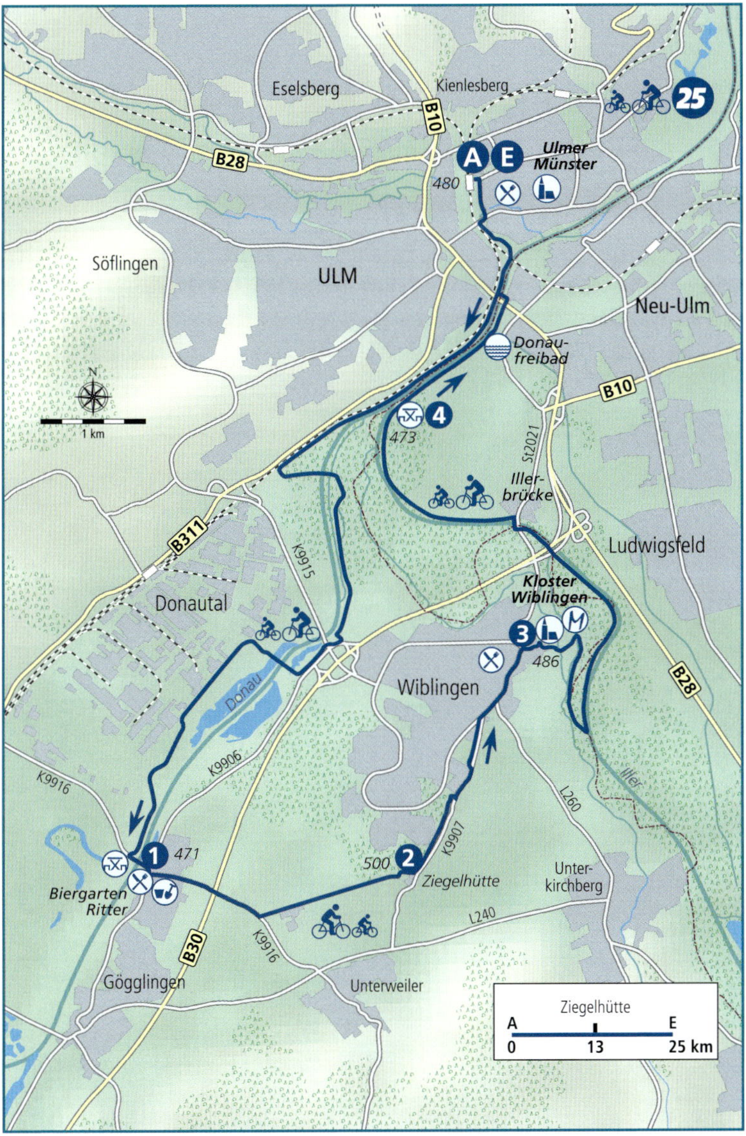
Eselsberg
Kienlesberg
25
B10
B28
A
E
Ulmer Münster
480
Söflingen
ULM
Neu-Ulm
Donau-freibad
B10
N
1 km
4
473
St2021
Iller-brücke
Ludwigsfeld
B311
K9915
Kloster Wiblingen
Donautal
3
486
Wiblingen
Donau
B28
K9906
K9916
Iller
L260
K9907
1
471
2
500
Ziegelhütte
Unter-kirchberg
Biergarten Ritter
L240
K9916
B30
Gögglingen
Unterweiler
Ziegelhütte
A
E
0
13
25 km

Los geht's:

Am Bahnhof in Ulm nach rechts weg und am Ende des ZOB rechts zu den Gleisen, hier links und auf dem Radweg längs der Gleise über eine Brücke und ein Stück geradeaus fahren. Danach das Rad bergab und zur Donau rollen lassen. Hier rechts auf den Donau-Radweg einbiegen und zwischen Donau und Eisenbahn dem breiten Fluss stromaufwärts folgen. Unglaublich, wie schnell man hier aus dem Getriebe der Stadt draußen ist. Grün ringsherum, Sonnenstrahlen lassen das Wasser glitzern, die Vögel zwitschern, ab und zu ist ein Zug zu hören – und schon atmet man tief durch. Kurz vor Donautal wird der Strom überquert und es geht am anderen Ufer durch lockeren Mischwald weiter. Nach knapp 2 km wird die Donau noch einmal überquert und der Radweg führt am Rande der Industriebauten von Donautal mit dennoch schönem Blick übers Wasser entlang. Dann schwenkt der Radweg wieder direkt zum Ufer. Hier finden sich auch einige Ruhebänke, die einen entspannten Blick aufs Wasser bieten. Dann trifft der Radweg auf eine Straße. Hier links und über die Brücke nach Gögglingen fahren. Nach der Brücke rechts. Gleich auf der rechten Seite befindet sich der historische Gasthof zum Ritter mit Biergarten, Donaublick und Spielplatz. Auch Napoleon war hier schon zu Gast, wie ein Schild am Wirtshaus verrät.

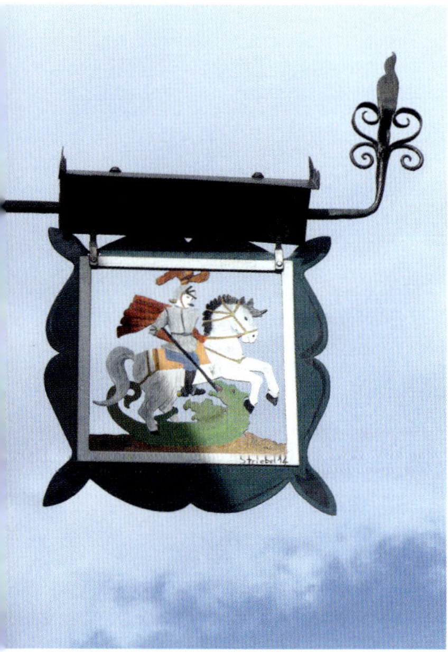

Wirtshausschild „Ritter" in Gögglingen

Zur Weiterfahrt biegen wir nach der Brücke rechts und gleich wieder links auf die Kreisstraße nach Unterweiler ab. Auf dem sie begleitenden Radweg die stark befahrene B 30 unterqueren und nach 500 Metern auf einen landwirtschaftlichen Weg, der an einem Hof vorbeiführt, abbiegen. Diesem Weg immer geradeaus rund 5 km bis zur Kreisstraße nach Wiblingen folgen. Hier nach links auf den Radweg einbiegen und längs der Straße nach Wiblingen fahren. Geradeaus weiter bis zum Ortszentrum mit Eiscafé und Gastwirtschaft. Zum Kloster geht es hier rechts.

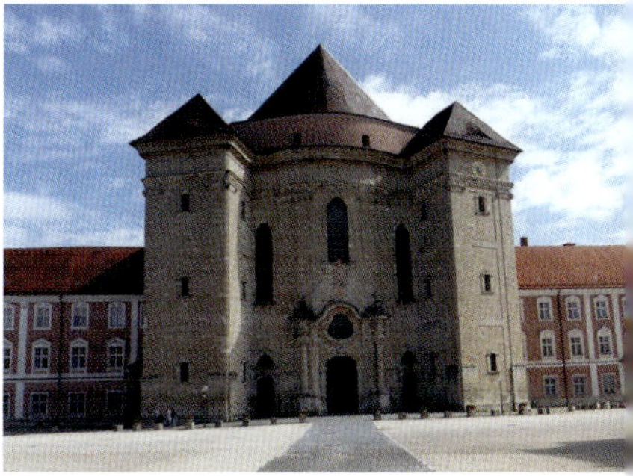

Eindrucksvoll: Kloster Wiblingen

Kloster Wiblingen:
Gleich zwei herausragende Bauten hat das Kloster zu bieten: Zum einen schwelgt die Klosterkirche in gar prächtigem Barock. Sie ist eine der berühmtesten Kirchen in Oberschwaben. Auch wegen der farbenfreudigen Fresken von Januarius Zick und wegen ihres beeindruckenden Dachstuhls. Diese Holzbalkenkonstruktion überspannt den kompletten Kirchenraum, eine technische Meisterleistung der Zimmermannskunst (mit Führung

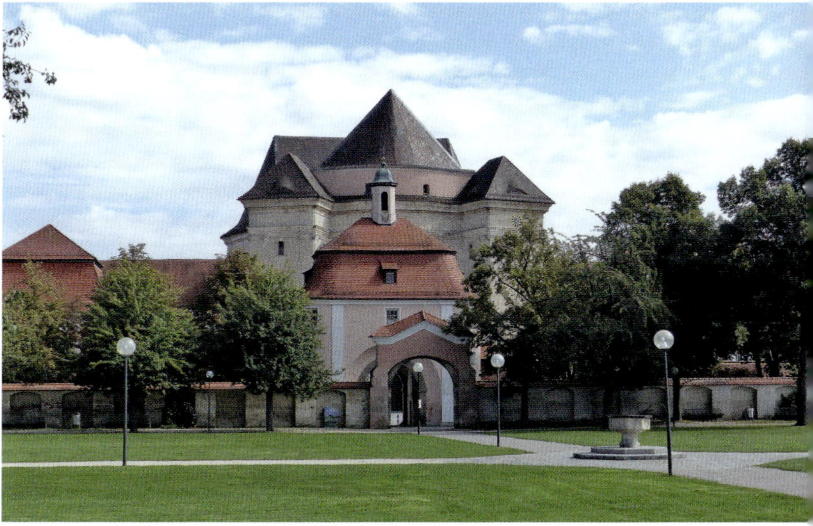

Der Park in Wiblingen steht allen offen

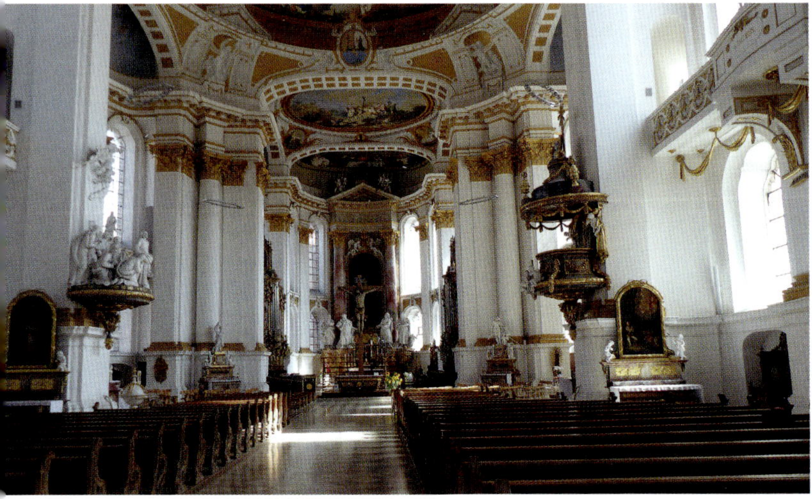

Prächtig ist auch die Ausstattung der Klosterkirche Wiblingen

auch zu besichtigen). Berühmt ist zum anderen der Bibliothekssaal des Klosters. Er ist in prächtigem Rokoko ausgestattet. Nördlich der Alpen findet man allerhöchstens noch in Sankt Gallen Vergleichbares. Figuren und Fresken, Säulen und Galerie schmücken den Raum. Da übersieht man schon fast die Bücher. Doch auch diese sind Kostbarkeiten. Die ehemalige Benediktiner-Abtei wurde bereits im 11. Jahrhundert gegründet. Davon ist jedoch nicht mehr viel zu sehen. Denn ab 1714 wurde das Kloster in großem Stil zum barocken Gesamtensemble um- bzw. neu gebaut. Im Klostermuseum im Konventbau kann man alles zur Geschichte des Klosters erfahren. Öffnungszeiten: März bis Oktober Dienstag bis Sonntag 10 bis 17 Uhr; im Winter Samstag und Sonntag 13 bis 17 Uhr, www.kloster-wiblingen.de.

Zurück nach Ulm:
Vom Kloster aus nach links Richtung Unterkirchberg fahren. Das geht zunächst ein bisschen verschlungen auf Wegen durch einen Wald. Dann ist die Iller erreicht. Hier nach links auf den Iller-Radweg einbiegen und wunderschön am Ufer entlang Richtung Illerbrücke fahren. Man ist hier völlig unbehelligt vom Verkehr und dem ihn begleitenden Lärm, obwohl sich zwei mehrspurige Bundes-

straßen direkt in der Nähe befinden. Nach rund 2 km ist die Illerbrücke erreicht. Auf dieser den Fluss überqueren und am anderen Ufer weiterradeln. Schnell fließt die Iller dahin. Immer wieder sind kleine Schaumkrönchen auf dem Wasser zu sehen. Nach weiteren 2 km sind wir am Zusammenfluss von Iller und Donau angelangt. Hier an der Illerspitze vereinigt sich das schnelle Wasser der Iller mit dem träge fließenden Wasser der Donau – die Scheide ist in der Mitte des Flusses klar zu erkennen.

Ein Picknicktisch mit Bank lädt zum träumerischen Betrachten der Wellen ein. Nach weiteren 2 km am nunmehr breiten Strom ist eine Brücke erreicht. Diese überqueren und nach rechts auf den Donau-Radweg einbiegen. Wer zum Abschluss der Tour in die Altstadt von Ulm möchte, bleibt einfach noch ein bisschen an der Donau und nutzt dann eins der kleinen Stadttore, um in die Altstadt mit dem weltbekannten Münster und den zahlreichen Cafés und Gaststätten zu kommen. Wer direkt zum Bahnhof zurück möchte, folgt zunächst der Beschilderung nach Blaubeuren und fährt dann an der Bahnlinie entlang zum ZOB und zum Hauptbahnhof.

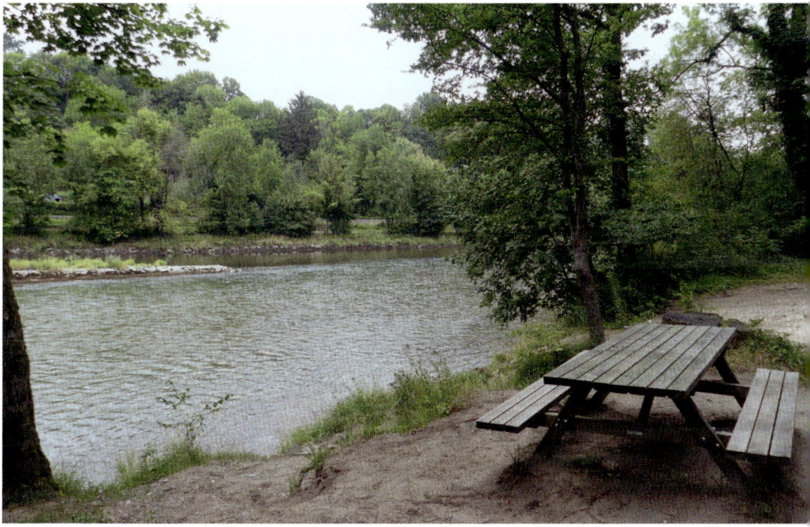

Am Zusammenfluss von Iller und Donau

Tour 26: UNESCO-Weltkulturerbe Hohler Fels – An Blau, Ach und Donau

Genau genommen nicht mehr Oberschwaben, aber an der Donau gelegen: Zum romantischen Blautopf, dem Urmuseum in Blaubeuren, zum Hohlen Fels bei Schelklingen und in das Donautal führt diese Tour.

Start- und Endpunkt: Ulm

Streckenverlauf:
Ulm – Blaubeuren – Schelklingen – Ehingen – Ersingen – Erbach – Gögglingen – Donautal – Ulm

Anreise Zug: Ulm ist Verkehrsknotenpunkt. Auskunft: www.bahn.de

Auto: Ulm am Donaubad; Kloster Wiblingen; Gögglingen am Sportplatz

Wohnmobil: Ulm am Donaubad; Blaustein Bad Blau; Blaubeuren am Hallenbad; Ehingen Stadion; Ersingen Camping Hirsch

Gesamtstrecke: 76 km

Schwierigkeitsgrad: (rot)
Höhendifferenz: 326 Hm

Dauer: 5,5 Stunden

Varianten:
Ulm – Blaubeuren – 22 km (blau)
Ulm – Schelklingen – 28 km (blau)
Ulm – Ehingen – 41 km (blau)
Teilstrecken (Radfahrer)

Einkehrmöglichkeiten:
- in Blaubeuren
- „Austermanns Landgaststube" in Schmiechen
- „Schlossmühle" in Allmendingen
- in Ehingen
- Gasthaus „Hirsch" in Ersingen
- „Gasthof zum Ritter" mit Biergarten in Gögglingen

Rastplätze:
- im Blautal bei Arnegg
- am Hohlen Fels bei Schelklingen
- in Ehingen auf der Höhe Richtung Nasgenstadt
- an der Donau

Spielplätze:
- Wasserspielplatz in Blaustein
- in Blaubeuren
- in Ehingen auf der Höhe Richtung Nasgenstadt
- beim „Hirsch" in Ersingen
- beim „Ritter" in Gögglingen

Badeplätze:
Freibad Blaubeuren; Freibad Schelklingen; Badesee Ersingen; Badesee Erbach; Donaufreibad Ulm

E-Bike-Ladestation: **Ulm** Sterngasse 13, am Landratsamt Schillerstr. 30, am Donaufreibad; **Blaustein** am Seniorenzentrum Boschstr. 6; **Blaubeuren** Kirchstr. 2 beim Café Kuhn; **Ehingen** am Marktplatz; **Gögglingen** am Sportplatz

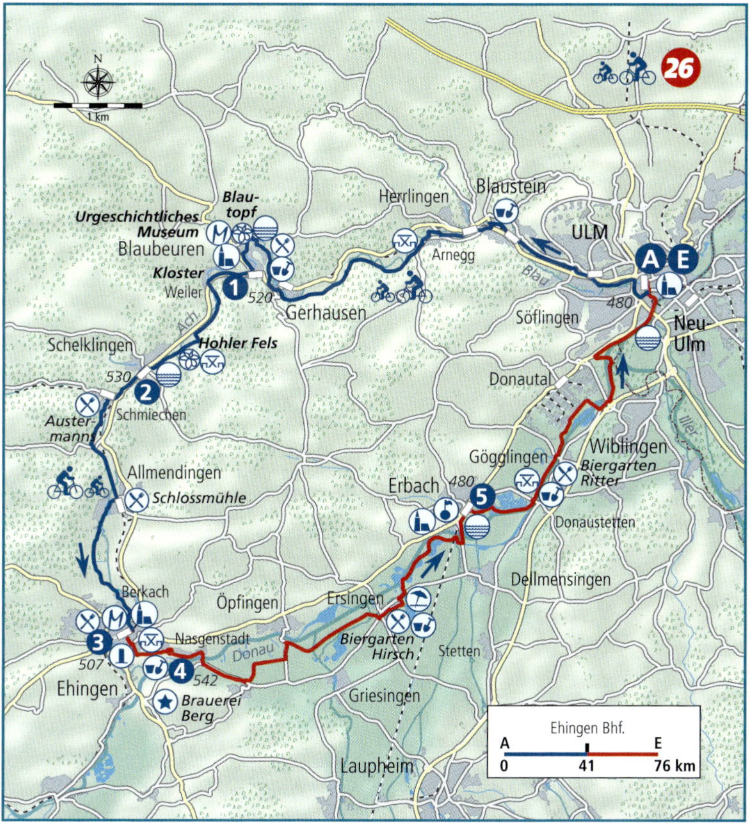
26
N
1 km
Blaustein
Herrlingen
ULM
Blau-
topf
Urgeschichtliches
Museum
Blaubeuren
Kloster
Weiler
520
Gerhausen
Arnegg
Blau
A
E
480
Söflingen
Neu-
Ulm
Ach
Schelklingen
Hohler Fels
530
Schmiechen
Auster-
manns
Donautal
Allmendingen
Schlossmühle
Gögglingen
Wiblingen
Biergarten
Ritter
Erbach
480
Iller
Donaustetten
Dellmensingen
Berkach
Öpfingen
Ersingen
Nasgenstadt
Donau
Biergarten
Hirsch
Stetten
507
542
Ehingen
Brauerei
Berg
Griesingen
Laupheim
Ehingen Bhf.
A
E
0
41
76 km

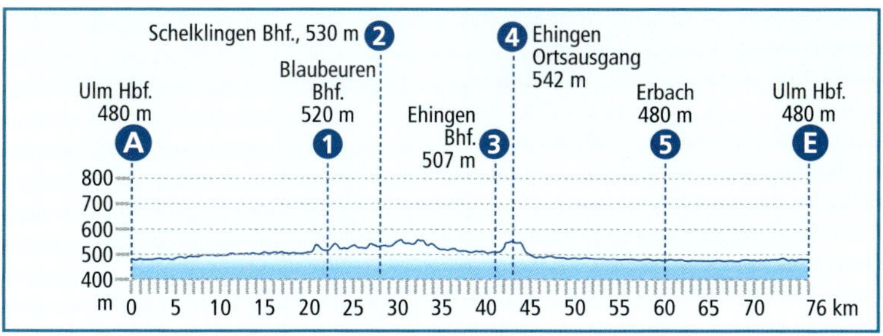
Schelklingen Bhf., 530 m
Blaubeuren
Bhf.
520 m
Ehingen
Ortsausgang
542 m
Ulm Hbf.
480 m
Ehingen
Bhf.
507 m
Erbach
480 m
Ulm Hbf.
480 m
800
700
600
500
400
m
0
5
10
15
20
25
30
35
40
45
50
55
60
65
70
76 km

Los geht's:

Am Bahnhof in Ulm nach rechts weg fahren und nach dem ZOB rechts abbiegen und die Gleise unterqueren – Wegweiser „Söflingen", „Weststadt". Von hier zunächst an der Bundesstraße nach Blaubeuren entlangfahren, dann dem Radwegweiser nach rechts folgen und geradeaus bis zu Brücke an der Blau fahren. Hier die Straße und die Brücke überqueren und am Ufer der Blau stadtauswärts radeln. An der Blau und an der Eisenbahnstrecke entlang führt der Weg zunächst noch durchs Industriegebiet, dann über die Felder nach Blaustein. In Blaustein geht es am Bahnhof geradeaus, an der nächsten Kreuzung links, über die Bahnlinie und kurz darauf rechts in die Arnegger Straße. An einem beeindruckenden Felsmassiv vorbei zur Straße nach Arnegg radeln, diese überqueren und auf einem idyllischen Radweg durch die Aulandschaft nach Arnegg radeln. Von Arnegg aus führt der Weg immer am Waldrand mit schönem Blick über die Flussaue entlang weiter nach Gerhausen. Dass dies nicht mehr Oberschwaben sondern eine Landschaft ist, die zur Schwäbischen Alb gehört, kann man unschwer erkennen: Überall ragen steile Kalkklippen auf, und das Blautal ist gespickt mit Felsnadeln, wie sie für den Albtrauf typisch sind. Durch Gerhausen fahren und noch ein kurzes Stück durch die Flussauc, dann ist der Kirchturm von Blaubeuren schon zu sehen. Der Radweg führt vorbei an Sportplätzen, Spielplätzen und am Freibad direkt zum Klostergelände und zum Blautopf und von dort in einem Bogen zum Städtle und zum Urmuseum Blaubeuren.

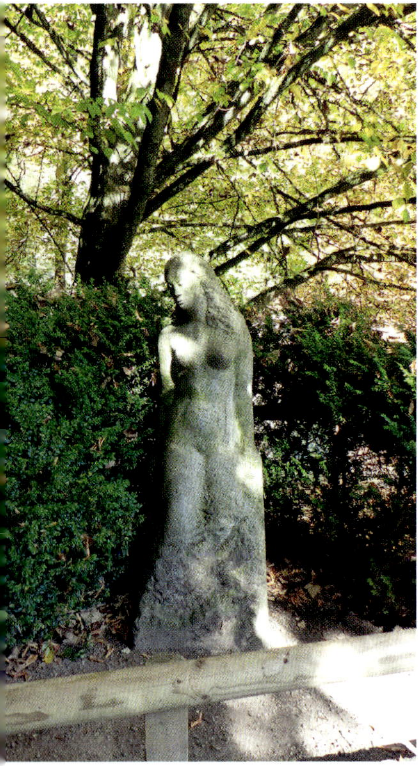

Die schöne Lau

Blaubeuren Blautopf:
Geheimnisvoll und in tiefem Blau schimmert das Wasser – der Blautopf ist eine der schönsten Quellen des Landes. Das historische Gebäude der Klostermühle und der Blick auf die Klosterkirche von Blaubeuren vom Spazierweg aus, der rings um den Blautopf führt, machen die Idylle perfekt. Ein romantisches Plätzchen. Kein Wunder, dass sich Sagen darum ranken. Die bekannteste ist die der schönen Lau, die vom Schwarzen Meer zum Blautopf kam und erst wieder nach Hause darf, wenn sie Lachen gelernt hat. Zum Glück freundet sie sich mit der Müllerin und ihren fröhlichen Kindern an und lacht beim berühmten Zungenbrecher hell auf. Der sorgt auch heute noch für Heiterkeit, denn einfach ist er wahrlich nicht: „'s leit a Klötzle Blei glei bei Blaubeura, glei bei Blaubeura leit a Klötzle Blei." Ursprünglich nachzulesen bei Eduard Mörike „Das Stuttgarter Hutzelmännlein" und im Bilderbuch „Die schöne Lau", wunderschön illustriert von Daniela Drescher.

Urgeschichtliches Museum Blaubeuren:
Vom Blautopf geradeaus durchs mit Fachwerkhäusern, netten Läden und einladenden Gaststätten geschmückte Städtchen bis zur Kirche radeln. Ihr gegenüber befindet sich das Urgeschichtliche Museum Blaubeuren. Ein herausragendes, liebevoll gemachtes Museum. Eine wahre Fundgrube für alle, die sich für die Frühgeschichte der Menschheit interessieren. Mit vielen Details und Informationen, die

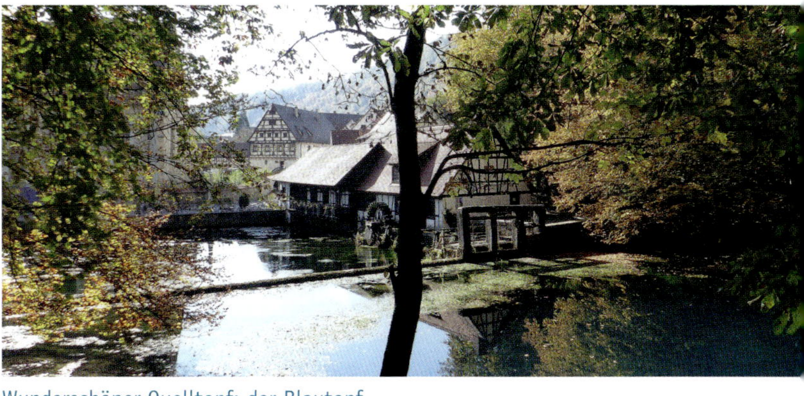

Wunderschöner Quelltopf: der Blautopf

auch für Kinder sehr spannend zu erfahren sind. In den „Schatzkammern“ finden sich Repliken von uralten Kunstwerken, die uns heute nur ehrfürchtig staunen lassen. Was in den Höhlen rund um Blaubeuren gefunden wurde, hat ein ganz neues Licht auf die Menschheitsgeschichte geworfen. 2017 gab es dafür die höchste Auszeichnung, die die Welt zu vergeben hat: Sechs Höhlen der Schwäbischen Alb in den Tälern von Ach, Blau und Lone wurden zum UNESCO-Welterbe erklärt und erhielten den Titel „UNESCO-Welterbe Höhlen- und Eiszeitkunst der Schwäbischen Alb“. Eine davon werden wir auf unserer Radtour noch besuchen: Den Hohlen Fels bei Schelklingen. In dieser Höhle wurde das bisher älteste Musikinstrument der Welt gefunden: Eine aus Knochen geschnitzte Flöte. Wie aufwendig deren Herstellung war, wird in der Musikschatzkammer des Urmuseums anschaulich erklärt. Wie so eine Flöte geklungen hat, kann man sich ebenfalls im Museum anhören. Mit diesem Fund und dem Fund der Skulptur der Venus war klar: Auch die Menschen vor über 40 000 Jahren kannten bereits Musik und Kunst. Im Museum gibt es immer wieder auch Projekte zum Anfassen und Mitmachen. Halb Blaubeuren und viele Künstler und Handwerker von außerhalb versuchen dann, Geschichte lebendig zu machen. Zum Beispiel, indem man versucht, selbst Schmuck oder Musikinstrumente wie in der Steinzeit herzustellen. Öffnungszeiten: 15. März bis 30. November, Dienstag bis Sonntag 10 bis 17 Uhr; im Winter außer sonntags erst ab 14 Uhr, www.urmu.de.

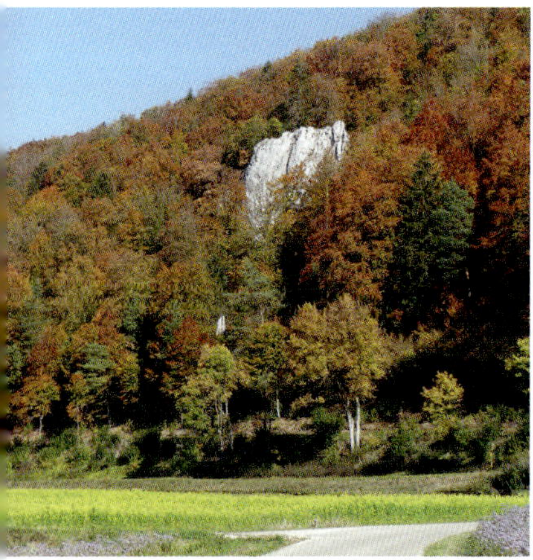

Im Tal der Urdonau

Nach Ehingen:
Vom Urmuseum geht es Richtung Bahnhof von Blaubeuren. Wer genug geradelt ist, kann hier in den Zug zurück nach Ulm steigen. Am Bahnhof geht es rechts und zunächst an der B 492 entlang zum Ortsteil Weiler. Hier wird die Straße, die Bahnlinie und die Ach überquert und der Radweg auf der

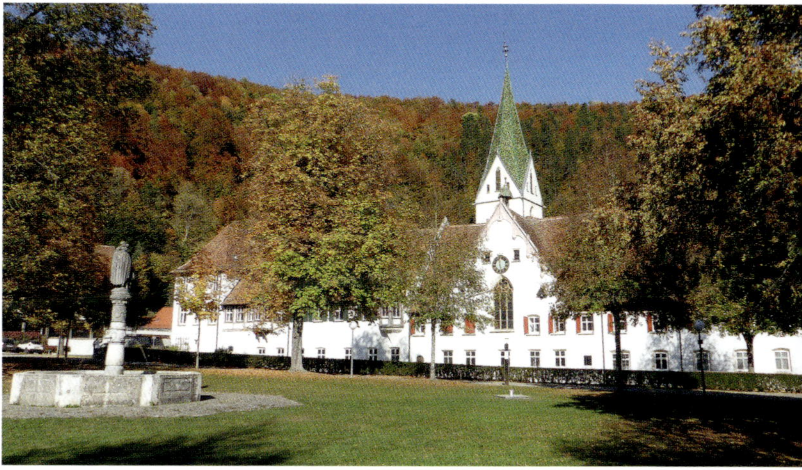

Kloster Blaubeuren

anderen Seite des Tales fortgesetzt. Nach rund 3 km ist der Hohle Fels erreicht.

Dieser ist jedoch nur sonntags an schönen Tagen im Sommer von 14 bis 17 Uhr geöffnet. Durchs große Tor der Höhle kann man jedoch hineinblicken. Der Radweg führt vom Hohlen Fels weiter am Freibad vorbei nach Schelklingen. Hier werden Ach, Bahnlinie und Straße erneut überquert. Parallel zur Straße geht es am Bahnhof Schelklingen, wo man noch einmal die Möglichkeit hat, in den Zug zurück nach Ulm zu steigen, vorbei nach Schmiechen. In Schmiechen rechts, an der Kirche links und auf dem Donau-Radweg zunächst am Waldrand, dann an der Bahnlinie entlang nach Allmendingen. Am Bahnübergang kann, wer Lust auf eine Pause in einem schönen Biergarten hat, zur Schlossmühle radeln. Ansonsten geht es rechts, durch den Ort, am „Hirsch" links und dann durchs Allmendinger Ried. Links Felder und Ried. Geradeaus die beeindruckenden Kräne der Firma Liebherr. Am Ende des Rieds links, über die Schmiech und nach Berkach radeln. Durch den Ort, wieder an die Schmiech und an ihr entlang zum Bahnhof Ehingen. Auch von hier kann man mit dem Zug zurück nach Ulm fahren. Am Bahnhof Ehingen links, über die Schmiech und hinauf in die Altstadt radeln.

Ehingen:
Mittelalterlich präsentiert sich der Stadtkern Ehingens: Viele historische Bauwerke sind über die Jahrhunderte hinweg erhalten geblieben. Schönes Fachwerk, Barockfassaden und die drei Kirchen Liebfrauenkirche, Kirche Sankt Blasius und Herz-Jesu-Kirche, deren Türme das Stadtbild bestimmen. Im „Spital zum heiligen Geist", einem besonders schöner Renaissance-Fachwerkbau, ist das städtische Museum untergebracht. Im Speth'schen Hof wird moderne Kunst ausgestellt. Heute bezeichnet sich Ehingen als Bierkulturstadt. Vom Badebier bis hin zum feinen Biermenü kann man alles, was das Bierliebhaberherz begehrt, genießen. Besonders bekannt ist die Brauerei Berg im gleichnamigen Ortsteil.

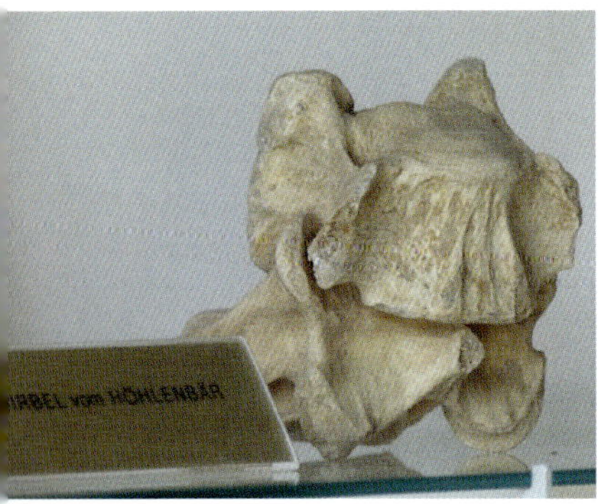

Schädel eines Höhlenbären aus grauer Vorzeit

Nach Erbach:
Geradeaus durch die Innenstadt und hinauf zu einer Parkanlage mit Turm radeln. Am Turm vorbeifahren und kurz darauf links abbiegen. Schön auf der Höhe mit weitem Blick über das Donautal teilt man sich diesen Weg mit zahlreichen Spaziergängern, die ebenfalls die wunderbare Aussicht genießen. Links gibt es einen Stellplatz für Wohnmobile, einen Spielplatz und einen Biergarten samt Sportplätzen. Dann geht es hinab nach Nasgenstadt. Durch den Ort, am Ortsende rechts, über die Donau und an der Kreisstraße entlang nach Griesingen fahren. Hier links und durch die Aulandschaft der Donau bis kurz vor Öpfingen radeln. An einem großen Pferdehof geht es rechts und weiter durch die Flussaue nach Ersingen. An der Gaststätte Hirsch mit Biergarten und Spielplatz vorbei vor zur Straße radeln. Hier links und weiter geradeaus bis zum Badesee fahren. Dieser lädt an heißen Tagen zum erfrischenden Sprung ins kühle Nass ein. Aber auch im Winter haben das Schilf, das Wasser und die zahlreichen Vögel am Ersinger See ihren Reiz. Vor dem See geht es links, vor zur Straße, ein Stück an ihr entlang und dann links zur Donau. Zwischen Seen und Donau führt der Weg mit viel Blick aufs in der Sonne glitzernde

Wasser zur Bahnlinie. Diese unterqueren und danach entweder links nach Erbach (Stadtmitte, Bahnhof und Badesee) fahren oder landschaftlich idyllisch direkt am Ufer der Donau entlang bis zur Brücke bei Donaustetten fahren. Beide Wege kommen hier wieder zusammen.

Zurück nach Ulm:
Vom Bahnhof zunächst nach rechts durch ein Gewerbegebiet fahren. Wer zum Badesee von Erbach möchte, hält sich geradeaus (Inselweg). Ansonsten geht es links noch ein Stück durchs Gewerbegebiet und dann rechts vorbei an zahlreichen kleinen Weihern, wo jeder seinen privaten Badesee oder Fischweiher hat, wieder an die Donau und zur Brücke bei Donaustetten. Geradeaus am Ufer der Donau entlang bis zur Brücke bei Gögglingen radeln. Wer zur Gaststätte „Ritter“ will, in der schon Napoleon eingekehrt ist, fährt über die Brücke und dann rechts. Ansonsten geht es auch hier geradeaus weiter an der Donau entlang nach Donautal. Rechts Idylle mit Naturschutzgebiet, brütenden Wasservögeln, Ried und Fluss, links Industrielandschaft mit rauchenden Schloten und lauten Maschinen. Dann geht es auf einer Brücke über die Donau und durch einen Mischwald weiter bis zur

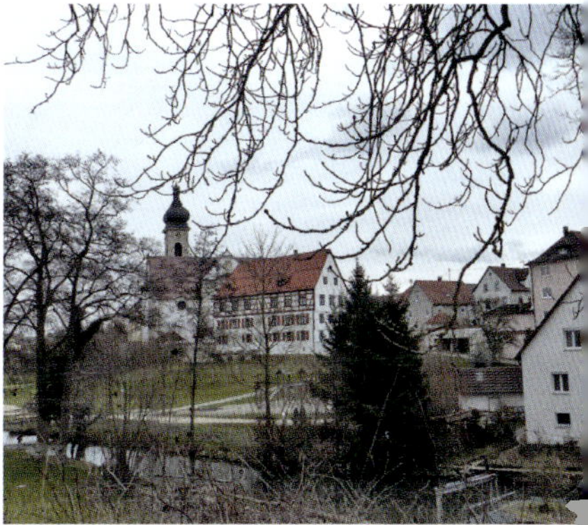

Ehingen an der Donau

nächsten Brücke. Diese überqueren. An der Eisenbahnlinie links und zwischen Bahnlinie und Donau die restlichen 3,5 km nach Ulm zurück radeln. Wer zum Abschluss der Tour in die Altstadt möchte, bleibt einfach noch ein bisschen an der Donau und nutzt dann eins der kleinen Stadttore, um in die Altstadt mit dem weltbekannten Münster und den zahlreichen Cafés und Gaststätten zu kommen. Wer direkt zum Bahnhof zurück möchte, folgt zunächst der Beschilderung nach Blaubeuren und fährt dann an der Bahnlinie entlang zum ZOB und zum Hauptbahnhof.

Touren 27 bis 30: Oberschwaben rundum

In mehreren Tagestouren fahren wir, ungefähr dem Grenzverlauf folgend, rund um Oberschwaben; aufgeteilt in vier Etappen. Die Tour kann je nach Gusto aber auch ganz anders in Etappen aufgeteilt werden. Und natürlich können die Teilstrecken auch als einzelne Tagestouren unternommen werden. Am Beginn und Ende jeder Etappe befindet sich jeweils ein Bahnhof – und oft auch dazwischen. Es sind – außer in den Varianten – nicht viel Höhenunterschiede zu überwinden. Alle Etappen sind also, wenn man sie kürzer fährt, ■.

Etappen:

1: Von Ulm durchs Illertal nach Leutkirch – 81 km – 427 Hm bergauf – 254 Tm bergab

2: Leutkirch – Langenargen – 78 km – 445 Hm bergauf – 698 Tm bergab

3: Langenargen – Mengen – 76 km – 432 Hm bergauf – 273 Tm bergab

4: Mengen – Donautal – Ulm – 91 km – 313 Hm bergauf – 390 Tm bergab

alle Teilstrecken ■, insgesamt wegen der Länge der Etappen ■

alle Teilstrecken 🚲🚲

Tour 27 Oberschwaben Rundum Etappe 1: Von Ulm durchs Illertal nach Leutkirch

Die erste Etappe der „Oberschwaben Rundum" ist geprägt vom Fluss Iller. Die Iller markiert die Grenze zwischen Baden-Württemberg und Bayern und ist somit die Ostgrenze Oberschwabens. Wobei der Illertal-Radweg mal hüben, mal drüben verläuft. Ganz so eng nehmen wir es mit der Grenze also nicht. Am Weg liegt das Bauernhofmuseum Illerbeuren.

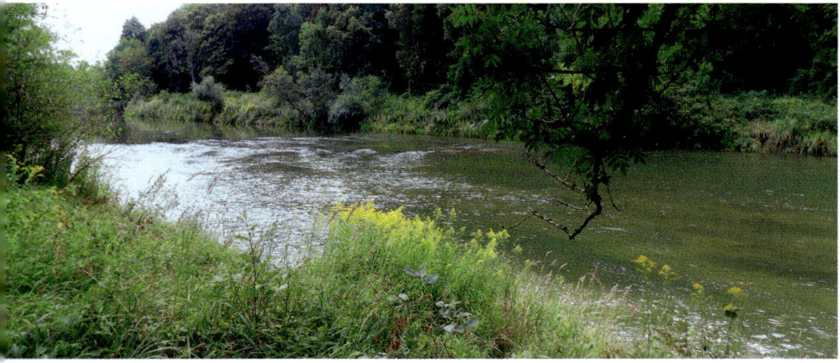

Startpunkt: Ulm – Endpunkt: Leutkirch

Streckenverlauf:
Ulm – Illerbrücke – Illerradweg (vorbei an Illerkirchberg/Senden, Illerrieden/Vöhringen, Dietenheim/ Illertissen, Kirchberg/Kellmünz, Memmingen und Aitrach bis Illerbeuren) – Lautrach – Dilpersried – Hasenberg – Leutkirch

Anreise Zug: Ulm ist Verkehrsknotenpunkt. Auskunft: www.bahn.de

: Ulm am Donaubad; Kloster Wiblingen

: Ulm am Donaubad; Memmingen am Stadtpark Neue Welt; Camping Marstetten-Aitrach; Leutkirch am Freibad

Gesamtstrecke: 81 km

Schwierigkeitsgrad:
Höhendifferenz: 427 Hm; 254 Tm

Dauer: 6 Stunden

Varianten:
da das Illertal durchgängig eine Eisenbahnlinie aufweist, kann jederzeit abgebrochen oder später in die Tour eingestiegen werden.

Teilstrecken:
bis zum Campingplatz bei Kirchberg rund 35 km
bis zum Campingplatz bei Buxheim oder zum Bahnhof Memmingen rund 55 km

Einkehrmöglichkeiten:
- in jedem Ort im Illertal
- im Bauernhofmuseum in Illerbeuren
- in Leutkirch

Übernachtungsmöglichkeiten:
- in jedem größeren Ort im Illertal
- in Leutkirch
- Feriendorf Leutkirch – Center Parcs Allgäu

Campingplätze:
- bei Kirchberg an der Iller
- bei Buxheim (Höhe Memmingen)
- bei Aitrach

Rastplätze:
- an der Iller – immer wieder
- auf dem Gelände des Bauernhofmuseums Illerbeuren

Badeplätze:
- Badesee bei Vöhringen
- Badesee bei Dietenheim
- Badesee bei Sinningen
- Badesee Buxheim

Ulm am Donaufreibad; **Wiblingen** bei der Post; **Illertal-Ost** an der Kunst-Raststätte; **Buxheim** an der Kartause; **Memmingen** am Schrannenplatz; **Illerbeuren** am Bauernhofmuseum; **Leutkirch** am Bahnhof, bei „Allgäu Sports" Poststr. 5 und „Veloce-Radladen" Brühlstr. 16

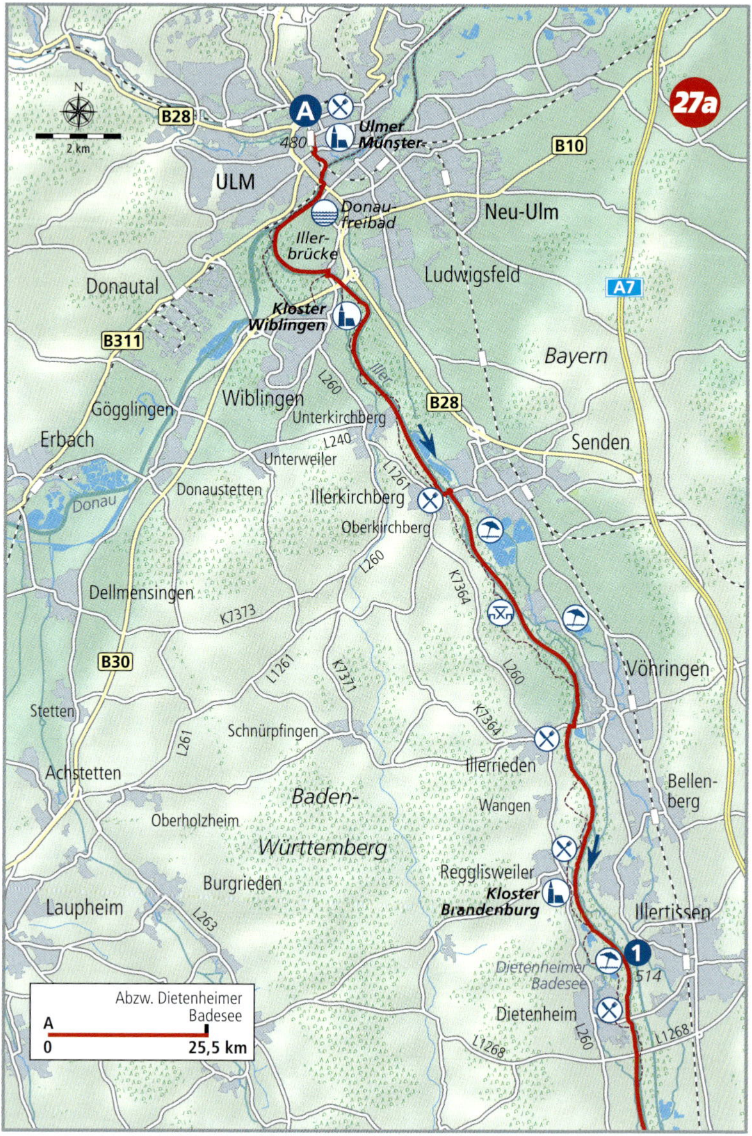
N
2 km
27a
A
480
Ulmer Münster
B28
B10
ULM
Donau-freibad
Neu-Ulm
Iller-brücke
Ludwigsfeld
Donautal
A7
Kloster Wiblingen
B311
Bayern
L260
Iller
Wiblingen
B28
Gögglingen
Unterkirchberg
Erbach
L240
Senden
Unterweiler
L1261
Donaustetten
Illerkirchberg
Donau
Oberkirchberg
L260
K7364
Dellmensingen
K7373
Vöhringen
B30
L1261
K7371
L260
K7364
Stetten
L261
Schnürpfingen
Illerrieden
Achstetten
Bellen-berg
Baden-
Wangen
Oberholzheim
Württemberg
Regglisweiler
Burgrieden
Kloster Brandenburg
Laupheim
L263
Illertissen
1
Dietenheimer Badesee
514
Dietenheim
L260
L1268
L1268
Abzw. Dietenheimer Badesee
A
0
25,5 km

Los geht's:

Vom Bahnhof in Ulm nach rechts weg und am Ende des ZOB rechts zu den Gleisen, hier links und auf dem Radweg neben der Eisenbahnlinie über eine Brücke und ein Stück geradeaus fahren. Danach das Rad bergab und zur Donau rollen lassen. Hier rechts auf den Donau-Radweg einbiegen und zwischen Donau und Eisenbahn dem breiten Fluss stromaufwärts bis zur nächsten Brücke folgen. Wie bei Tour 24 über die Brücke radeln und nach der Brücke am anderen Ufer der Donau weiterradeln. Rund 1,5 km nach der Brücke ist die Mündung der Iller in die Donau erreicht.
Ab hier begleiten wir die rasch fließende Iller, die auch mal das eine oder andere Schaumkrönchen aufblitzen lässt, bis Illerbeuren bzw. Lautrach. An der Illerbrücke geht es über die Brücke und entweder in einem U-Turn wieder unter dieser hindurch und am anderen Ufer weiter oder wahlweise

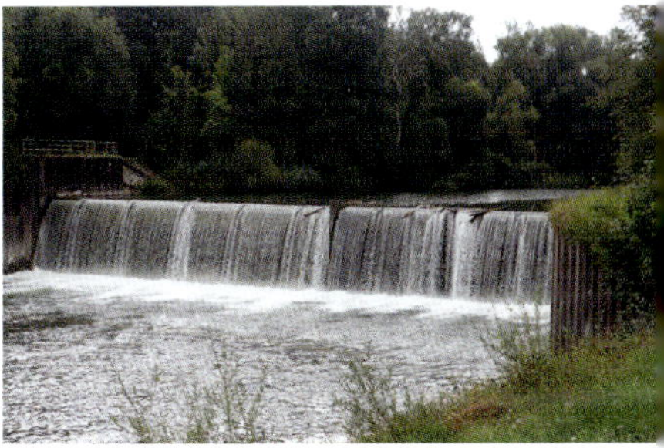

Staustufe an der Iller

geradeaus weiter und hinein nach Wiblingen zum sehr sehenswerten Kloster (Infos s. Tour 25). Wer den Abstecher nach Wiblingen macht, fährt nach der Klosterbesichtigung links Richtung Unterkirchberg und fädelt sich kurz davor wieder auf dem Iller-Radweg ein. Bei der Brücke zwischen Oberkirchberg und Senden geht es wieder auf die andere Seite, ebenfalls in einem U-Turn unter der Brücke hindurch und weiter bis zu einem Wehr.
Kurz darauf kann man entscheiden, ob man am Uferweg oder auf dem

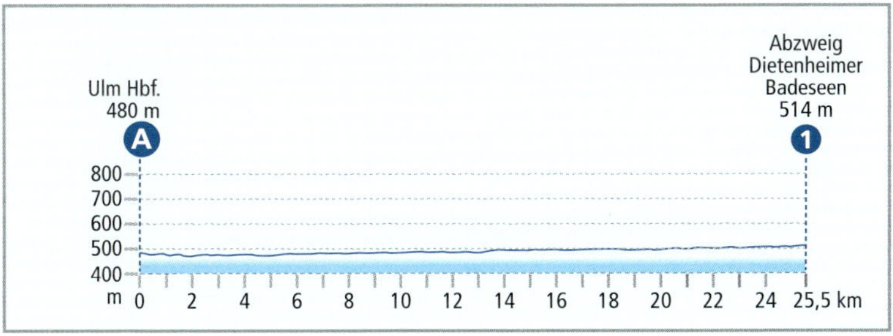

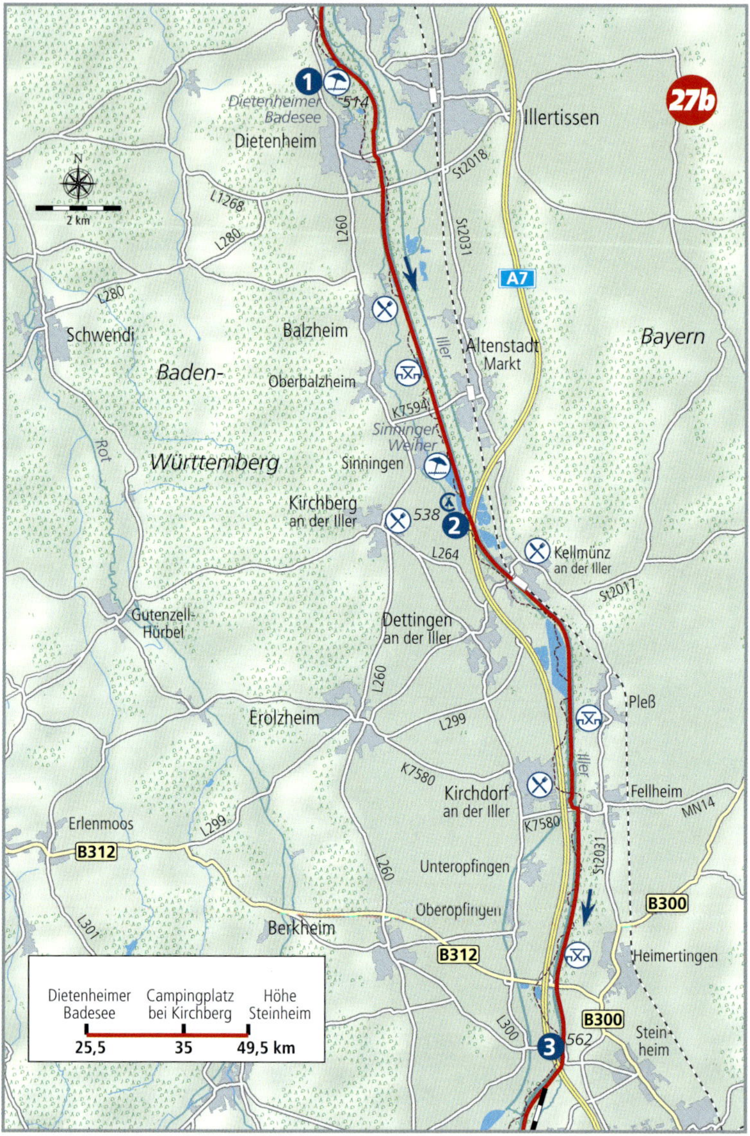
27b
Dietenheimer Badesee
514
Dietenheim
Illertissen
St2018
L1268
L280
L260
St2031
2 km
A7
L280
Schwendi
Balzheim
Iller
Altenstadt Markt
Bayern
Baden-
Oberbalzheim
K7594
Sinninger Weiher
Württemberg
Sinningen
Rot
Kirchberg an der Iller
538
L264
Kellmünz an der Iller
St2017
Gutenzell-Hürbel
Dettingen an der Iller
L260
Pleß
Erolzheim
L299
K7580
Kirchdorf an der Iller
Fellheim
MN14
Erlenmoos
L299
K7580
B312
L260
Unteropfingen
St2031
B300
Oberopfingen
L301
Berkheim
B312
Heimertingen
Dietenheimer Badesee
Campingplatz bei Kirchberg
Höhe Steinheim
25,5
35
49,5 km
B300
L300
562
Stein-heim

Damm weiterfahren will. Wer zum Badesee bei Vöhringen möchte, nimmt den Dammweg – der See liegt unmittelbar neben dem Weg –, ansonsten ist es am Ufer idyllischer. Beide Wege treffen sich wieder an einem Rastplatz direkt am Fluss kurz vor Vöhringen. Nicht weit nach dem Rastplatz geht es hinauf an die Brücke, die Vöhringen mit Illerrieden verbindet und auf dieser auf die andere Flussseite. Hier links und weiter an der Iller entlang – Wegweiser „Reggliseiler". Unterwegs rauscht es besonders laut, eine hohe Staustufe kommt in Sicht. Rund 5 km nach der Brücke bei Illerrieden weist ein Schild den Weg nach rechts zum Dietenheimer Badesee.

Dietenheimer Badesee:
Der Abstecher an heißen Tagen lohnt sich. Der Badesee Dietenheim liegt besonders idyllisch und bietet eine wunderbare Gelegenheit für eine erfrischende Pause. Nette

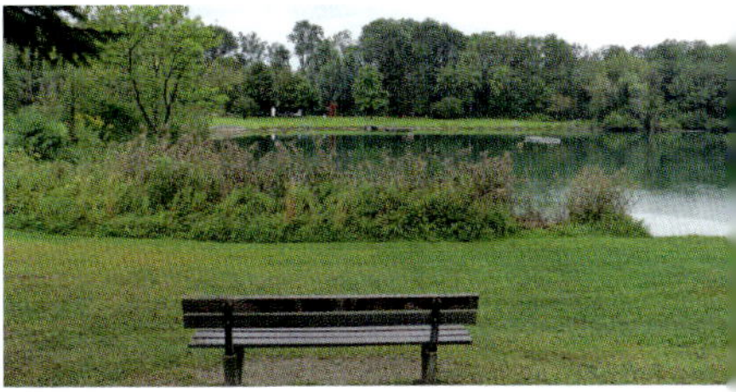

Kleines Paradies:
Dietenheimer Badesee

Bänke drumrum laden auch bei weniger heißem Wetter zur Pause ein. Im Bistro am Badesee sitzt es sich gemütlich – Kleinigkeiten zu Essen gibt es auch.

Nach Illerbeuren:
Nur wenige Kilometer weiter kommt der Radweg zwar direkt an einem Badesee entlang – dem Sinninger Weiher –, aber hier ist die Autobahn doch schon deutlich zu hören. Deren Lärm begleitet uns auf den nächsten Kilometern. Am Campingplatz bei Kirchberg vorbei geht es unter der A 7 hindurch und dann

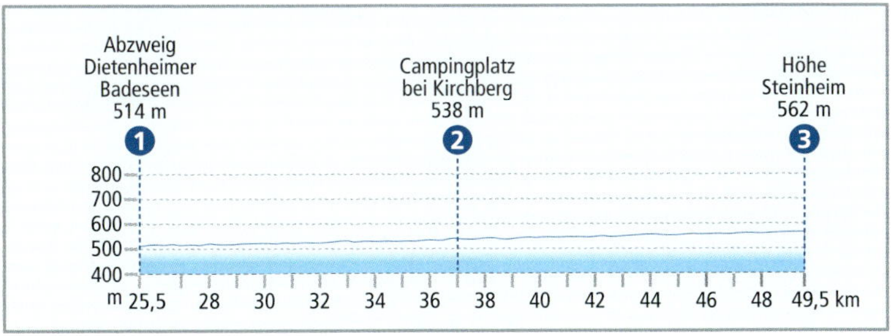

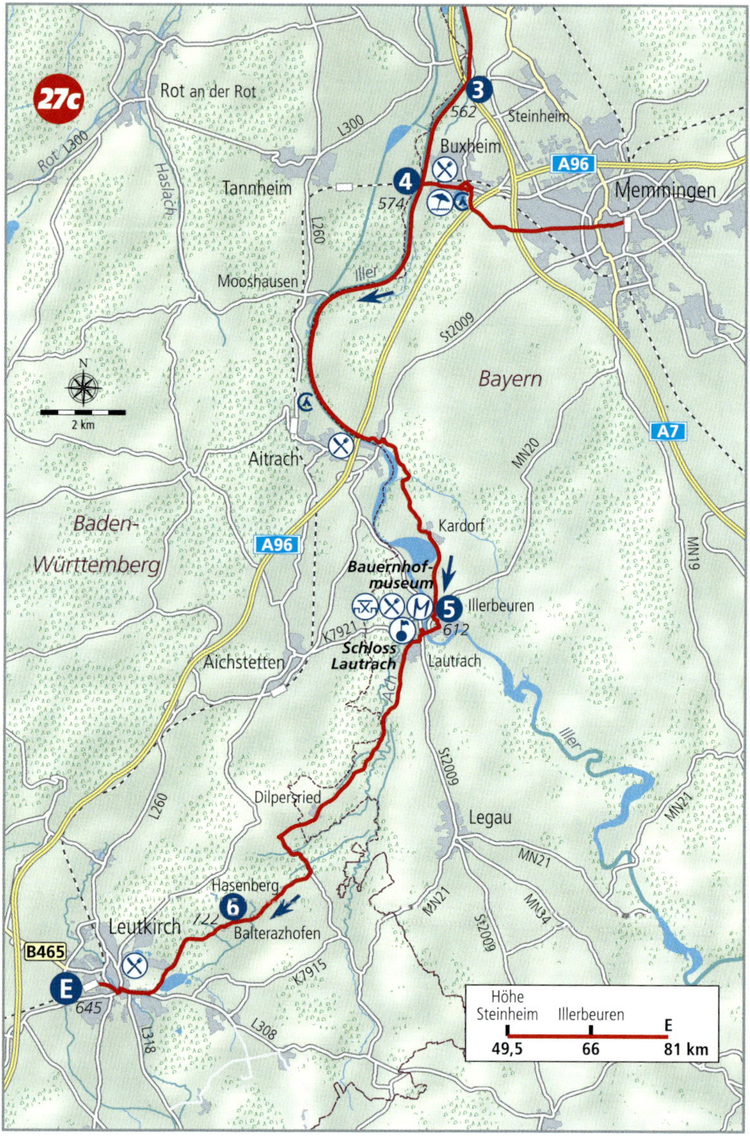
27c
Rot an der Rot
Rot L300
Haslach
L300
Tannheim
L260
Mooshausen
Iller
Buxheim
Steinheim
562
574
A96
Memmingen
St2009
Bayern
N
2 km
Aitrach
A96
Baden-
Württemberg
Kardorf
MN20
A7
MN19
Bauernhof-
museum
Illerbeuren
612
K7921
Schloss
Lautrach
Lautrach
Aichstetten
Ach
Iller
St2009
Dilpersried
L260
Legau
MN21
MN21
Hasenberg
722
Balterazhofen
Leutkirch
B465
MN21
MN34
St2009
K7915
645
L318
L308
Höhe
Steinheim
Illerbeuren
E
49,5
66
81 km

eine gute Weile in Hör- und Sichtweite parallel. Ein idyllisches Wegkreuz mit dem Segen für Feld und Flur blickt unmittelbar auf einen modernen Klotz von Fabrikgebäude. Und im Hintergrund rauscht die Autobahn! Beim Illerkraftwerk Kirchberg dürfen wir auf einem Stauwehr übers Wasser und können dabei Technik direkt in Augenschein nehmen.

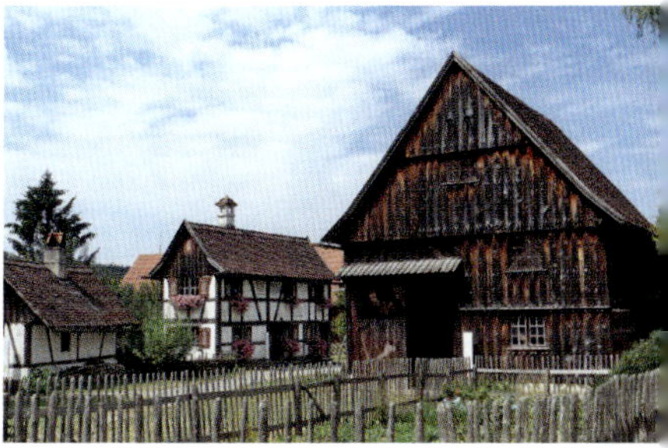

Im Bauernhofmuseum Illerbeuren gibt es viele historische Häuser zu bestaunen

Der Weg führt weiter durch einen Auwald zwischen Wasserkraft-Technik, Stausee, Kanal und Stauwehr. Toll, dass man das mal so nah zu sehen bekommt. Bei Kirchdorf wird die Iller überquert und es geht am bayrischen Ufer weiter. Immer wieder weisen kleine Hinweisschilder auf die eine oder andere Gastwirtschaft oder Übernachtungsmöglichkeit hin. Bei Buxheim geht es für die, die zum Campingplatz, Badesee oder nach Memmingen zum Bahnhof wollen, links. Ansonsten geradeaus am Ufer der Iller weiter radeln – Wegweiser „Aitrach“. Noch einmal wird die Autobahn unterquert, dann stößt der Radweg auf die Straße, die nach Aitrach führt. Hier links und gleich wieder rechts auf das Sträßchen nach Kardorf. Weg vom Illerufer bergauf und durch einen Wald radeln. Wieder bergab und noch ein Stück bergauf nach Kardorf und dort nach rechts auf die Kreisstraße nach Illerbeuren abbiegen. In Illerbeuren rechts und

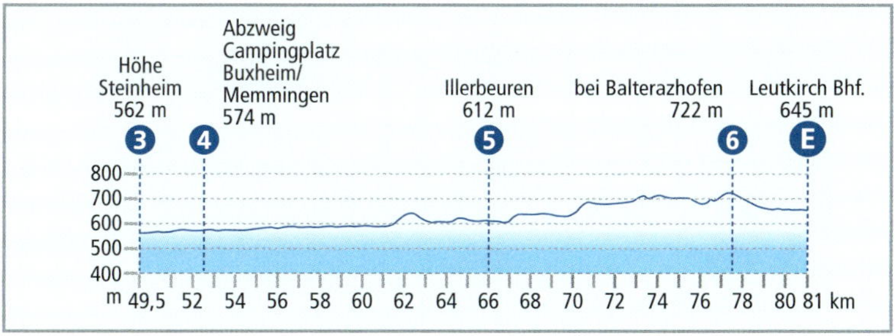

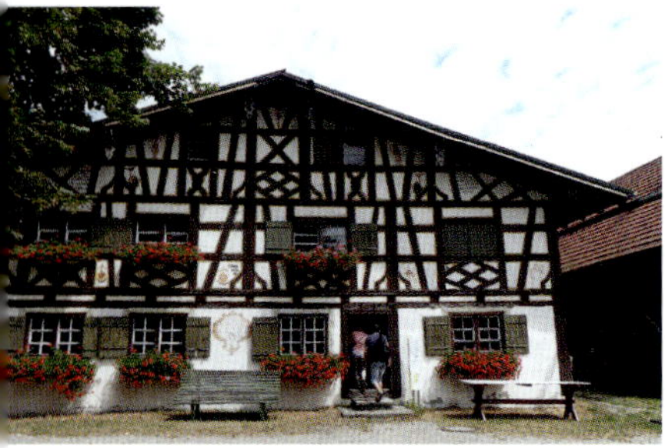

Vom gepflegten und blumengeschmückten Fachwerkhaus …

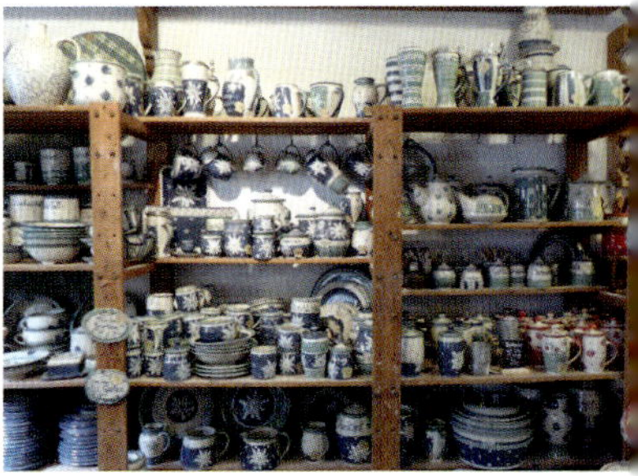

… bis zu Kunsthandwerk gibt es im Freilichtmuseum viel zu sehen.

gleich wieder links zum Bauernhofmuseum Illerbeuren.

Schwäbisches Bauernhofmuseum Illerbeuren:
Das Schwäbische Bauernhofmuseum, das erste Freilichtmuseum dieser Art in Süddeutschland, umfasst ein riesiges Gelände und hat noch viel vor. Es gibt zwar schon sehr viel zu sehen, vieles ist aber auch noch in Planung. Mehr als 30 Gebäude aus vier Jahrhunderten legen Zeugnis ab von der ländlichen Entwicklung zwischen Allgäu und Ries. Im weitläufigen Museumsgelände warten nicht nur eingerichtete Häuser und Höfe, sondern viel Interessantes zu allen Themen rund um die Kulturgeschichte des alten Schwabens. Seit 1955 wird hier kontinuierlich Altes gesammelt und aufgebaut. Es gibt verschiedene Baugruppen zu sehen. Die Baugruppe „Technik auf dem Land" beispielsweise zeigt anhand einer Maschinenwerkstatt mit Traktoren, Mähdreschern und dergleichen, eines Pumphauses zur Wasserversorgung und eines Windrades die Technisierung der Landwirtschaft auf. Herzstück jedoch ist das alte Museumsdorf mit Bauernhäusern, Kapelle und Ausgedinghaus, Krämerladen, Töpferwerkstatt und Schmiede, Mitmachangeboten für Kinder, Wechselausstellungen und natürlich dem Gasthaus. Öffnungszeiten: April bis Mitte Oktober Dienstag bis Sonntag 9 bis 18 Uhr; im März und von Mitte Oktober bis Mitte November von 10 bis 16 Uhr, www.bauernhofmuseum.de.

Nach Leutkirch:
Vom Bauernhofmuseum zurück zur Straße fahren. Hier links und hinunter an die Brücke über die Iller radeln. Ein letzter Gruß an den

Fluss, an dem wir so lang entlanggeradelt sind! Nach der Brücke links und gleich wieder rechts hinauf zum Schloss Lautrach. An diesem vorbei auf kleinem Sträßchen den Wegweisern Richtung Legau und Leutkirch folgen. Rund 1 km nach dem Ort gabelt sich der Weg. Hier rechts halten und auf dem Sträßchen bergauf nach Dilpersried fahren. Noch ein Stück geradeaus, dann an der Kreisstraße links und bergab und wieder bergauf durch einen Wald radeln. Am Waldrand rechts auf das Sträßchen nach Hasenberg abbiegen. Mit schönem Blick hinüber zu den Alpen, deren Gipfel vielleicht schon rot in der Abendsonne glühen, geht es durch Hasenberg, dann noch ein Stück bergauf nach Balterazhofen und die Höhe ist geschafft! Noch einmal durch einen Wald und dann ordentlich bergab nach Leutkirch. Am Waldfriedhof und am Stadtweiher vorbei, an der Straße rechts und an der Kreuzung mit dem Gasthaus Mohren entweder nach rechts hinein in die Altstadt und ins Gasthaus respektive Hotel oder links zum Bahnhof fahren. Dazu am Kreisel rechts und an den Bahnhofsarkaden links und dann geradeaus. Über Aulendorf kommt man zurück nach Ulm. Wer noch eine Schippe drauflegen möchte, fährt wie in Etappe 2 beschrieben weiter bis zum Campingplatz am Moorsee (+ 8 km) oder zum Campingplatz Badsee (+ 11 km). Wer im Feriendorf Center Parcs Allgäu übernachten möchte, fährt an der Landesstraße nach Isny bis Haselburg, dann links auf die Allgäuallee und über Unteröschhöfe zum Ferienpark (+ 6 km).

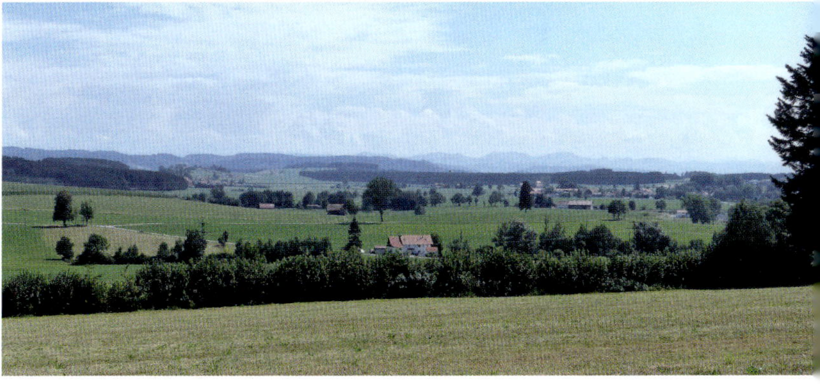

Bergblick auf dem Weg nach Leutkirch

Tour 28 Oberschwaben Rundum, Etappe 2: Von Leutkirch an den Bodensee

Die zweite Etappe der „Oberschwaben Rundum“ führt durchs hügelige Allgäu. In einer Variante kann man auch den Schwarzen Grat, den höchsten Punkt Württembergs, erklimmen. Über die Städteperlen Isny und Wangen radeln wir an den Bodensee. Unterwegs gibt es immer wieder herrliche Blicke auf die Berge.

Startpunkt: Leutkirch - Endpunkt: Langenargen

Streckenverlauf:
Leutkirch – Badsee – Isny – Wangen – Neuravensburg – Siberatsweiler – Laimnau – Argensteg – Langenargen

Anreise Zug: Leutkirch liegt an der Bahnstrecke Aulendorf – Memmingen. Auskunft: www.bahn.de

: Leutkirch am Bahnhof und Freibad

: Leutkirch am Freibad; Herlazhofen am Moorbad und Naturweiher; Allmisried am Badsee; Isny Waldbad; Wangen Iglu-Camping Röhrenmoos; Campingplatz Badhütten Argental; Kressbronn Iriswiese; Tunau Zeltplatz; Camping Gohren

Gesamtstrecke: 78 km

Schwierigkeitsgrad:
Höhendifferenz: 445 Hm; 698 Tm

Dauer: 6 Stunden

Varianten:
über den Schwarzen Grat ca. 90 km

Teilstrecken:
bis zum Waldbad Camping Isny 23 km
bis Wangen 44 km
bis Campingplatz Gohren am Bodensee 77 km

Einkehr- und Übernachtungsmöglichkeiten:
am Badsee, in Isny und Wangen, in Langnau und Laimnau, in Langenargen

Campingplätze:
- Campingplatz Moorbad Herlazhofen
- Campingplatz Badsee
- Waldbad Camping Isny
- Camping Röhrenmoos bei Wangen
- Campingplatz Badhütten im Argental
- Campingplatz Gohren am Bodensee

Rastplätze:
am Badsee, im Argental

Badeplätze:
Moorbad Herlazhofen, Badsee, Bodensee

Leutkirch am Bahnhof, bei „Allgäu Sports“ Poststr. 5 und „Veloce-Radladen“ Brühlstr. 16; **Isny** beim Kurhaus am Park Unterer Grabenweg 18; **Wangen** beim Gästeamt und in Bindstr. 10; Campingpark Gohren am Schnaidter Hof; **Langenargen** am Uhlandplatz und beim Kavalierhaus

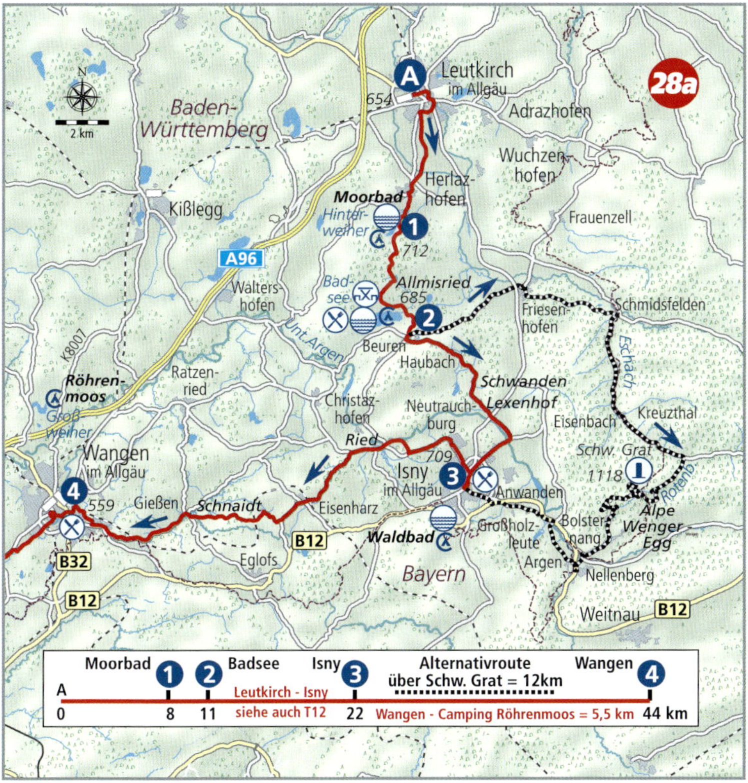
28a
Leutkirch im Allgäu
654
Adrazhofen
Wuchzenhofen
Baden-Württemberg
2 km
Herlazhofen
Kißlegg
Moorbad
Hinterweiher
712
Frauenzell
A96
Walterhofen
Badsee
Allmisried
685
Friesenhofen
Schmidsfelden
Unt. Argen
Beuren
Haubach
Eschach
K8007
Röhrenmoos
Ratzenried
Schwanden
Lexenhof
Groß Weiher
Christazhofen
Neutrauchburg
Eisenbach
Kreuzthal
Wangen im Allgäu
Ried
709
Schw. Grat
1118
Isny im Allgäu
Anwanden
Rotenb.
559
Gießen
Schnaidt
Eisenharz
Alpe Wenger Egg
Bolsternang
Waldbad
Großholzleute
B12
B32
Eglofs
Argen
Nellenberg
Bayern
Weitnau
Moorbad
Badsee
Isny
Alternativroute über Schw. Grat = 12km
Wangen
A
Leutkirch - Isny
siehe auch T12
0
8
11
22
Wangen - Camping Röhrenmoos = 5,5 km
44 km

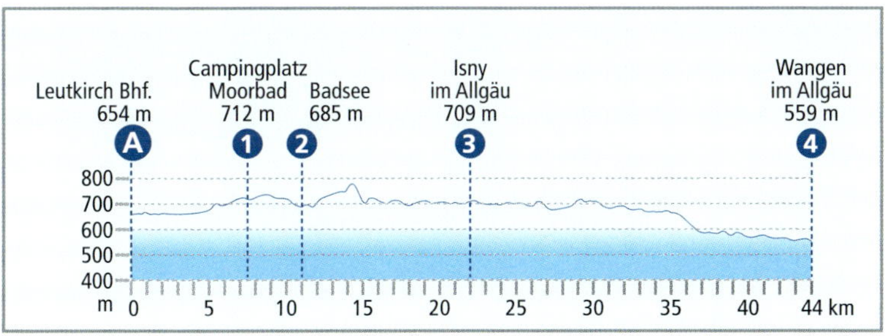
Leutkirch Bhf.
654 m
Campingplatz Moorbad
712 m
Badsee
685 m
Isny im Allgäu
709 m
Wangen im Allgäu
559 m
800
700
600
500
400
m
0
5
10
15
20
25
30
35
40
44 km

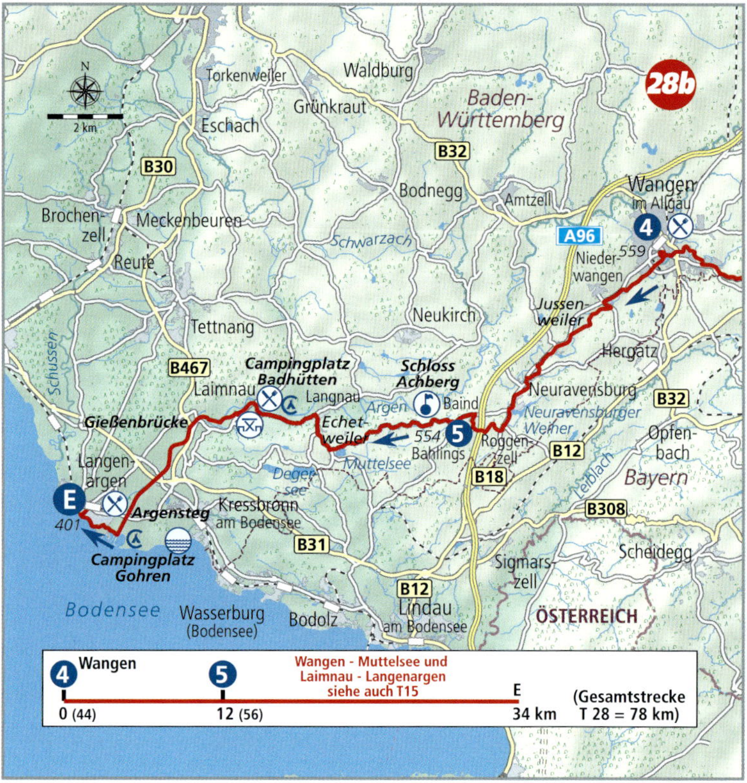
28b
2 km
Torkenweiler
Waldburg
Grünkraut
Eschach
Baden-Württemberg
B32
B30
Bodnegg
Amtzell
Wangen im Allgäu
A96
4
559
Nieder-wangen
Brochen-zell
Meckenbeuren
Schwarzach
Reute
Jussen-weiler
Neukirch
Tettnang
Schussen
Hergatz
B467
Campingplatz Badhütten
Schloss Achberg
Neuravensburg
B32
Laimnau
Langnau
Baind
Argen
Neuravensburger Weiher
Gießenbrücke
Echet-weiler
554
5
Bahlings
Roggen-zell
B12
Opfen-bach
Langen-argen
Muttelsee
B18
Leiblach
Bayern
Deger-see
E
Kressbronn am Bodensee
401
Argensteg
B308
B31
Campingplatz Gohren
Sigmars-zell
Scheidegg
B12
Bodensee
Wasserburg (Bodensee)
Bodolz
Lindau am Bodensee
ÖSTERREICH
4 Wangen
5
Wangen - Muttelsee und Laimnau - Langenargen siehe auch T15
E
0 (44)
12 (56)
34 km
(Gesamtstrecke T 28 = 78 km)

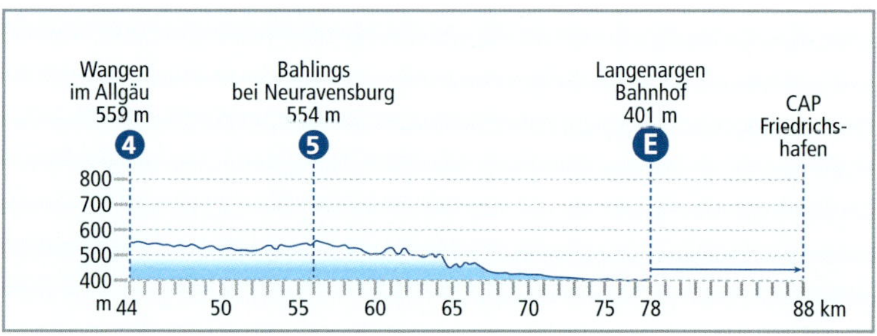
Wangen im Allgäu 559 m
Bahlings bei Neuravensburg 554 m
Langenargen Bahnhof 401 m
CAP Friedrichs-hafen
4
5
E
800
700
600
500
400
m
44
50
55
60
65
70
75
78
88 km

Los geht's:

Vom Bahnhof in Leutkirch geradeaus weg und an den Bahnhofsarkaden vorbei fahren. Hier rechts, am Kreisel links, am Brauereigasthaus „Mohren“ rechts und kurz darauf links – Wegweiser „Isny“ und „Wangen über Herlazhofen“.

Von der Altstadt Leutkirch kommend am Gasthof „Goldene Krone“ links, am Marktplatz rechts und geradeaus bis zur Kreuzung an der Brauereigaststätte „Mohren“, einem sehr stattlichen Gebäude. Hier links und kurz darauf nach rechts abbiegen – Wegweiser „Isny“ und „Wangen über Herlazhofen“. Dann wie bei Tour 12 bis Isny radeln. Dazu an Sportanlage und Schule von Leutkirch vorbei, noch einmal links und auf einem Radweg im Grünen durch eine Au-Landschaft nach Herlazhofen radeln. Bergauf auf der Dorfstraße, dann links und wieder weiter auf kleinem Sträßchen. Nach rund 1,5 km zeigt ein Schild zum Moorbad nach rechts. Hier ist ein kleines Freibad am Hinterweiher mit Gastwirtschaft und Campingplatz. Der Radweg nach Isny führt geradeaus weiter, noch ein Stück bergauf und dann nach halb links in den Wald hinein. Dichter Tann steht hier, es geht mal links, mal rechts, ist aber gut ausgeschildert.

Oberhalb des Badsees bei Allmisried verlassen wir den Wald und

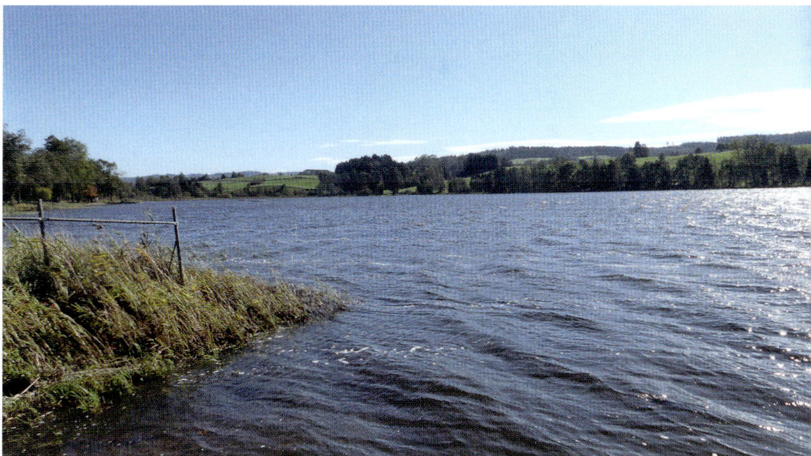

Sonnenfunkeln und Wasserglitzern am Badsee bei Allmisried

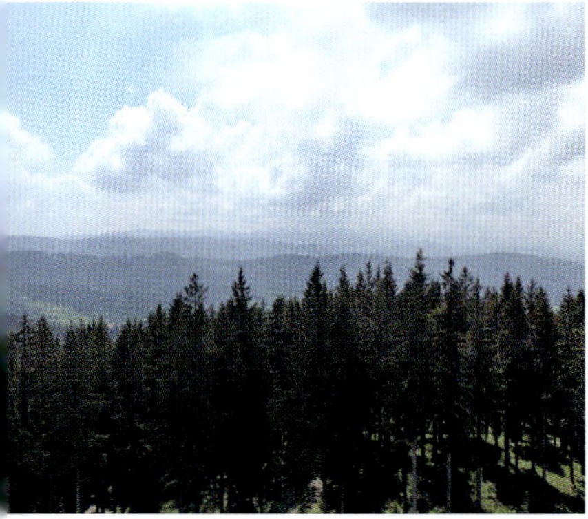

Fernblick vom Schwarzen Grat

lassen die Räder bergab zum See rollen. Auch hier gibt es eine Bademöglichkeit, einen Campingplatz und eine Gastwirtschaft und zudem eine Surfschule und eine Strandbar. Bei windigem Wetter surft es sich auf dem großen See wohl ganz wunderbar. Vom Badsee geht es wieder ein Stück bergauf nach Beuren und von hier noch einmal bergauf. Am Hirschkopf ist die Höhe erreicht und es geht in Rauschefahrt hinunter nach Haubach. Von hier geradeaus weiter über Schwanden und Lexenhof bis zur Landesstraße, die nach Isny führt, radeln. Diese überqueren und nach rund 1 km nach rechts über die Untere Argen fahren. Durch das Gewerbegebiet von Isny vorbei am ehemaligen Bahnhof, der heute eine Gaststätte ist, geht es hinein ins Zentrum (Infos s. Tour 12).

Variante über den Schwarzen Grat nach Isny:
Wie oben beschrieben zum Badsee und von dort Richtung Beuren fahren. An der Straße links und auf ihr die rund 5 km bis Friesenhofen fahren. In der Ortsmitte rechts, am Ortsende links und auf kleinem Sträßchen nach Schmidsfelden zum Glasmacherdorf radeln (Infos s. Tour 13). Dann wie in Tour 13 beschrieben, hinauf zum Schwarzen Grat und hinunter nach Isny fahren. Dazu am Ende des Glasmacherdorfes Schmidsfelden rechts abbiegen und auf der Kreisstraße weiter durchs Eschachtal nach Eisenbach und Kreuzthal radeln. Der Straße noch einmal rund 3 km durchs Tal folgen. An der Bushaltestelle des Gasthaus „Batschen“ geht es rechts. Über die Eschach, am Wanderparkplatz vorbei und geradeaus auf einem alten Glasmacherweg direkt am Rotenbach entlang bergauf – Wanderwegweiser „Alpe Wenger-Egg“. Auf halbem Wege, am Rotenbachtobel, steht das Denkmal einer alten Glashütte. Weiter am Rotenbach entlangradeln. An einer scharfen Linkskurve den Bach überqueren und auf holprigem Weg steil bergauf fahren – oder schieben. Zum Glück nur ein kurzes Stück. Aus dem Wald heraus kann man oben auf der Höhe schon die Alpe über einer saftig grünen Wiese thronen sehen. Noch

ein Stück bergauf und die Alpe ist erreicht. Wer mag, kann hier einkehren. An der Alpe Wenger-Egg geht es rechts und auf einem Sträßchen durch bunte Wiesen und Weiden weiter. Wer möchte, macht kurz nach der Alpe noch einen kleinen Abstecher hinauf zum Raggenhorn, von wo man eine schöne Aussicht ins Tal und hinüber zum Aussichtsturm auf dem Schwarzen Grat hat. Ansonsten einfach geradeaus weiterfahren. Auch an der Kreuzung, an der der Wanderweg zum Schwarzen Grat nach rechts abbiegt, geradeaus halten. Der Wurzelweg ist mit dem Fahrrad nicht zu empfehlen – außer mit dem Mountainbike. Auf dem befestigten Weg weiter geradeaus fahren, ein kurzes Stück bergab und an der Einmündung des Wanderweges HW 5 und HW 9 rechts abbiegen. Bergauf und noch einmal rechts und schon kommt der Turm in Sicht. Vom Schwarzen Grat zunächst auf demselben Weg zurückfahren. Also dem HW 5 und 9 bis zur Kreuzung folgen, dann links und Richtung Alpe Wenger-Egg, bis der Wanderweg mit den vielen Wurzeln vom Schwarzen Grat einmündet. Noch ein Stück geradeaus, dann rechts – Wegweiser „Bolsternang“ und „Reha-Klinik Überruh“ mit gelbem Dreieck. Auf dem breiten und gut befestigten Weg geht es zunächst steil, dann sanft bergab. An der Reha-Klinik vorbei hinunter nach

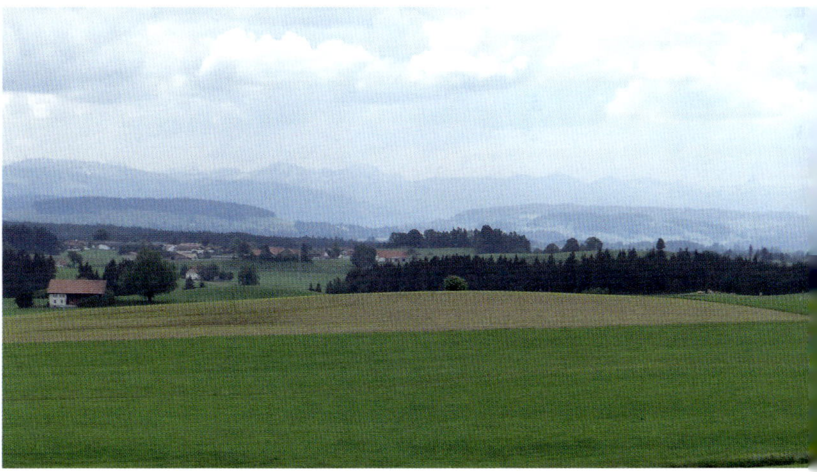

Schönstes Radeln mit herrlichem Blick auf die Alpen

Bolsternang fahren. An der Straße, wo auch das Gasthaus „Schwarzer Grat“ steht, rechts und auf der Straße durch den Ort und weiter bis zur Einmündung in die Landesstraße fahren. Hier links nach Nellenberg, über die Brücke und danach halb rechts und bis zur Unterführung unter die B 12 fahren. Nach der Unterführung rechts und an der nächsten Möglichkeit links abbiegen und nach Argen und Großholzleute radeln. In Großholzleute links, nach 500 Metern wieder links und über Kleinholzleute und Anwanden nach Isny radeln.

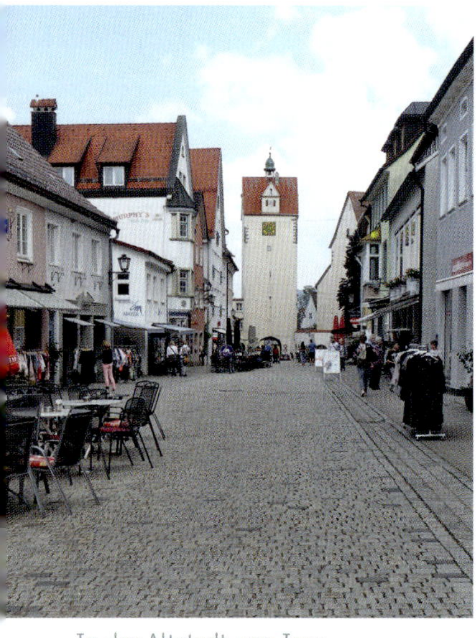

In der Altstadt von Isny

In Isny rechts und mitten hinein ins Zentrum – vorbei am „Goldenen Adler“ und am „Schwarzen Adler“ – und durchs Stadttor hinausfahren (Infos zu Isny s. Tour 12). Jenseits des Stadttores befindet sich eine Ansammlung von Radwegweisern. Hier links Richtung Neutrauchburg.

Nach Wangen:
Von der Altstadt in Isny auf der Straße nach Neutrauchburg fahren. Hier rund ums Schloss befindet sich das Kurgebiet von Isny. Auf der Landesstraße bzw. später auf dem sie begleitenden Radweg bis zum Haldenhof bleiben. Hier rechts abbiegen und dem Sträßchen nach links in den Wald hinein folgen. In Ried wieder auf die Straße wechseln, die Argen überqueren und auf der viel befahrenen Straße rund 1,5 km bergauf fahren, bis die Kreisstraße nach Eisenharz abzweigt. Auf diese nach links abbiegen und nach Eisenharz radeln. Auf der Straße weiter Richtung Eglofs und rund 1 km nach dem Ortsende von Eisenharz auf ein kleines Sträßchen nach rechts abbiegen – Wegweiser „Schnaidt“ und „Gießen“. Über Lochershöfle, Schnaidt und Buchenberg radeln, dann durch den Wald bergab nach Gießen. Hier links auf den Radweg nach Wangen einbiegen. Wunderschön radelt es sich hier zwischen saftigen Wiesen durchs Tal. Kurz

vor der Mündung des Hochberger Gießbaches in die Argen wird durch ein Waldstück abgekürzt. Dann erreicht das Sträßchen die Straße, die Wangen mit Eglofs verbindet. Über die Brücke, dann rechts auf den Radweg und nach 400 Metern wieder rechts. Gleich darauf nach links, über eine kleine Brücke und sehr schön durch die Flussaue nach Wangen radeln. An einem Schulgelände vorbei, dann die Straße überqueren und kurz darauf nach rechts über einen Fußgängersteg. Dann nach links an der Stadtmauer entlang und bei der nächsten Gelegenheit nach rechts mitten hinein ins Zentrum radeln (Infos s. Tour 14). Wer zum Bahnhof von Wangen möchte, biegt nach dem Schulgelände auf die Straße nach rechts ein, fährt an der Bahnlinie links und erreicht kurz darauf den Bahnhof.

An den Bodensee:
Vom Bahnhof Wangen nach rechts weg fahren und die Bahnhofsstraße hinunterradeln. Am Lindauer Tor vorbei noch ein Stück bergab, dann rechts abbiegen – Radwegweiser „Lindau" und „Kressbronn".

Von der Altstadt in Wangen kommend zur Kirche radeln, hier rechts zum Lindauer Tor. Durchs Tor fahren, dann links und unten rechts –

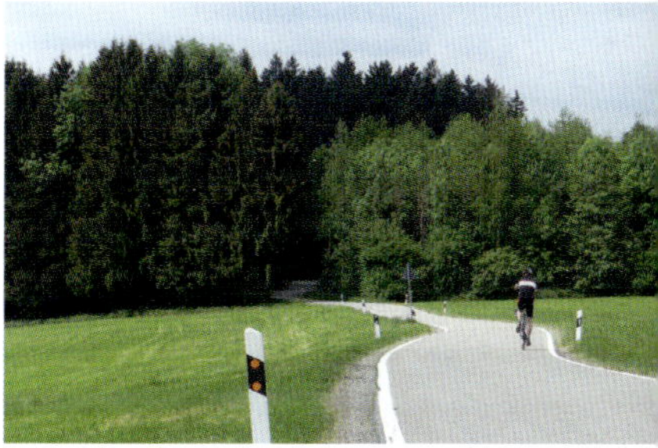

Ganz entspannt:
Radeln auf kleinen Sträßchen

Wegweiser „Lindau" und „Kressbronn".
Wie bei Tour 15 zunächst durch ein Wohngebiet, dann vorbei an Kleingartenanlagen und danach beschaulich direkt an der Argen entlang stadtauswärts radeln. Dabei der Beschilderung nach Kressbronn folgen. Auf Höhe der Bushaltestelle „Niederwangen" neben einem Autohaus führt der Radweg bergab und biegt dann rechts ab in eine Unterführung. Hier stattdessen links abbiegen, an der nächsten Möglichkeit die Straße überqueren, dann rechts abbiegen und um das Firmengelände der „Geta" herum wieder zurück an die Argen fahren. Kurz danach geht es links über den Jussenweiler Steg über den Fluss und am anderen Ufer weiter nach Jussenweiler. Hier rechts und mehrfach auf beeindruckend überdachten Holzbrücken über die

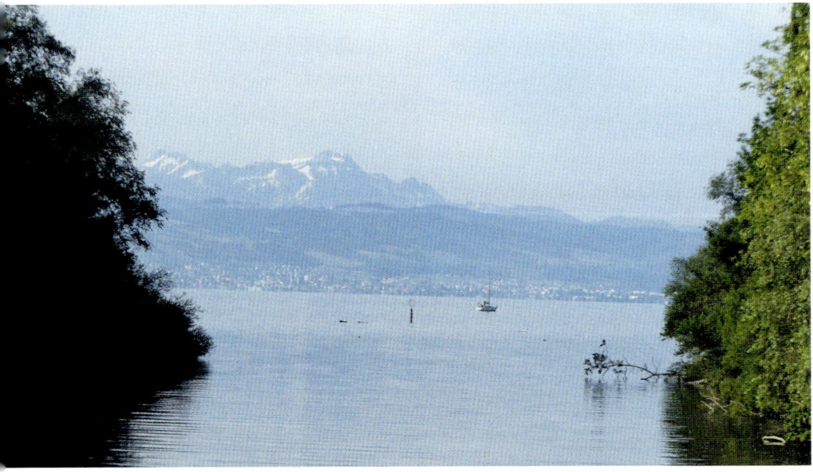

Argenmündung mit Blick auf den Säntis

Obere Argen und an ihr entlang nach Neuravensburg. Gleich am Ortsbeginn geht es links und auf ruhigen Straßen durch den Ort bis zur Tankstelle. Hier links auf den Radweg wechseln, der direkt am Neuravensburger Weiher entlang führt. Um den See herum und an der L 320 entlang nach Roggenzell radeln. In der Ortsmitte rechts auf ein Sträßchen nach Hub und Bahlings abbiegen. Über die Weiler Hub und Buflings und eine Brücke über die Autobahn nach Bahlings fahren. Hier rechts nach Baindt und durch den Ort vor zur Landesstraße nach Lindau fahren. Auf diese nach links einbiegen und nach 500 Metern dem Schild zum Schloss Achberg und nach Tettnang nach rechts folgen. Nach noch einmal 500 Metern kann, wer mag, den Abstecher zum Schloss Achberg nach rechts machen. Auf der Straße weiter Richtung Tettnang über die Weiler Duznau und Siberatsweiler nach Rudenweiler und Echetweiler am Muttelsee fahren.

Unterwegs kann man immer mal wieder das prächtige Panorama der Berge bewundern. Dann auf das Sträßchen, das von Lindau kommt, nach rechts abbiegen und über Hiltensweiler hinunter ins Argental nach Langnau fahren. Hier links und auf der Straße bis zur Brücke und zum Abzweig nach Laimnau radeln. Wer zum Campingplatz Badhütten möchte, fährt hier rechts, nach Laimnau hinein und in der Ortsmitte noch einmal rechts – Wegweiser „Badhütten". Ansonsten geht es auf dem Radweg längs der Straße geradeaus weiter, bis ein Radwegschild nach rechts weist. An die Argen fahren und schön durch Hopfenfelder und Obstgärten vor zur Gießenbrücke radeln. Die Straße überqueren und dann rund 5 km immer geradeaus dicht am Ufer der Argen, begleitet von Stromschnellen und dem rasch fließenden Wasser unter und über diverse Brücken bis zum Argensteg fahren.

Wer zum Campingplatz Gohren möchte, fährt hier links, noch einmal links und am großen Seglerhafen entlang, über die Straße und ist am Campingplatz. Nach Langenargen geht es rechts über den Steg. Von diesem aus kann man die Argen in den Bodensee münden sehen. An schönen Tagen grüßt das schneebedeckte Massiv des Säntis herüber. Über den Steg und auf dem Bodensee-Radweg nach Langenargen hineinradeln. Wer zum Bahnhof möchte, fährt am Kreisel in Langenargen rechts und erreicht nach rund 500 Metern denselben. Wer weiter möchte: Bis zum großen Bahnhof in Friedrichshafen sind es noch rund 12 km. Bis zum CAP, dem integrativen Campingplatz an der Rotachmündung in Friedrichshafen rund 10 km.

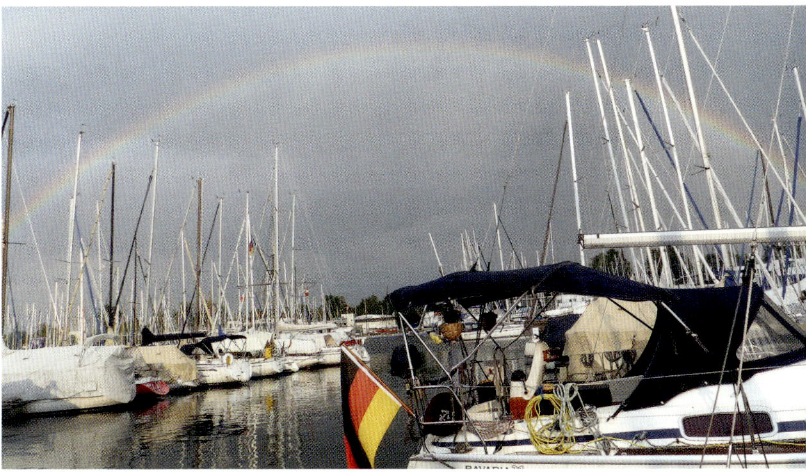

Boote über Boote im Hafen bei Gohren

Tour 29 Oberschwaben Rundum, Etappe 3: Von Langenargen nach Mengen an der Donau

Die dritte Etappe unserer „Oberschwaben Rundum" führt an der höchst zweifelhaften Westgrenze entlang. Da hier ständig hin und her verschenkt und verkauft wurde, nehme ich nun das Rotachtal bzw. den Höchsten und das Pfrunger-Burgweiler Ried als Grenze. Landschaftlich ist das zudem eine der schönsten Touren, die unser Ländle zu bieten hat. Bitte beachten: Diese Etappe kann nicht per Bahn abgekürzt werden.

Startpunkt: Langenargen – Endpunkt: Mengen

Streckenverlauf:
Langenargen – Friedrichshafen – Efrizweiler – Leimbach – Urnau – Zußdorf – Wilhelmsdorf – Ostrach – Mengen

Anreise Zug: Langenargen liegt an der Bahnstrecke Friedrichshafen – Lindau. Auskunft: www.bahn.de

: Langenargen an der Argenbrücke, am Bahnhof

: Friedrichshafen CAP; Illmensee Camping Seewiese (Variante Höchsten); Krauchenwies Seen-camping (Abstecher + 10 km von Mengen); Zielfinger Seen „Südsee" (Abstecher + 5 km von Mengen)

Gesamtstrecke: 75 km

Schwierigkeitsgrad:
Höhendifferenz: 432 Hm; 273 Tm

Dauer: 6 Stunden

Variante: über den Höchsten 80 km

Teilstrecken:
bis zum Campingplatz CAP in Friedrichshafen 10 km
bis zum Campingplatz Illmensee (Variante Höchsten) ca. 40 km
bis Bräuhaus Zußdorf 45 km
bis Ostrach 60 km

Einkehrmöglichkeiten:
- in Friedrichshafen
- „Bräuhaus" in Zußdorf
- „Riedwirtschaft" im Pfrunger-Burgweiler Ried
- in Ostrach
- in Mengen

Übernachtungsmöglichkeiten:
- in Friedrichshafen
- Berggasthof Höchsten (Variante Höchsten)
- „Bräuhaus" in Zußdorf
- Landgasthof „Zum Goldenen Kreuz" in Pfrungen
- Landgasthof „Schwanen" in Ostrach
- Landhotel „Hirsch" in Ostrach
- Hotel „Baier" in Mengen
- Hotel „Rebstock" in Mengen

Campingplätze:
- CAP in Friedrichshafen

- Campingplatz Illmensee (Variante Höchsten)
- Campingplatz Krauchenwies (Abstecher + 10 km von Mengen)

Rastplätze:
- im Rotachtal
- am Bannwaldturm im Pfrunger-Burgweiler Ried

Badeplätze:
- Strandbad Langenargen am Bodensee
- Strandbad Eriskirch
- Illmensee (Variante Höchsten)
- Baggersee Jettkofen
- Freibad Mengen

Langenargen am Uhlandplatz und beim Kavalierhaus; **Friedrichshafen** am Parkhaus am See; am Berggasthof Höchsten; **Pfrungen** am Gasthof Kreuz (beide Variante Höchsten); **Wilhelmsdorf** am Naturschutzzentrum; **Ostrach** beim StangenSchmid gegenüber vom Bahnhof; **Mengen** Hauptstr. 57

Los geht's:

Vom Bahnhofsgebäude Langenargen geradeaus durch die Bahnhofstraße hinunter zum Kreisel am See fahren. Hier rechts auf den Bodensee-Radweg einfädeln und durch die Innenstadt von Langenargen radeln. An der Kirche und dem Schloss Montfort vorbei, mal mehr, mal weniger nah am Ufer des Bodensees entlangradeln. Auch am Strandbad Langenargen vorbei weiter Richtung Eriskirch radeln. 1 km nach dem Strandbad macht der Radweg eine Rechtskurve, dann geht es links und an Erdbeerfeldern entlang zur Schussen. Wir verlassen den Bodensee-Radweg, biegen hier links auf die Brücke über die Schussen ab und radeln am Strandbad von Eriskirch vorbei mitten durch das Eriskircher Ried.

Eriskircher Ried:

Das Naturschutzgebiet ist geprägt von urwüchsigen Auwäldern im Mündungsgebiet der Rotach und der Schussen mit Silberweiden, Pappeln, Erlen und Stieleichen. Bäume, die es gewöhnt sind, immer wieder überflutet zu werden und mit dem Fuß im Wasser zu stehen. Dazwischen wächst Schilf, teilweise bis zu 3 Meter hoch, und bietet Haubentauchern, Kolbenenten und anderen Wasservögeln Schutz und Heimat. Über 280 Vogelarten sind hier im Eriskircher Ried zu Hause. Von den Aussichtsplattformen am Seeufer können sie besonders gut beobachtet werden. Die seenahen Wiesen sind von Mitte Mai bis Mitte Juni ein blaues Blütenmeer. Dann bestimmt das botanische Wahrzeichen des Riedes, die sibirische Schwertlilie, das Landschaftsbild. Im Bahnhofs-

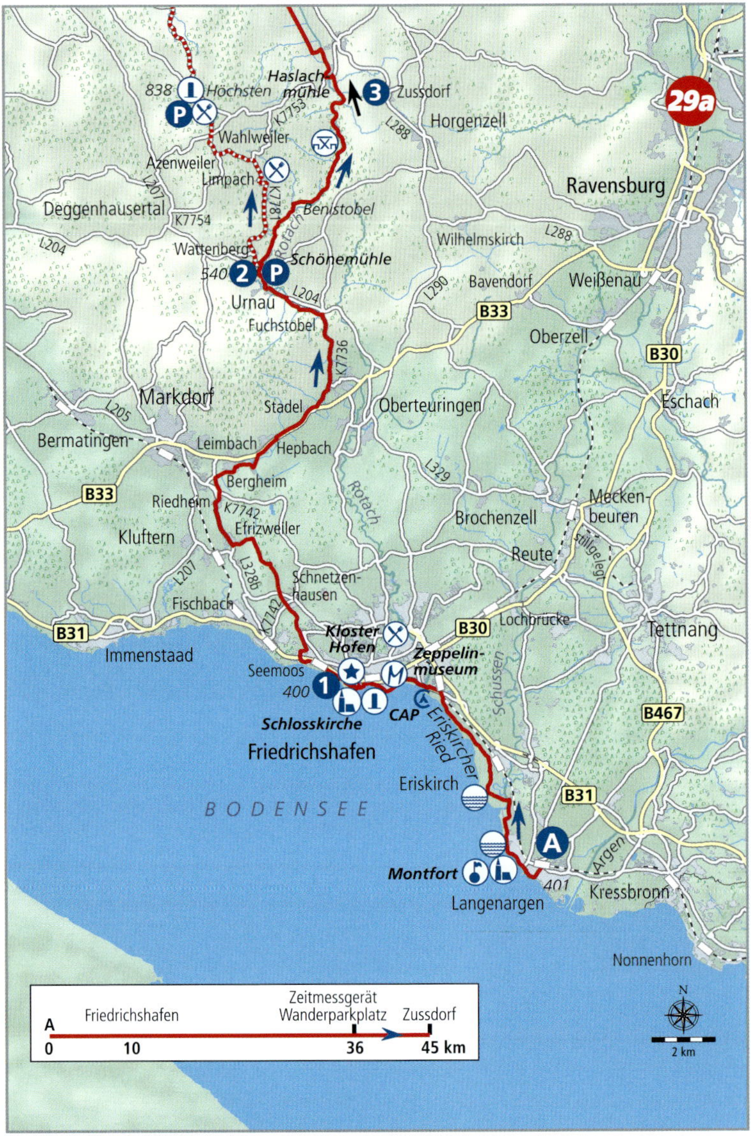
Höchsten
838
Haslach-mühle
Zussdorf
Horgenzell
29a
Ravensburg
Wahlweiler
Azenweiler
Limpach
Benistobel
Deggenhausertal
Wattenberg
Schönemühle
540
Urnau
Fuchstobel
Wilhelmskirch
Bavendorf
Weißenau
Oberzell
Markdorf
Stadel
Oberteuringen
Eschach
Bermatingen
Leimbach
Hepbach
Bergheim
Riedheim
Efrizweiler
Kluftern
Brochenzell
Mecken-beuren
Reute
stillgelegt
Schnetzen-hausen
Fischbach
Lochbrücke
Tettnang
Kloster Hofen
Zeppelin-museum
Immenstaad
Seemoos
400
Schlosskirche
CAP
Eriskircher Ried
Friedrichshafen
Eriskirch
BODENSEE
Montfort
401
Langenargen
Kressbronn
Nonnenhorn
Friedrichshafen
Zeitmessgerät Wanderparkplatz
Zussdorf
A
0
10
36
45 km
2 km

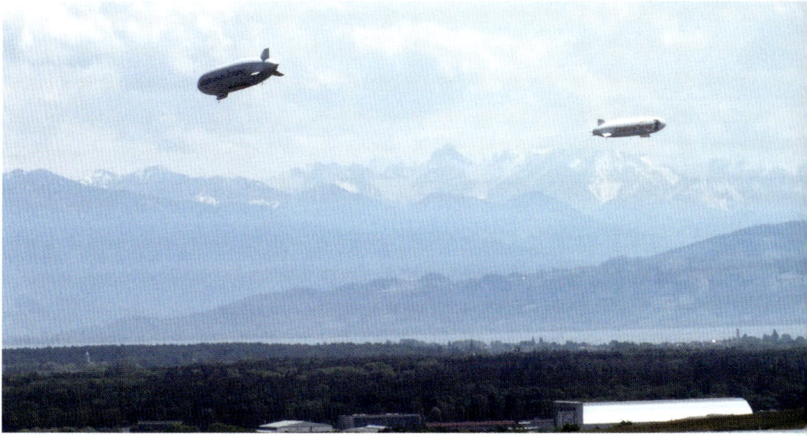

Zeppeline über dem Bodensee

gebäude in Eriskirch befindet sich das Naturschutzzentrum mit zahlreichen Informationen, Fotos, Bildern und Ausstellungsgegenständen über das Ried, seine Geschichte und seine Pflanzen- und Tierwelt.
Öffnungszeiten: April bis Oktober Dienstag bis Sonntag 14 bis 17 Uhr und Freitag bis Sonntag 10 bis 13 Uhr. November bis März: Dienstag bis Donnerstag sowie Sonn- und Feiertag 14 bis 17 Uhr und Freitag 9 bis 12 Uhr, www.naz-eriskirch.de.

Nach Friedrichshafen:
Am Ende des Riedes macht der Weg eine Rechtskurve und kommt an der Bahnlinie wieder auf den

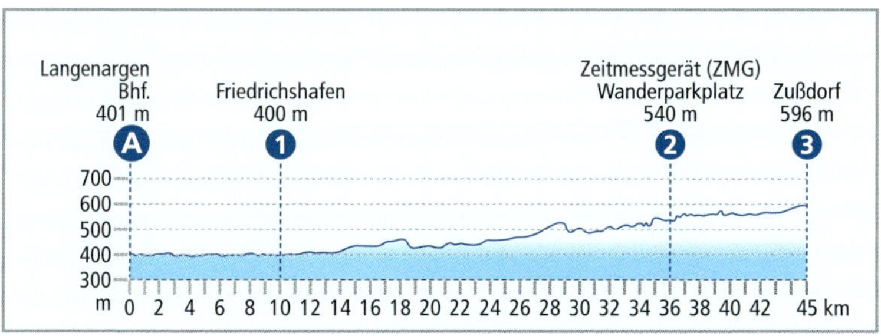

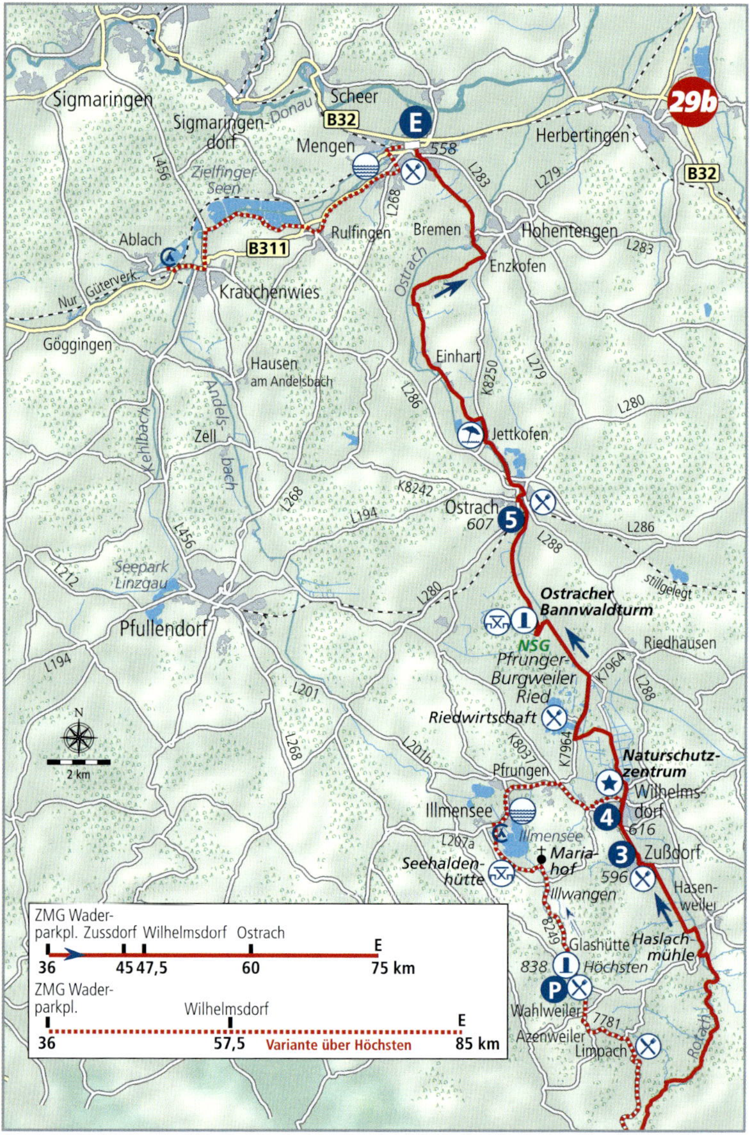

29b
Sigmaringen
Sigmaringen-dorf
Donau
Scheer
B32
E
Mengen
558
Herbertingen
B32
L456
Zielfinger Seen
L268
L283
L279
Hohentengen
L283
Ablach
B311
Rulfingen
Bremen
Enzkofen
Ostrach
Nur Güterverk.
Krauchenwies
Göggingen
Hausen am Andelsbach
Einhart
K8250
L279
L286
L280
Kehlbach
Andels-bach
Zell
Jettkofen
L268
K8242
Ostrach 607
5
L194
L286
L456
L288
L212
Seepark Linzgau
L280
stillgelegt
Ostracher Bannwaldturm
Pfullendorf
NSG
Pfrunger-Burgweiler Ried
Riedhausen
K7964
L288
L194
L201
Riedwirtschaft
L268
L201b
K8037
K7964
N
2 km
Naturschutz-zentrum
Pfrungen
Wilhelms-dorf 616
Illmensee
4
L207a
Illmensee
3
Zußdorf
Seehalden-hütte
Maria-hof
596
Illwangen
Hasen-weiler
ZMG Wader-parkpl.
Zussdorf
Wilhelmsdorf
Ostrach
E
36
45
47,5
60
75 km
K8249
Glashütte
Haslach-mühle
838
Höchsten
P
ZMG Wader-parkpl.
Wilhelmsdorf
E
36
57,5
Variante über Höchsten
85 km
Wahlweiler
7781
Azenweiler
Limpach
Rotach

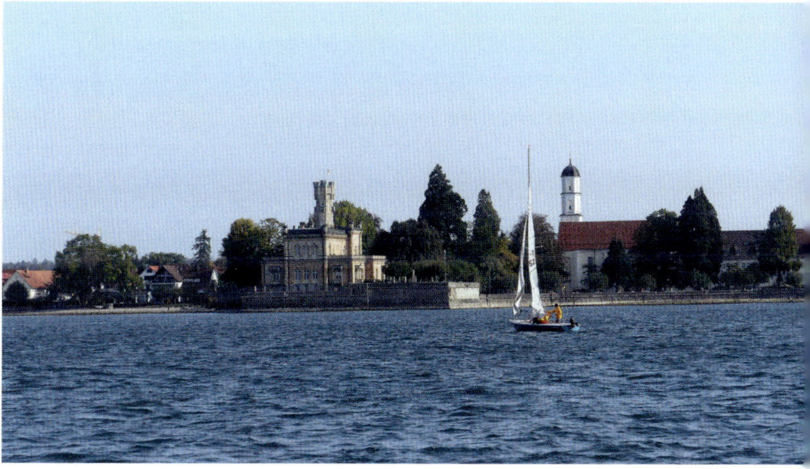

Blick auf Langenargen

Bodensee-Radweg. Auf diesen nach links einbiegen. Wer zum CAP, einem integrativ geführten Campingplatz, der wunderschön an der Rotachmündung liegt, möchte, fährt geradeaus und erreicht ihn nach wenigen Metern. Ansonsten geht es unter der Straße hindurch und dann auf dem sie begleitenden Radweg Richtung Innenstadt weiter. Dann führt uns der Bodensee-Radweg nach links Richtung Hafenbahnhof und Zeppelinmuseum.
An der Promenade reihen sich die Cafés und Gasthäuser aneinander. Hier sitzt es sich besonders schön.

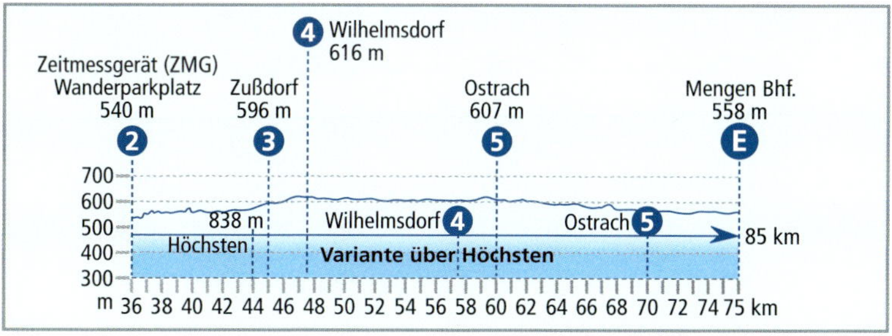

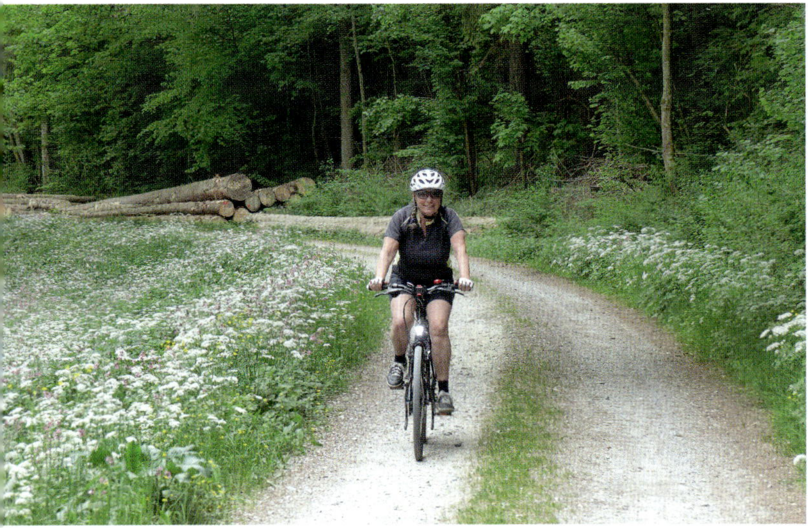

Auf Radtour-Recherche im Rotachtal

Friedrichshafen:
Friedrichshafen ist wirtschaftliches Zentrum am Bodensee. Mit zahlreichen Messen auf dem Messegelände lockt es jährlich Hunderttausende von Besuchern. Unternehmen der Luft- und Raumfahrt, der Autoindustrie und der Hochtechnologie bieten vielen Menschen Arbeit. Hier wurde der Zeppelin gebaut. Im Zeppelin-Museum am Hafenbahnhof kann man alles darüber erfahren. Es enthält die größte Sammlung der Welt zur Geschichte der Luftschifffahrt. Und wer sich in Friedrichshafen aufhält, sieht auch immer wieder eines der majestätischen Luftschiffe am Himmel. Die Stadt wurde erst vor rund 200 Jahren gegründet, nach dem württembergischen König Friedrich I. benannt und mit seiner Protektion zum Freihandelshafen und Warenumschlagplatz ausgebaut. König Friedrich von Württemberg und Graf Ludwig von Baden lieferten sich seinerzeit einen Wettstreit, wer am Bodensee die wirtschaftliche Macht darstellt. Heute kann man ganz klar sagen: Friedrichshafen hat die Nase vorn. Der Bau der Eisenbahn tat ein Übriges dazu. Im ehemaligen Kloster Hofen residierte die königliche Familie im Sommer. Die Nachfahren bewohnen

es teilweise heute noch. Der Aussichtsturm an der Hafenmole lädt zu einem Überblick über Stadt und See ein. Wer sich mit Geschichte beschäftigen will, dem sei ein Spaziergang auf dem Geschichtspfad zwischen Hafen und Schlosskirche empfohlen.
www.friedrichshafen.de

Ins Rotachtal:
Vom Landeplatz der Fähren geht es durch die Innenstadt nach links Richtung Bahnhof und Meersburg. Der Radweg führt oberhalb der Seepromenade mit schönem Blick über den See und den Jachthafen von Friedrichshafen stadtauswärts Richtung Meersburg. Am Weg liegt die Schlosskirche von Friedrichshafen, die mit ihren 50 Meter hohen Doppeltürmen vom Wasser aus schon von Weitem zu sehen ist. Vorbei an der Schlosskirche geht es noch ca. 2 km auf dem Radweg Richtung Meersburg, dann führt der Weg zur Bundesstraße. Wir unterqueren diese, wenden uns nach links und gleich darauf nach rechts Richtung Markdorf und Kluftern. Das Sträßchen führt durch ein Wohngebiet leicht bergauf. Kurz darauf haben wir die Stadt verlassen und radeln durch Obstplantagen und Felder vorbei an Schnetzenhausen. Immer wieder gibt es schöne Blicke hinüber zum Gehrenberg. Nach einer Linkskurve führt der Weg durch ein Wäldchen und danach können wir über Obstbäume hinab Richtung Fischbach und Immenstaad zum See schauen. Kurz darauf geht es nach links leicht bergab nach Efrizweiler. Kurz bevor es den Berg zum Schloss hinuntergeht, weist uns ein Radwegschild nach rechts nach Riedheim und Oberteuringen. In Riedheim macht die Straße zuerst eine Rechts-, dann eine Linkskurve. Der Radweg führt hier halb rechts den Berg hinauf zu einer Kapelle. Es geht wieder den Berg hinunter nach Bergheim und dort vor der Kirche rechts (Rad-

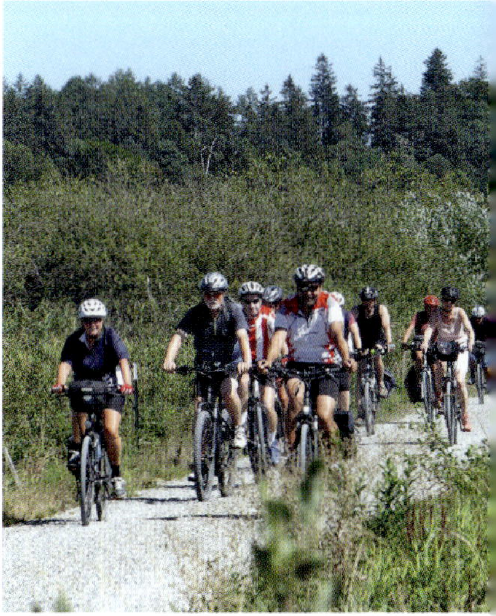

Der ADFC unterwegs im Pfrunger-Burgweiler Ried

wegbeschilderung „Leimbach") auf ein kleines Sträßchen. In Leimbach geht es zunächst den Berg hinunter, dann führt ein Radwegweiser nach Oberteuringen nach rechts und leicht verschlungen durch Leimbach. Am Ortsende von Leimbach weisen zwei Wegweiser nach Oberteuringen, einer nach rechts und einer nach links. Hier links und durch Hepbach radeln. Dann ein Stück an der B 33 entlang bis Stadel fahren und hier links abbiegen. Auf der Kreisstraße nach Fuchstobel im Rotachtal fahren. Noch vor Fuchstobel geht es links auf den Radweg nach Urnau. In Urnau folgen wir der Hauptstraße und sehen nach kurzer Zeit die den Heiligen Drei Königen geweihte Pfarrkirche aus dem 13. Jahrhundert. Kurz danach macht die Hauptstraße eine Rechtskurve und überquert die Rotach. Wir folgen der Straße aus dem Ort hinaus und biegen nach ca. 500 Metern nach rechts ab (Radwegbeschilderung nach Wilhelmsdorf und zum Höchsten).

Kurz darauf die Straße, die zum Höchsten führt, nach rechts verlassen und an der Schönemühle vorbei der Rotach bergauf folgen. Nach dem Gehöft am Benistobel ist der Weg autofrei und führt idyllisch durchs Tal (Infos s. Tour 18). An der Straße an der Haslachmühle angekommen, geht es links und kurz darauf wieder rechts und nah am Wasser weiter. An der Straße, die von Hasenweiler kommt, die Prozedur wiederholen: Links und etwas später rechts und über die Felder weiter. An der nächsten Straße wieder links und hinein nach Zußdorf fahren. Hier lockt das „Bräuhaus" mit zünftigem Bier und guter Küche. Auf der Straße durch den Ort und an ihr entlang weiter nach Wilhelmsdorf fahren. Am Kreisel in der Ortsmitte die zweite Ausfahrt, die Straße nach Riedhausen, nehmen und kurz darauf nach links zum Naturschutzzentrum abbiegen.

Variante über den Höchsten: Rund 500 Meter nach Urnau ebenfalls nach rechts abbiegen. Ein paar Meter weiter befindet sich rechter Hand ein Wanderparkplatz, auf dem ein Zeitmessgerät für Radler steht. Wer seine Leistung überprüfen und sportlich den Berg hinauffahren möchte, kann hier am „StoppOmat" ein Ticket ziehen und dieses dann oben auf dem Höchsten auf 838 Meter Höhe wieder einlesen lassen. Dann geht es an den Berg. Es sind immerhin fast 350 Höhenmeter zu bewältigen! Die Kreisstraße 7781 führt über Wattenberg nach Limpach. Wer hier schon außer Puste ist und eine Pause braucht, kann im

Naturhotel „Mohren“ auf der schönen Terrasse bei einem kühlen Getränk ganz wunderbar entspannen und Kraft für die nächste Etappe tanken. Das Sträßchen führt über Azenweiler und Wahlweiler weiter den Berg hinauf. Kurz unterhalb des Gipfels befindet sich der Berggasthof Höchsten, in dem man das E-Bike wieder aufladen und auch übernachten kann. Noch ein Stück höher geht es links zum Parkplatz am Gipfel, wo sich auch der „StoppOmat“ für die Radler, die ihre Zeit messen lassen wollen, befindet. Der Rekord liegt im Übrigen unter 15 Minuten! Ein paar Meter weg vom Parkplatz befindet sich der Aussichtsturm des Höchsten, von wo man herrliche Ausblicke über den Bodensee und hinüber zu den Schweizer Alpen und zu den Vulkankegeln des Hegau hat. Wer Lust hat, kann noch ein Stück den schwäbisch-alemannischen Mundartweg entlangschlendern, der in einem Bogen um den Aussichtsturm herum und dann zum Berggasthof führt. Hier gibt es auf Schautafeln lustige Informationen rund um die schwäbische und alemannische Mundart. Der Höchsten ist alter Grenzberg zwischen Oberschwaben, also Württemberg, und Baden. Nördlich wird schwäbisch geschwätzt und südlich alemannisch gebabbelt. Wir radeln weiter ins Schwäbische. Kurz nach dem Parkplatz geht es rechts ab auf die Kreisstraße 8249 über Glashütten, wo der große Sendemast steht, nach Illwangen. In Illwangen verlassen wir an der Linkskurve die Hauptstraße und fahren geradeaus weiter zum Mariahof. Dort steht eine Kapelle, die nach dem Dreißigjährigen Krieg erbaut wurde. Zu ihr pilgerten Menschen über Jahrhunderte, um die heilige Jungfrau Maria um Kindersegen und

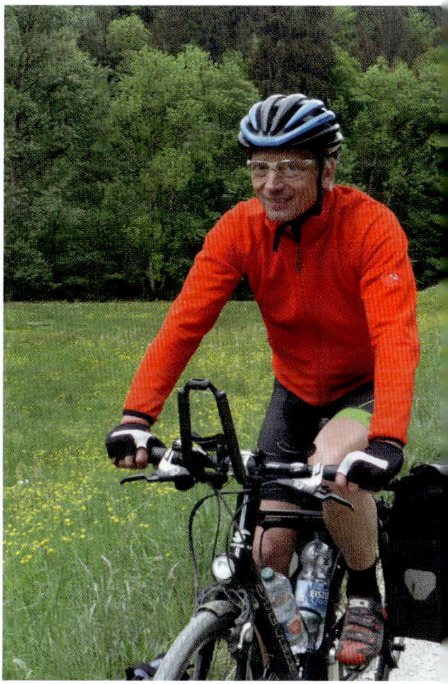

Für längere Touren das Wasser nicht vergessen

Anderes zu bitten. Am Mariahof geht es links, an der Kapelle vorbei und auf dem Weg bergab in den Wald hinein. Hier im Wald an der Seehaldenhütte ist ein schöner Rastplatz, der zu einer Pause einlädt. Wer lieber eine Badepause machen möchte, muss nur noch ein kurzes Stück weiterfahren. Vom Waldrand aus gibt es einen schönen Blick über den Illmensee. Er ist ein Überbleibsel der letzten Eiszeit und mit seinen 72 Hektar recht groß. Der Weg führt weiter bergab bis zur Hauptstraße. Hier geht es nach rechts in den Ort Illmensee hinein. Der Campingplatz liegt gleich rechts am See. Wer zum Seefreibad möchte, verlässt in der Ortsmitte an einer Linkskurve die Hauptstraße und fährt geradeaus. An heißen Tagen kann hier eine erfrischende Badepause eingelegt werden. Wunderbar kann man hier im See schwimmen, es gibt einen Bootsverleih, für die, die keine nassen Füße wollen, und im Ort laden zahlreiche Gaststätten zum Entspannen ein. Die Tour führt durch Illmensee und auf dem Radweg an der Hauptstraße weiter, zuerst ein Stück den Berg hinauf Richtung Ruschweiler und dann nach rechts hinunter nach Pfrungen. In Pfrungen geht es rechts ab und weiter nach Wilhelmsdorf. In der Ortsmitte fast um den ganzen Kreisel und die Kirche herumfahren, auf die Straße Richtung Riedhausen einbiegen und kurz darauf links zum Naturschutzzentrum abbiegen.

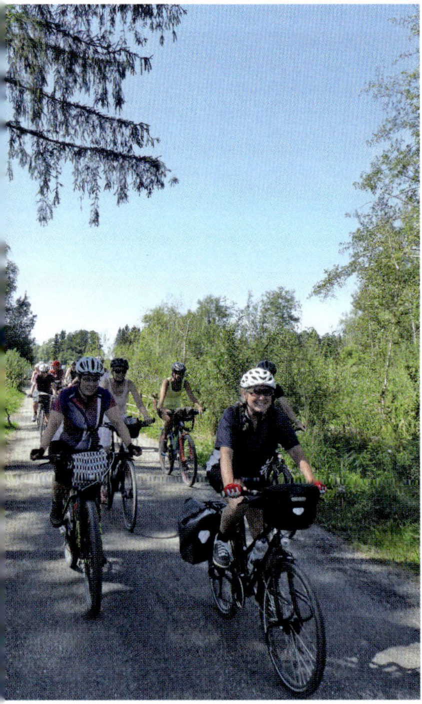

Ob in der Gruppe oder alleine …

Durchs Pfrunger-Burgweiler Ried: Am Naturschutzzentrum vorbei geradeaus auf geteertem Sträßchen durch das Naturschutzgebiet Pfrunger-Burgweiler Ried radeln (Infos s. Tour 3). An einem Gehöft der Linkskurve der Straße folgen

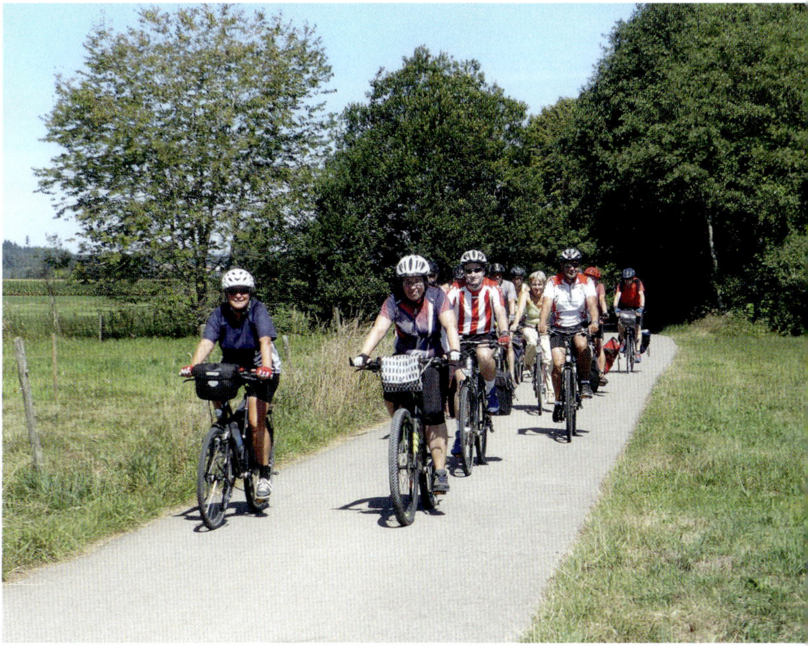

... Radfahren ist schön!

und zur Kreisstraße, die Pfrungen mit Burgrieden verbindet, fahren. Hier rechts und auf einer sehr schönen Birkenallee weiter durchs Ried radeln. Wer zur „Riedwirtschaft" möchte, folgt dem Schild kurz darauf nach links. Es ist nicht weit. Ansonsten auf der Straße bleiben, bis diese eine Rechtskurve an einer Brücke und einem Wanderparkplatz macht. Vor der Brücke links und auf befestigtem, etwas holprigem Weg durch das Ried zum Bannwaldturm fahren (Infos s. Tour 3). Vor dem Turm links, dann nach rechts über die Brücke und noch einmal rechts zum Turm und Rastplatz.

Nach Mengen:
Auf diesem Weg durch das Tal der Ostrach und dann direkt an ihrem Ufer entlang geradewegs nach Ostrach radeln. Im Zentrum geht es links, an der Kirche vorbei und gleich wieder rechts auf die Hauptstraße. Auf dieser bis zum Abzweig nach Sigmaringen bleiben,

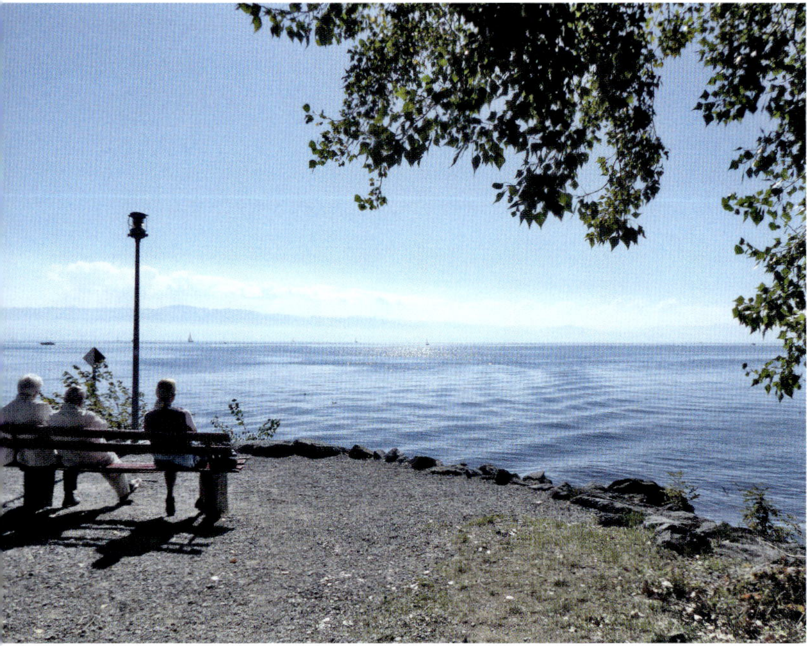

Am Bodensee

hier links und nach ein paar Metern nach rechts und über eine Brücke in die Jettkofer Straße abbiegen. Kurz darauf auf den Radweg auf der linken Straßenseite wechseln und auf diesem nach Jettkofen fahren. In der Ortsmitte von Jettkofen nach rechts abbiegen und der Straße Richtung Hohentengen bis zum Baggersee folgen. Hier die Straße verlassen und nach links abbiegen. Im Hochsommer kann, wer mag, am Jettkofer Baggersee noch eine Badepause einlegen. Ansonsten auf dem Weg in einem Bogen nach Einhart fahren. In Einhart auf die Straße wechseln, in der Ortsmitte links halten und an einer schön restaurierten Mühle vorbeifahren. Am Ortsende rechts abbiegen – Vorsicht: Das Radwegschild zeigt geradeaus. Der Weg führt an einem Schweinemastbetrieb vorbei durch das Tal zum Waldrand. Hier zunächst geradeaus und dann links, nach rund 200 Metern rechts abbiegen – Wegweiser „Enzkofen“.

Auf dem Weg, der weiter im offenen Tal der Ostrach bleibt, bis Enzkofen radeln. Nach links auf die Straße nach Bremen einbiegen. In Bremen auf der Straße und über die Ostrach durch den Ort radeln, bis die Straße eine Rechtskurve macht. Hier geradeaus und dann halb rechts fahren. Das Sträßchen führt an einem Pferdehof vorbei nach Mengen. In Mengen auf der Bremer Straße bis zu ihrem Ende bleiben, dann nach links und gleich wieder nach rechts in die Wilhelmstraße abbiegen. Wieder bis zu deren Ende fahren, die B 311 überqueren und nach links noch ein paar Meter bis zum Bahnhof fahren. In die Innenstadt geht es am Kreisel am Bahnhof links und mitten hinein ins Zentrum.

Abstecher zum Campingplatz Krauchenwies:
Vom Bahnhof in Mengen nach rechts weg fahren und am Kreisel geradeaus ins Zentrum radeln. Durch das hübsche Städtchen mit seinen Fachwerkhäusern, Läden und Gasthäusern immer geradeaus auf der Hauptstraße bleiben. Am Ortsende auf den Radweg, der an der B 311 entlang führt wechseln. Kurz vor Rulfingen, noch vor dem Kreisel, die Straße überqueren und auf den Radweg auf der anderen Straßenseite wechseln. Auf diesem am Kreisverkehr rechts vorbeifahren und dann nach links Richtung Zielfinger Seen fahren – Wegweiser „Südsee“. An den Zielfinger Seen entlang weiter nach Krauchenwies radeln.
In Krauchenwies in die Ortsmitte fahren, auf der Straße über die Brücke und noch rund 500 Meter auf der Bundesstraße bleiben. Dann nach rechts auf die Kreisstraße nach Ablach abbiegen. Kurz darauf befindet sich auf der rechten Seite der Campingplatz.

Tour 30 Oberschwaben Rundum, Etappe 4: Von Mengen nach Ulm

Die vierte Etappe unserer „Oberschwaben Rundum" führt an der Donau, der Nordgrenze Oberschwabens, entlang zurück nach Ulm. Am Weg liegen landschaftliche Besonderheiten wie die Braunsel, romantische Fachwerkstädte wie Riedlingen, Munderkingen und Ehingen, sowie prachtvolle Klöster und Kirchen. Da durchs Donautal eine Eisenbahnlinie verläuft, kann praktisch in jedem Ort in den Zug nach Ulm gestiegen werden, wenn man keine Lust mehr hat oder müde ist.

Startpunkt: Mengen – Endpunkt: Ulm

Streckenverlauf:
Mengen – Riedlingen – Zwiefaltendorf – Untermarchtal – Munderkingen – Ehingen – Erbach – Ulm

Anreise Zug: Mengen liegt an den Bahnstrecken Aulendorf – Sigmaringen und Ulm – Sigmaringen. Auskunft: www.bahn.de

🚗: Mengen am Bahnhof

🚐: Riedlingen Stadthalle; Riedlingen-Eichenau Radlerrast Vöhringerhof; Munderkingen Camping; Ehingen beim Stadion; Ersingen Camping Hirsch; Ulm am Donaubad

Gesamtstrecke: 91 km

Schwierigkeitsgrad: ■
Höhendifferenz: 313 Hm; 390 Tm

Alle Teilstrecken ■

Dauer: 7 Stunden

Teilstrecken:
bis Riedlingen 19 km
bis Munderkingen 44 km
bis Ehingen 57 km
bis Erbach 76 km

Einkehrmöglichkeiten:
- in jedem Ort im Donautal
- „Blank's Brauereigasthof" in Zwiefaltendorf

Übernachtungsmöglichkeiten:
- in jedem Ort im Donautal
- „Blank's Brauereigasthof"
- „Hirsch" in Ersingen

Campingplätze:
- Campingplatz am Badesee Ersingen
- Campingplatz Hirsch in Ersingen

Rastplätze:
- an der Donau – immer wieder
- Radler-Rastplatz Untermarchtal

Badeplätze:
Badeseen in Kirchbierlingen, Ersingen und Erbach

Mengen Hauptstr. 57; **Riedlingen** an der Stadthalle bei der Donaubrücke; **Hundersingen** Gasthaus Adler; **Munderkingen** Marktstr. 7; **Ehingen** Marktplatz; **Gögglingen** Parkplatz am Sportplatz; **Ulm** am Donaufreibad

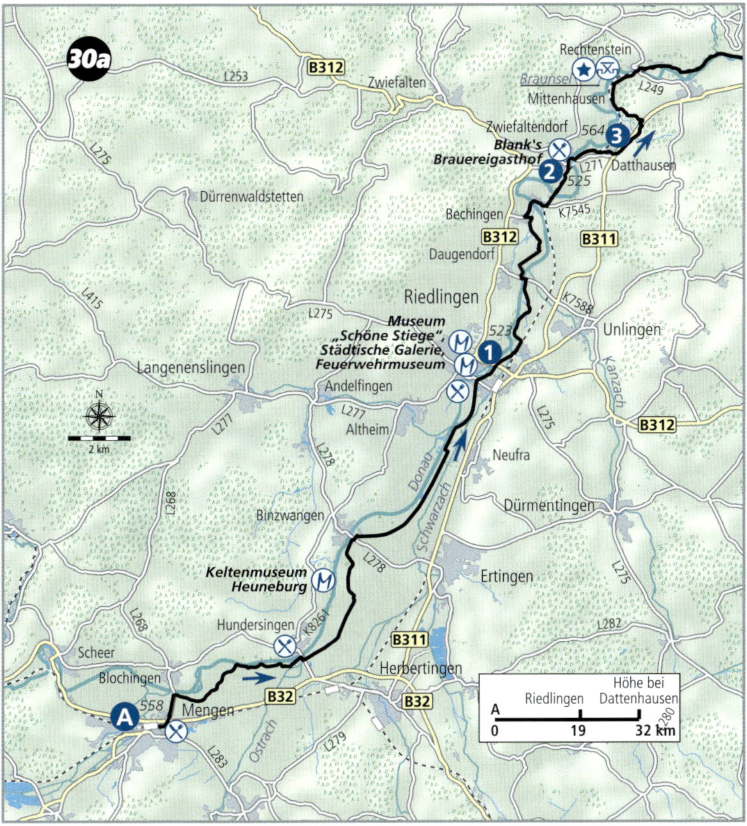
30a
Rechtenstein
Braunsel
Mittenhausen
L249
Zwiefaltendorf
564
Blank's
Brauereigasthof
L271
Datthausen
525
B312
Zwiefalten
L253
L275
Dürrenwaldstetten
Bechingen
K7545
B311
Daugendorf
Riedlingen
K7588
L415
L275
Museum
„Schöne Stiege",
Städtische Galerie,
Feuerwehrmuseum
523
Unlingen
Langenenslingen
Andelfingen
Kanzach
L277
Altheim
L277
N
2 km
L278
Neufra
Donau
Dürmentingen
L268
Binzwangen
Schwarzach
Keltenmuseum
Heuneburg
L278
Ertingen
L275
L268
Hundersingen
K8261
L282
Scheer
B311
Blochingen
Herbertingen
B32
558
Mengen
B32
L283
Ostrach
L279
A
Riedlingen
Höhe bei
Dattenhausen
0
19
32 km
280

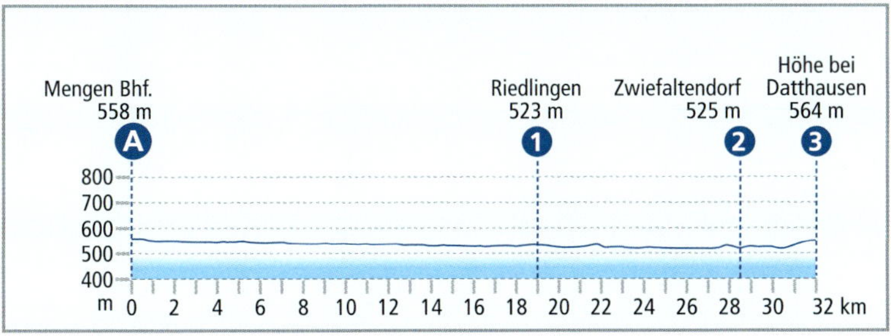
Mengen Bhf.
558 m
Riedlingen
523 m
Zwiefaltendorf
525 m
Höhe bei
Datthausen
564 m
A
1
2
3
800
700
600
500
400
m
0
2
4
6
8
10
12
14
16
18
20
22
24
26
28
30
32 km

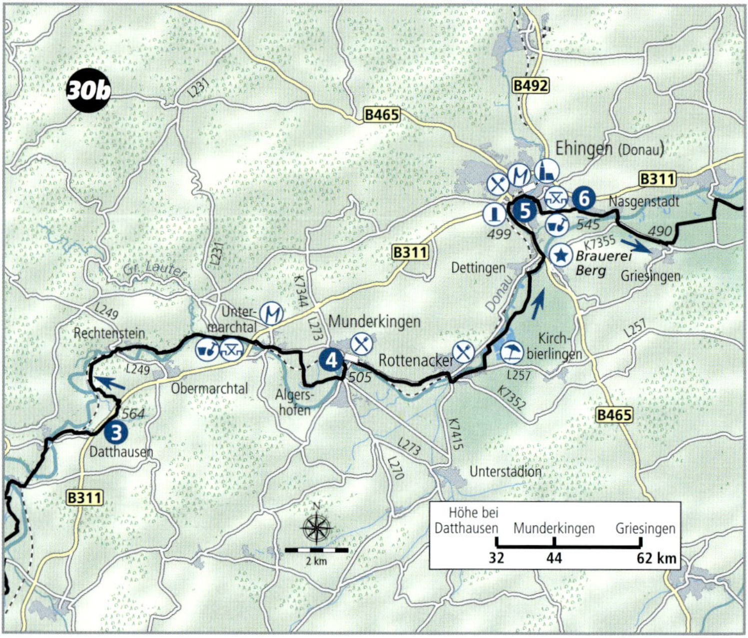
30b
B465
B492
L231
Ehingen (Donau)
B311
Nasgenstadt
545
499
490
K7355
Brauerei Berg
Griesingen
B311
Dettingen
Donau
Gr. Lauter
L231
K7344
L249
Unter-marchtal
Munderkingen
Rechtenstein
L273
Kirch-bierlingen
Rottenacker
L257
L249
505
L257
Obermarchtal
Algers-hofen
K7352
564
Datthausen
L273
K7415
B465
L270
Unterstadion
B311
2 km
Höhe bei Datthausen
Munderkingen
Griesingen
32
44
62 km

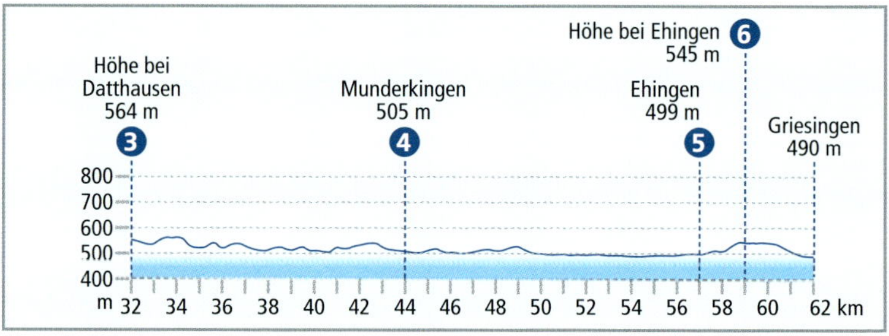
Höhe bei Ehingen 545 m
Höhe bei Datthausen 564 m
Munderkingen 505 m
Ehingen 499 m
Griesingen 490 m
800
700
600
500
400
m 32 34 36 38 40 42 44 46 48 50 52 54 56 58 60 62 km

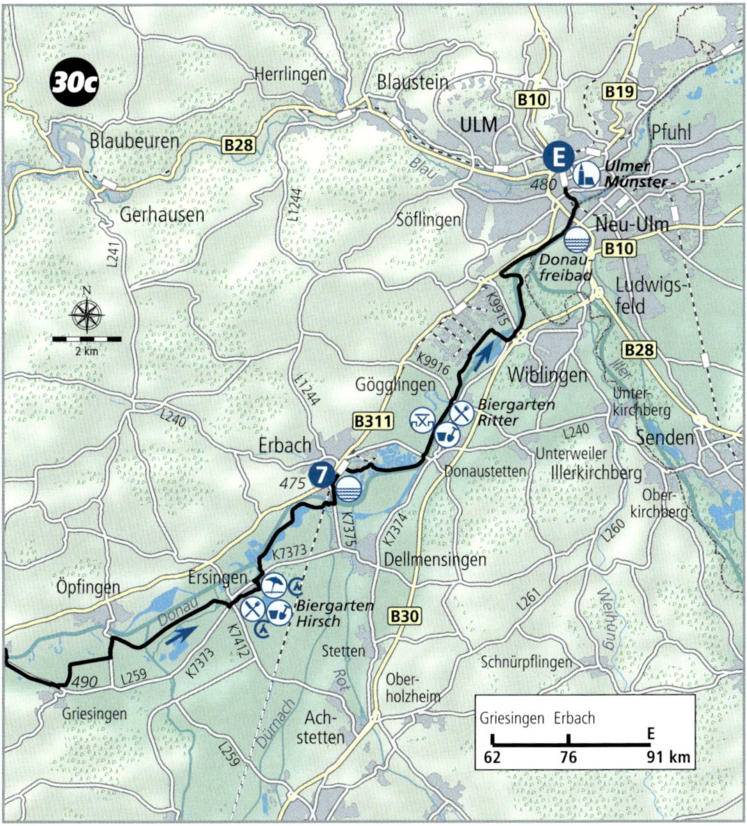
30c
Herrlingen
Blaustein
ULM
B10
B19
Pfuhl
Blaubeuren
B28
Blau
E
480
Ulmer Münster
Gerhausen
L1244
Söflingen
Neu-Ulm
B10
L241
Donau-freibad
Ludwigs-feld
N
2 km
K9915
K9916
B28
Iller
Wiblingen
L1244
Gögglingen
Unter-kirchberg
L240
Biergarten Ritter
B311
L240
Senden
Erbach
Unterweiler
Donaustetten
Illerkirchberg
7
475
Ober-kirchberg
K7375
K7374
L260
K7373
Dellmensingen
Öpfingen
Ersingen
Donau
Biergarten Hirsch
L261
Weihung
B30
K7412
Stetten
490
L259
K7373
Rot
Schnürpflingen
Ober-holzheim
Griesingen
Ach-stetten
Dürnach
L259
Griesingen
Erbach
E
62
76
91 km

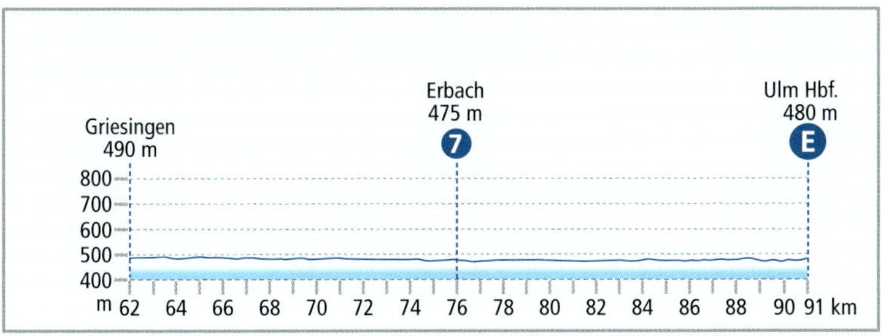
Griesingen
490 m
Erbach
475 m
7
Ulm Hbf.
480 m
E
800
700
600
500
400
m
62
64
66
68
70
72
74
76
78
80
82
84
86
88
90
91 km

Los geht's:

Von der Innenstadt in Mengen zum Kreisel am Bahnhof fahren. Geradeaus weiter und nach 500 Metern links.

Vom Bahnhof kommend links abbiegen und nach 500 Metern links. Auf die andere Seite von Eisenbahnlinie und Bundesstraße wechseln und auf dem Radweg an der Landesstraße Richtung Blochingen fahren. Kurz vor der Donau geht es rechts. Durch die Felder und Wiesen auf dem Donau-Radweg Richtung Hundersingen fahren. Wer den Abstecher zum Keltenmuseum und zur Heuneburg machen möchte, fährt hier links (Infos s. Tour 5). Ansonsten an der Brücke die Straße überqueren und weiter auf dieser Uferseite der Donau bleiben. Am Wegkreuz mit der Bank links halten und mit schönem Blick hinüber zur Burganlage auf der Heuneburg durch das Tal radeln. In Binzwangen am Spielplatz vorbeifahren, die Straße überqueren und dann nach rechts dem Donau-Radweg rund 4 km bis zu einer Wegkreuzung folgen. Hier links Richtung Riedlingen abbiegen und zum Ufer der Donau radeln. Hinauf zur Uferböschung und rechts. Stromabwärts mit der Donau um die Wette durch die schöne Flusslandschaft bis zur Donaubrücke in Riedlingen radeln. Wer nach Riedlingen in die Altstadt möchte, fährt hier links (Infos s. Tour 5). Zum Bahnhof geht es rechts und vor dem Bahnübergang links. Für die Tour geradeaus weiter.

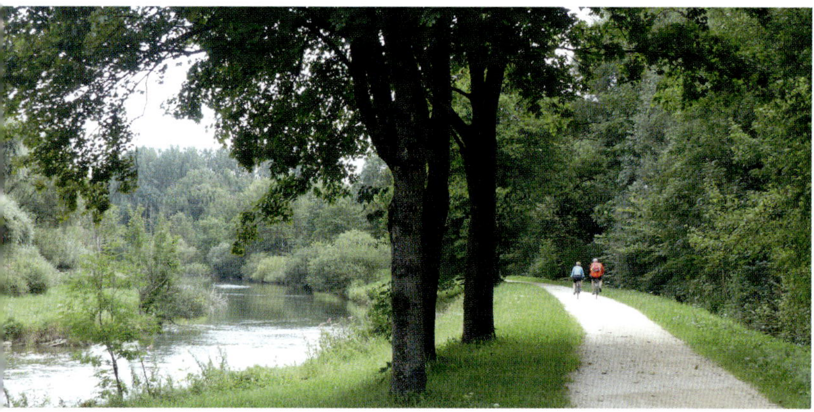

Donau-Radweg bei Riedlingen

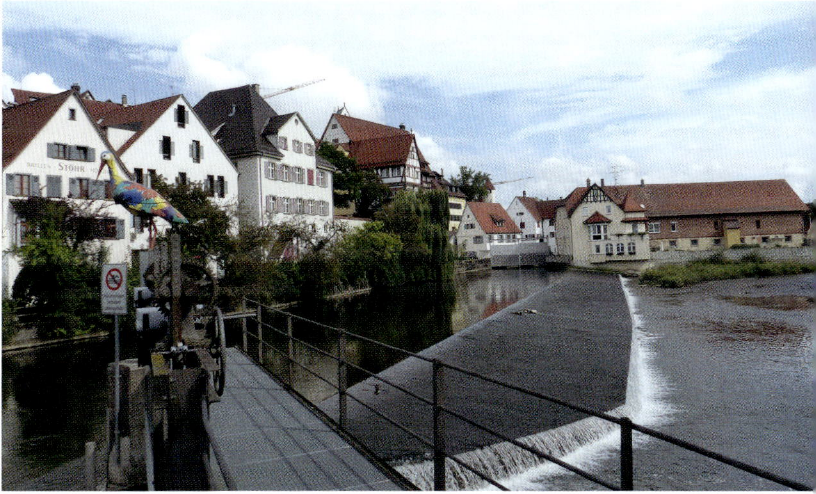

Schönes Riedlingen

Nach Zwiefaltendorf:
An der Donau geradeaus weiterradeln. An einem Gehöft vorbei, an einem Bahnübergang vorbei und schön durch Aue und Feuchtwiesen, in denen sich auch Störche sichtlich wohl fühlen, Richtung Daugendorf radeln. Hier die Donau überqueren, nach der Brücke rechts und über Bechingen nach Zell fahren. Noch einmal über die Donau und kurz darauf über die Bahnlinie, dann links und gemeinsam mit der Eisenbahnlinie auf schmalem Steg noch einmal über die Donau und hinein nach Zwiefaltendorf. Wir radeln direkt auf die Brauereigaststätte „Blank" zu. Eine wunderbare Einkehrmöglichkeit. Selbst gebrautes Bier und gute Küche, ein schönes Plätzchen in der Sonne – was will man mehr? Übernachten kann man hier auch.

ACHTUNG: Wer mit einem Anhänger oder einem besonders breiten Fahrrad unterwegs ist, muss ab Zell wegen dem schmalen Steg einen Umweg fahren. Dazu von Zell auf der Kreisstraße nach Reutlingendorf bleiben und hinauf zur Bundesstraße fahren. Hier links und auf dem Radweg längs der B 311 nach Datthausen radeln. In Datthausen rechts, kurz darauf über die B 311, dann links und weiter auf dem Donauradweg Richtung Munderkingen fahren.

Nach Munderkingen:
An der Kreuzung in Zwiefaltendorf mit dem Gasthaus „Blank“ geht es rechts und hinunter an die Donau. Über die Brücke, an der Badestelle an der Donau vorbei, durch Obstwiesen, über die Bahnlinie, und hinauf nach Datthausen fahren. Die Bundesstraße überqueren, links auf den Radweg einbiegen und noch ein Stück bergauf radeln. Dann geht es nach links, unter der B 311 hindurch und bergab nach Mittenhausen. Danach hinein in den Wald und rasant bergab nach Rechtenstein und zur Brücke über die Donau. Wer den Abstecher zum Naturschutzgebiet Braunsel und zum Rastplatz machen will, biegt nach der Brücke links ab (Infos s. Tour 6). Ansonsten geht es nach der Brücke rechts, ein Stück bergauf durch den Ort und danach wieder bergab.

Über die Bahnlinie mit prächtigem Blick auf die Klosterkirche von Obermarchtal, danach links und weiter durchs Tal. Rund 2 km nach dem Bahnübergang überqueren wir die Große Lauter, die hier in die Donau mündet.

Noch einmal rund 3 km, dann ist Untermarchtal erreicht. Hier wurde ein besonders schöner Rastplatz für Radler und Wanderer hoch über der Donau eingerichtet.

Nach dem Rastplatz mündet der Donau-Radweg in eine Straße. Hier links, und hinauf und hinaus aus

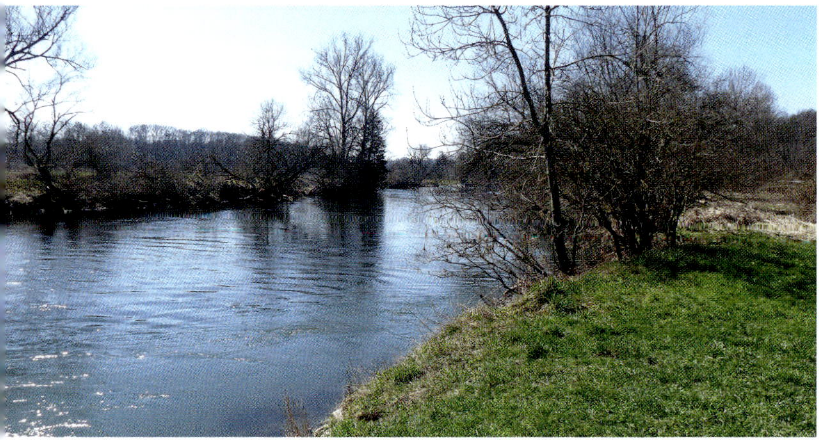

Am breiten Fluss

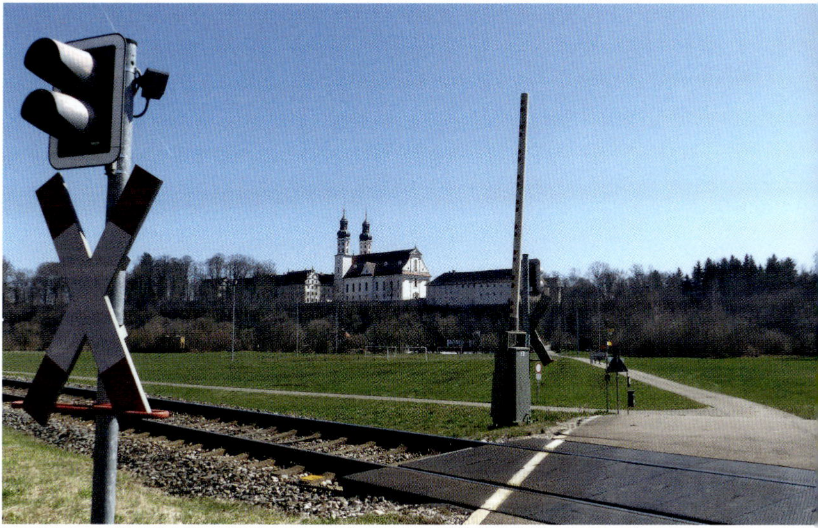

Blick auf Obermarchtal

dem Ort. Am Ortsende auf den Radweg wechseln und rund 1 km danach, auf der Höhe, nach rechts nach Algershofen abbiegen. Hier links und zur Mühle und Donaubrücke radeln.

Über die Brücke, danach links und am Obertorplatz noch einmal links und hinein in die kopfsteingepflasterten Gassen von Munderkingen. Hübsche Fachwerkhäuser, eine schöne Kirche, kleine Läden bestimmen die Altstadt, die von der Donau in einer Schleife umflossen wird. An der Kirche vorbei, danach rechts und hinunter zur Donau. Hier rechts, am Bahnhof vorbei, wo es stündlich eine Verbindung nach Ulm und Sigmaringen gibt, und geradeaus weiter auf dem Donau-Radweg aus Munderkingen hinaus.

Nach Ehingen:
Zunächst auf der Straße, dann neben ihr weiter nach Rottenacker fahren. In Rottenacker rechts und über die Donau, danach links, an einem Gewerbegebiet vorbei, noch einmal links und zum Ufer der Donau. Zwischen Baggerseen und Donau radeln wir durchs Rottenacker Ried. Wer mag, kann am Ende der Seen nach rechts zum Badesee Kirchbierlingen abbiegen.

Ansonsten geradeaus weiter. Kurz vor Dettingen wird die Donau überquert, danach geht's rechts und vor an die B 465. Hier links und längs des Gewerbegebietes von Ehingen mit viel lärmendem begleitendem Verkehr Richtung Zentrum radeln. Dann führt der Weg zum Glück nach rechts hinein in die Unterstadt der Altstadt, wo zahlreiche Restaurants und Biergärten zur Pause einladen. Ehingen hat den Titel „Stadt des Bieres". Wer dieses Getränk schätzt, kann eigentlich fast nicht vorbeifahren! Ein Stück geradeaus, dann entweder links zum Bahnhof oder rechts weiter auf dem Radweg hinauf in die Oberstadt (Infos zu Ehingen s. Tour 26).

Nach Erbach:
Geradeaus durch die Innenstadt und hinauf zu einer Parkanlage mit Turm radeln. Am Turm vorbeifahren und kurz darauf links abbiegen. Schön auf der Höhe mit weitem Blick über das Donautal teilt man sich diesen Weg mit zahlreichen Spaziergängern, die ebenfalls die wunderbare Aussicht genießen. Links gibt es einen Stellplatz für Wohnmobile, einen Spielplatz und einen Biergarten samt Sportplätzen. Dann geht es hinab nach Nasgenstadt. Durch den Ort, am Ortsende rechts, über die Donau und an der Kreisstraße entlang nach Greisingen fahren. Hier links und durch die Aulandschaft der Donau bis kurz vor Öpfingen radeln. An einem großen Pferdehof geht es rechts und weiter durch die Flussaue nach Ersingen. An der Gaststätte „Hirsch" mit Biergarten, Zeltplatz, Übernachtungsmöglichkeit und Spielplatz vorbei vor zur Straße radeln. Hier links und weiter geradeaus bis zum Badesee fahren. Dieser lädt an heißen Tagen zum erfrischenden Sprung ins kühle Nass ein. Auch hier gibt es einen Campingplatz. Vor dem See geht es links, vor zur Straße, ein Stück an ihr entlang und dann links zur Donau. Zwischen Seen und Donau führt der Weg mit viel Blick aufs in der Sonne glitzernde Wasser zur Bahnlinie. Diese unterqueren und danach entweder links nach Erbach (Stadtmitte, Bahnhof und Badesee) fahren oder landschaftlich idyllisch direkt am Ufer der Donau entlang bis zur Brücke bei Donaustetten fahren. Beide Wege kommen hier wieder zusammen (Infos zu Erbach s. Tour 26).

Nach Ulm:
Vom Bahnhof zunächst nach rechts durch ein Gewerbegebiet fahren. Wer zum Badesee von Erbach möchte hält sich geradeaus (Inselweg). Ansonsten geht es links noch ein Stück durchs Gewerbe-

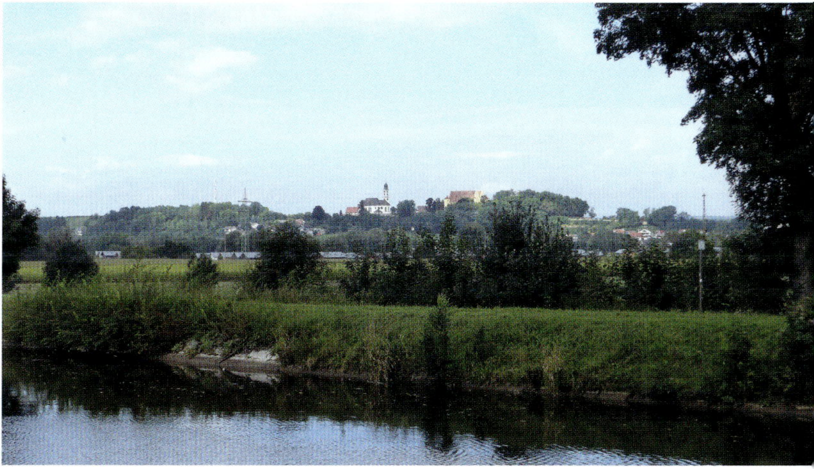

Blick auf Erbach

gebiet und dann rechts vorbei an zahlreichen kleinen Weihern, wo jeder seinen privaten Badesee oder Fischweiher hat, wieder an die Donau und zur Brücke bei Donaustetten. Geradeaus am Ufer der Donau entlang bis zur Brücke bei Gögglingen radeln. Wer zur Gaststätte „Ritter“ will, in der schon Napoleon eingekehrt ist, fährt über die Brücke und dann rechts. Ansonsten geht es auch hier geradeaus weiter an der Donau entlang nach Donaustetten. Rechts Idylle mit Naturschutzgebiet, brütenden Wasservögeln, Ried und Fluss, links Industrielandschaft mit rauchenden Schloten und lauten Maschinen. Dann geht es auf einer Brücke über die Donau und durch einen Mischwald weiter bis zur nächsten Brücke. Diese überqueren. An der Eisenbahnlinie links und zwischen Bahnlinie und Donau die restlichen 3,5 km nach Ulm zurückradeln.

Wer zum Abschluss der Tour in die Altstadt möchte, bleibt einfach noch ein bisschen an der Donau und nutzt dann eins der kleinen Stadttore, um in die Altstadt mit dem weltbekannten Münster und den zahlreichen Cafés und Gaststätten zu kommen. Wer direkt zum Bahnhof zurück möchte, folgt zunächst der Beschilderung nach Blaubeuren und fährt dann an der Bahnlinie entlang zum ZOB und zum Hauptbahnhof.

Register